L'ÂGE D'OR DES CARTES MARINES

QUAND L'EUROPE DÉCOUVRAIT LE MONDE

Bibliothèque nationale de France

Président
Bruno Racine

Directrice générale
Sylviane Tarsot-Gillery

Directeur des Collections
Denis Bruckmann

Directeur de la Diffusion culturelle
Thierry Grillet

Directeur du département
des éditions
Benjamin Arranger

Délégué à la Communication
Marc Rassat

Chef du service de presse
Claudine Hermabessière

Déléguée au Mécénat
Kara Lennon Casanova

© Bibliothèque nationale de France / Seuil, 2014
ISBN BNF : 978-2-7177-2606-0
ISBN Seuil : 978-2-02-118016-9

Sous la direction de
Catherine Hofmann
Hélène Richard
Emmanuelle Vagnon

L'ÂGE D'OR DES CARTES MARINES

QUAND L'EUROPE DÉCOUVRAIT LE MONDE

Seuil / Bibliothèque nationale de France

Cet ouvrage est publié à l'occasion de l'exposition
« L'âge d'or des cartes marines.
Quand l'Europe découvrait le monde »,
présentée par la Bibliothèque nationale de France
sur le site François Mitterrand
du 23 octobre 2012 au 27 janvier 2013.

Avec le soutien de

En partenariat avec
l'Agence nationale de la Recherche,
MeDIan *Les sociétés méditerranéennes et l'océan Indien*

Exposition

Commissariat
Catherine Hofmann, Hélène Richard,
Jean-Yves Sarazin et Emmanuelle Vagnon

Production
Service des Expositions
de la Bibliothèque nationale de France,
sous la direction d'Ariane James-Sarazin

Coordination générale
Anne Manouvrier

Régie des œuvres
Vincent Desjardins

Régie technique
Serge Derouault, assisté de François Sorlin,
Nathalie Grassi, Paul Roth et Charlie Thicot

Encadrement et soclage
Éric Vannereau, Éric Rousseau, Christine Julien,
Olivier Paitreault, Caroline Bruyant et l'Atelier Pinson

Aménagement
Atelier des 3 Coups

Travaux graphiques
LD Publicité

Prêteurs

France
Archives départementales des Alpes maritimes, Nice
Association des « Amis du Musée de la marine de Rouen »
Bibliothèque à vocation régionale de Marseille
Bibliothèque de l'Assemblée nationale, Paris
Bibliothèque de l'Institut de France, Paris
Bibliothèque municipale, Dijon
Bibliothèque municipale, Lyon
Bibliothèque Sainte-Geneviève, Paris
Château-Musée, Dieppe
Fondation Calouste Gulbenkian, Paris
Mobilier national et manufactures nationales des Gobelins,
de Beauvais et de la Savonnerie, Paris
Musée de la Marine, Paris
Musée du Conservatoire national des arts et métiers, Paris
Musée du Louvre, département des Peintures, Paris
Musée du Nouveau Monde, La Rochelle
Musée national de la Renaissance, Écouen
Musée du Quai Branly, Paris
Musée Guimet, Paris
Service historique de la Défense, Vincennes
Société de géographie, Paris

Europe
British Library, Londres
Biblioteca Medicea Laurenziana, Florence,
Biblioteca Nazionale Marciana Venezia, Venise

Collection privée
Monsieur Hubert Clayens

Édition

Direction éditoriale
Marie-Caroline Dufayet (BNF)
Claude Hénard (Seuil)

Suivi éditorial
Jacqueline Michelet (BNF)

Suivi et coordination iconographiques
Laurianne Bossis, Céline Delétang,
Caterina D'Agostino, Frédérique Savona (BNF)

Conception graphique et mise en pages
Volume Visuel / Cyril Cohen

Remerciements

Nos remerciements s'adressent en premier lieu aux mécènes de l'exposition, la Fondation d'entreprise Total et Esri France, qui, par leur générosité, ont permis de donner tout son éclat à « L'âge d'or des cartes marines ».

L'exposition doit beaucoup au programme de recherche MeDIan « Les sociétés méditerranéennes et l'océan Indien ». Financé par l'agence nationale de la Recherche entre 2010 et 2013 (ANR-09-SSOC-050) dans le cadre d'un partenariat avec l'université de Reims, la Maison de l'Orient et de la Méditerranée de Lyon et le laboratoire Islam médiéval (UMR 8167 Orient et Méditerranée), ce programme a apporté un soutien important, à la fois financier et scientifique, tant à la préparation qu'à la réalisation de l'exposition. Les organisateurs tiennent à remercier Didier Marcotte, Françoise Micheau, Éric Vallet, Jean-Charles Ducène, et Patrick Gautier-Dalché et Henri Bresc. En partenariat avec l'université Al-Imam de Riyad, le bureau culturel saoudien à Paris et le ministère saoudien de l'Enseignement supérieur, la chaire de dialogue des cultures de l'université Paris 1 Panthéon-Sorbonne, a renforcé ce soutien au cours de l'année 2012.

L'exposition s'est appuyée également sur un programme de recherche mené au sein de la BNF entre 2010 et 2012 et comprenant trois volets : le recensement, la description et la numérisation des cartes portulans conservées dans les collections publiques françaises. Nos remerciements vont en particulier à Nicole Da Costa, Thierry Pardé et Olivier Jacquot, de la délégation à la Recherche et à la Stratégie, pour le soutien apporté au projet ; à Laurent Manœuvre, Thierry Claërr, Florent Palluault et Cécile Souchon pour leur aide dans la diffusion de l'enquête nationale ; à Arnaud Beaufort, directeur de la direction des Services et des Réseaux, pour sa prise en compte des besoins techniques spécifiques d'un tel programme ; à Aline Girard, Frédéric D. Martin, Cécile de Becdelièvre, Sylvie Damase et Catherine Brial, du département de la Coopération, pour le lancement et la mise en œuvre de ce programme national ; à tous les services techniques de la BNF impliqués dans la numérisation, et notamment à Isabelle Dussert-Carbone, Dominique Maillet, Nathalie Leborgne, Annie Bonnaud, Bernard Dulac, Alain Terrienne, Franck Bardon, Patrick Bramoullé, Philippe Salinson, Alain Puigbo, Sébastien Rat, sans oublier les bibliothécaires et chargés de recherche qui, au sein du département des Cartes et Plans, ont constitué ou enrichi les métadonnées de ce vaste corpus : Emmanuel Pavy, Françoise Boucard et Cécile Conduché.

Cette exposition n'aurait pu voir le jour sans la volonté et le ferme soutien de Bruno Racine, président de la BNF, et de Jacqueline Sanson, sa directrice générale. Au sein de l'équipe de direction, nos remerciements vont à Marc Rassat, délégué à la Communication, à Kara Lennon Casanova, déléguée au Mécénat, et à Thierry Grillet, délégué à la Diffusion culturelle, et à leurs très nombreux collaborateurs chargés des expositions, des éditions, du multimédia et de l'action pédagogique qui, par leur action conjuguée, œuvrent au succès de cette exposition auprès du public. Nous savons gré à Françoise Juhel, chef du service des Éditions multimédias, à l'ensemble de son équipe, et tout spécialement à Emmanuelle Bérenger, d'avoir relayé efficacement notre travail dans l'exposition virtuelle mise en ligne sur le site de la BNF.

L'exposition présente de nombreuses pièces issues des départements de la direction des collections de la BNF. Nous remercions Denis Bruckmann, directeur des Collections, pour son soutien à cette entreprise et Jean-Yves Sarazin, directeur du département des Cartes et Plans, pour son engagement sans faille. Nous sommes redevables à tous les directeurs de département qui nous ont accordé des prêts et à leurs collaborateurs, qui nous ont apporté leur expertise scientifique ou leur aide technique dans le choix des documents : Charlotte Denoël, Marie-Pierre Laffitte, Isabelle Le Masne de Chermont, Anne Mary, Nathalie Monnet, Pierre-Jean Riamond, Annie Vernay-Nouri pour le département des Manuscrits ; Sylvie Aubenas, Barbara Brejon de Lavergnée, Caroline Bruyant, Séverine Lepape et Marie-Hélène Petitfour pour celui des Estampes ; Bruno Blasselle, Nathalie Coilly, Ève Netchine et Séverine Pascal pour la bibliothèque de l'Arsenal ; Antoine Coron, Geneviève Guilleminot-Chrétien et Fabienne Le Bars pour la Réserve des livres rares ; Michel Amandry et Mathilde Avisseau-Broustet pour le département des Monnaies, Médailles et Antiques.

Les documents exposés provenant d'institutions françaises ou étrangères sont nombreux. Nous tenons à dire notre gratitude aux responsables de ces collections et à leur personnel pour leur bienveillance et pour le concours décisif qu'ils ont apporté, par leurs prêts, au succès de l'exposition. Notre reconnaissance va aux institutions et aux personnes dont le nom suit :

En France
Archives départementales des Alpes Maritimes : Jean-Bernard Lacroix, Hélène Cavalié, Laurence Lachamp
Bibliothèque de l'Institut : Gabriel de Broglie, Hélène Carrère d'Encausse, Mireille Pastoureau
Bibliothèque municipale de Lyon : Gilles Éboli, Pierre Guinard, Sylvie Bouteille
Bibliothèque municipale de Marseille : Christian Laget, Brigitte Blanc
Bibliothèque municipale de Dijon : Marie-Paule Rolin, Nadia Harabasz
Bibliothèque de l'Assemblée nationale : Éliane Fighiera, Pierre Jouin
Bibliothèque Sainte-Geneviève : Yves Peyré, Yannick Nexon
Château-musée de Dieppe : Pierre Ickowicz, Martine Gatinet
Club des maquettistes du musée maritime de Rouen : Marc Bonnans
Fondation Calouste Gulbenkian : Arlette Darbord
Musée du Quai Branly : Stéphane Martin, Yves Le Fur, André Delpuech, Hélène Joubert, Laurence Dubaut
Musée Guimet : Olivier de Bernon, Jean-Paul Desroches, Céline Morisseau
Musée du Louvre : Henri Loyrette, Stéphane Loire, Blaise Ducos, Sébastien Allard
Musée des Arts et métiers : Serge Chambaud, Cyrille Foasso, Aminata Zerbo
Mobilier national : Bernard Schotter, Arnaud Brejon de Lavergnée, Marie-Odile Klipfel, Françoise Cabioc'h
Musée national de la Marine : Jean-Marc Brûlez, Marjolaine Mourot
Musée national de la Renaissance – château d'Écouen : Thierry Crépin-Leblond
Musée du Nouveau Monde (La Rochelle) : Annick Notter
Service historique de la Défense : François Gasnault, Karine Leboucq, Alain Morgat, Sylvie Yeomans, Martin Barros, Véronique de Touchet
Société de géographie : Jean-Robert Pitte, Michel Dagnaud

Hors de France
British Library (Londres) : Lynne Brindley, Peter Barber, Andrea Clarke, Lesley Thomas
Biblioteca Medicea Laurenziana (Florence) : Vera Valitutto, Anna Rita Fantoni
Biblioteca Nazionale Marciana (Venise) : Piero Falchetta, Maurizio Messina, Annalisa Bruni, Maria Letizia Sebastiani

Nous remercions également toute l'équipe du service des Expositions, qui, sous la direction d'Ariane James-Sarazin, nous a accompagnés pas à pas dans la réalisation de l'exposition. Notre gratitude s'adresse à Vincent Desjardins, Serge Derouault et, particulièrement, à Anne Manouvrier, chargée d'exposition : son efficacité, sa patience et ses conseils ne nous ont jamais fait défaut malgré les défis multiples à relever. L'installation des pièces de l'exposition a mobilisé fortement l'atelier de préparation des expositions, encadré par Éric Vannereau, et l'atelier des grands formats du département des Cartes et Plans, sous la direction d'Alain Roger. Qu'ils en soient vivement remerciés.

Enfin, la préparation de l'exposition a également fait appel pendant de longs mois au savoir-faire et au talent des restaurateurs de l'atelier des grands formats : outre Alain Roger, Isabelle Suire, Evelyne Cabourg, Sandy Dupuet et leurs nombreux stagiaires. Nous leur en sommes très reconnaissants, tout comme à notre collègue Benoît Cote-Colisson, chef du service communications et conservation aux Cartes et Plans, et à toute l'équipe des magasiniers de ce département, qui ont eu tant de fois à extraire de leurs armoires nos précieux portulans…

Une exposition bien née ne se conçoit pas sans un catalogue solidement charpenté et illustré, qui en assure la pérennité. Nous remercions vivement tous ceux qui aux éditions du Seuil, sous la houlette de Claude Hénard, et à la BNF, sous la direction de Jocelyn Rigault, ont contribué à cette grande œuvre : Pierrette Crouzet, chef du service de l'Édition des livres, Jacqueline Michelet, chargée d'édition, Céline Delétang, iconographe. Enfin, nous avons une dette toute spéciale envers Cyril Cohen, notre talentueux graphiste.

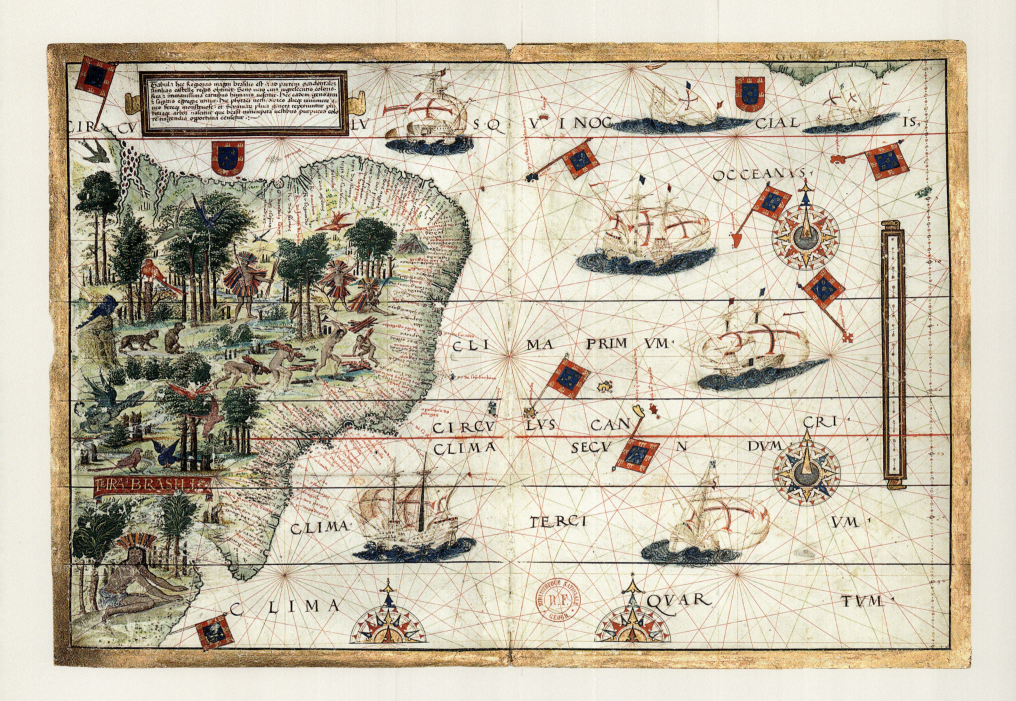

Illustration de couverture :
Le Brésil, *Atlas Miller*,
manuscrit enluminé sur vélin, 1519.
BNF, Cartes et Plans, GE-DD 683 (RES), f. 5.
Voir p. 180 à 190.

SOMMAIRE

9   Préface
Bruno Racine

10   Ouverture océane
Frank Lestringant

18   Fascination des portulans :
historiographie et collections
Catherine Hofmann

30   Modes de fabrication
et usages des cartes portulans
à travers les siècles
Catherine Hofmann,
Hélène Richard,
Emmanuelle Vagnon

42   *Atlas catalan*

La Méditerranée

58   La Méditerranée,
matrice des portulans
Emmanuelle Vagnon

60   Les cartes de navigation,
premières cartes
à large diffusion sociale
Ramón Pujades i Bataller

72   Les cartographes
de la Méditerranée
aux XVIᵉ et XVIIᵉ siècles
Corradino Astengo

86   Cités antiques, médiévales
et du Nouveau Monde
sur les cartes portulans
Jean-Yves Sarazin

90   L'insulaire : cosmographie
maritime et expansion
européenne à la Renaissance
Georges Tolias

98   *Planisphère nautique*
Nicolò de Caverio

Le grand large

108   Le défi des océans
Hélène Richard

110   Exploration et enjeux
géopolitiques de la cartographie
ibérique (XVᵉ et XVIᵉ siècles)
Luisa Martín-Merás Verdejo

126   De la Méditerranée à l'Océan :
nouveaux problèmes,
nouvelles solutions
Joaquim Alves Gaspar

136   Les hydrographes normands
(XVIᵉ et XVIIᵉ siècles)
Sarah Toulouse

148   *Cosmographie universelle*
Guillaume Le Testu

160   Iconographie
des nouveaux mondes
(XVᵉ-XVIIᵉ siècle)
Surekha Davies

174   Des hydrographes au bord
de la Tamise (XVIᵉ et XVIIᵉ siècles)
Sarah Tyacke

180   *Atlas Miller*

L'océan Indien

196   La circulation des savoirs
Emmanuelle Vagnon

198   La cartographie de l'océan Indien
au Moyen Âge : l'Océan imaginé
Emmanuelle Vagnon

216   Cartographie nautique
et cartographie humaniste
de l'océan Indien
(XVIᵉ et XVIIᵉ siècles)
Zoltán Biederman

228   La cartographie des routes
de l'Extrême-Orient
par la Compagnie néerlandaise
des Indes orientales
Hans Kok

240   *Carte de l'océan Pacifique*
Hessel Gerritsz.

Annexes

248   Orientations bibliographiques

249   Glossaire

250   Liste des pièces exposées

252   Index des noms de personnes

PRÉFACE

De toutes les cartes marines produites en Occident, les somptueux portulans apparus sur le pourtour méditerranéen au XIIIe siècle, avec leur abondance d'ors, d'enluminures et d'ornements, ont sans doute suscité le plus de fascination, tant leur origine et leur construction, d'emblée très aboutie, sont empreintes de mystère. La Bibliothèque nationale de France, qui en conserve près de cinq cents, principalement au département des Cartes et Plans, peut s'enorgueillir de posséder une collection exceptionnelle et représentative de toutes les écoles qui se sont succédé jusqu'au XVIIIe siècle, couvrant progressivement l'ensemble des mers du monde.

La Bibliothèque a souhaité lancer un grand programme de recensement et de numérisation des cartes portulans au sein des collections publiques nationales afin de valoriser ce patrimoine inestimable et pourtant insuffisamment connu. Les premiers résultats sont d'ores et déjà accessibles en ligne dans sa bibliothèque numérique, Gallica, qui présente tous les exemplaires de la BNF, ainsi que ceux du Service historique de la Défense. Elle a voulu également, à travers une grande exposition, donner à voir les originaux les plus remarquables ou les plus représentatifs qui accompagnèrent le mouvement des grandes découvertes et offrirent à l'Europe les premières représentations des terres et des peuples lointains. Elles portent aussi la marque des rêves qui s'attachèrent à ces entreprises extraordinaires.

La Bibliothèque propose une synthèse haute en couleur des connaissances accumulées – et fortement renouvelées depuis une vingtaine d'années – sur un genre cartographique d'une vitalité et d'une longévité exceptionnelles. Né dans les ports de Majorque, Gênes ou Venise, il a été adapté par les marins portugais aux nouveaux défis des traversées transocéaniques et s'est avéré, pour les puissances maritimes européennes, un outil de navigation précieux dont l'usage s'est prolongé jusqu'à la fin du XVIIIe siècle. Le propos de cet ouvrage, auquel ont collaboré une quinzaine de spécialistes européens, s'est enrichi des apports d'un programme de recherche sur les sociétés méditerranéennes et l'océan Indien (MeDIan), financé par l'agence nationale de la Recherche et soutenu par le département des Cartes et Plans de la Bibliothèque nationale de France. Ce programme s'intéresse aux transferts de savoirs entre civilisations : il a permis de montrer le rôle considérable de ces échanges dans la construction d'une image cartographique de l'océan Indien, de l'Antiquité au XVIIIe siècle. Bénéficiant de ces approches croisées, *L'Âge d'or des cartes marines* propose un regard élargi sur les cartes portulans et, à travers elles, sur la circulation des hommes, des idées, des connaissances – sur une construction commune de l'image du monde moderne.

Bruno Racine
président de la Bibliothèque nationale de France.

OUVERTURE OCÉANE

Frank Lestringant

1

Jacques de Vaulx, frontispice des *Premieres Œuvres*
Le Havre, 1583

Les *Premieres Œuvres* du pilote normand Jacques de Vaulx sont un traité de navigation somptueusement illustré dédié au duc de Joyeuse, amiral de France. Le frontispice montre dans de petits médaillons l'hydrographe à l'ouvrage, avec ses principaux instruments de travail – livre, carte, sphères, compas, sablier, astrolabe, arbalestre, etc. La citation d'un verset du psaume 107 exalte la noblesse de ce métier grâce auquel sont révélées les « œuvres du Seigneur ».

Paris, BNF, Manuscrits, français 150.
Manuscrit enluminé sur vélin, 45 x 28 cm

DU VIDE AU PLEIN : LA CONNAISSANCE DU MONDE PAR LES PORTULANS

Tout commence par un émerveillement. Un émerveillement qui en reflète un autre. « Ceux qui s'en vont par la mer dedans navires, iceux voient les œuvres du Seigneur[1]. » En inscrivant ce verset du psaume 107 au seuil de ses *Premieres Œuvres*, un traité d'hydrographie, Jacques de Vaulx, pilote du Havre et probable protestant, fait coup double. Il chante la gloire de Dieu, tout en exaltant la grandeur et la noblesse de son métier. Il aurait pu aussi bien citer la paraphrase de ce psaume par le poète Clément Marot :

Ceux qui dedans gallées
Dessus la mer s'en vont,
Et en grands eaux salées
Mainte trafique font :

Ceux-là voyent de Dieu
Les œuvres merveilleuses,
Sur le profond milieu
Des vagues périlleuses[2].

À quoi semble faire écho le *Traicté en forme d'exhortation, contenant les merveilles de Dieu et la dignité de l'homme*, du navigateur et poète dieppois Jean Parmentier, mort à Sumatra en 1529 :

Qui connaîtra les merveilles de mer,
L'horrible son plein de péril amer
Des flots émus et troublés sans mesure ?
Qui la verra par gros vents écumer,
Pousser, fumer, sublimer, s'abîmer,
Et puis soudain tranquille, sans fracture ?
Qui connaîtra son ordre et sa nature ?
Mais qui dira : « J'ai vu telle aventure »,
Sinon celui qui navigue dessus ?
Cestuy-là peut bien dire, par droiture :
« Ô merveilleuse et terrible facture
Du merveilleux qui habite là sus[3] ! »

La mer est restée longtemps l'espace des merveilles, avec ses tempêtes horrifiques et ses formidables cétacés, ses coups de vent imprévisibles et ses redoutables calmes plats. Périr en mer était pour les Anciens la suprême malédiction. Mais en même temps, une fois la peur vaincue, la mer offre à l'homme un espace illimité et sans obstacle où tracer librement sa route. Espace hostile, la mer est en même temps l'espace indifférencié et uni où la théorie épouse le plus exactement la pratique. C'est « une bien grande subtilité », notait Pierre de Médine dans son *Art de naviguer*, un manuel d'instructions nautiques en usage dans toute l'Europe de la Renaissance, « qu'un homme avec un compas et lignes pourtraictes, sache circuir et naviguer tout le monde[4] ». C'est pourtant le défi que relève la carte nautique, qui guide le marin à travers « une chose qui est si vague et spacieuse comme la mer, où n'y a chemin ni trace ». La mer, en outre, n'a ni couleur ni contour, écrit encore Pierre de Médine, « car notre vue ne s'arrête pas en la superficie de l'eau, mais descend au plus bas : et quand on la regarde de loin, elle a comme la couleur du ciel : et quand les vents la troublent, elle forme diverses couleurs[5] ». Dès lors, ce qui frappe et ce qui étonne, aujourd'hui plus encore qu'hier, c'est la disproportion qui règne entre les moyens et les fins, des moyens en apparence dérisoires comme la carte et le compas, et les résultats obtenus, la découverte de la Terre, l'élargissement sans précédent du monde connu et, pour finir, la connaissance totale du globe enfin circonscrit.

Dérisoire, la carte marine, dite aussi « carte portulan » ou tout simplement « portulan » ? Simple, en apparence, et pourtant déjà très compliquée, et d'emblée admirable elle aussi.

On sait que toute carte combine trois éléments : le dessin, l'écriture et la mesure, c'est-à-dire une image, générale ou partielle, du monde, des légendes et instructions, et enfin des quantités mesurables. Le portulan, carte marine sur parchemin, ou plus rarement sur papier, c'est d'abord la toile d'araignée des lignes de rhumb rayonnant à partir de roses des vents qui prolifèrent sur le fond de carte : un schéma abstrait, par conséquent, sur lequel se surimpose le dessin des côtes et se déposent, perpendiculairement à celles-ci, des noms de ports et de havres, de caps et d'îlots. C'est donc, dans son principe, comme le montrent la *Carte pisane* ou l'atlas de Pietro Vesconte, la carte à son degré d'économie maximale, réduite à un réseau de lignes géométriques et à un dessin linéaire qui dédaigne les surfaces, sauf quand elles se réduisent à l'espace exigu et circonscrit des îles, pour ne retenir que les contours, les littoraux, la ligne ondulante ou brisée des plages et des caps ; une carte faite de vides et de silences, analogue aux dessins des lettrés chinois, conjuguant comme eux le trait dessiné et le trait écrit, sur fond de brumes montantes, de blanc envahissant[6].

Ce système graphique, qui conjuguait roses des vents et lignes de rhumb correspondant aux directions de la boussole, permettait aux marins de s'orienter et de faire le point en reportant sur la carte la distance qu'ils estimaient avoir parcourue dans une direction donnée. La carte portulan offrait de ce fait un catalogue de directions à suivre entre des points remarquables. Elle se passait, à l'origine, de véritable système de projection et ne réclamait qu'une échelle des distances.

Les cartes portulans n'ont pas fini de fasciner ni de susciter les questions. C'est peut-être la partie la plus vivante de l'héritage cartographique médiéval,

AV · HAVRE · DE GRACE
· LAN · M.D.LXXXIII. ·

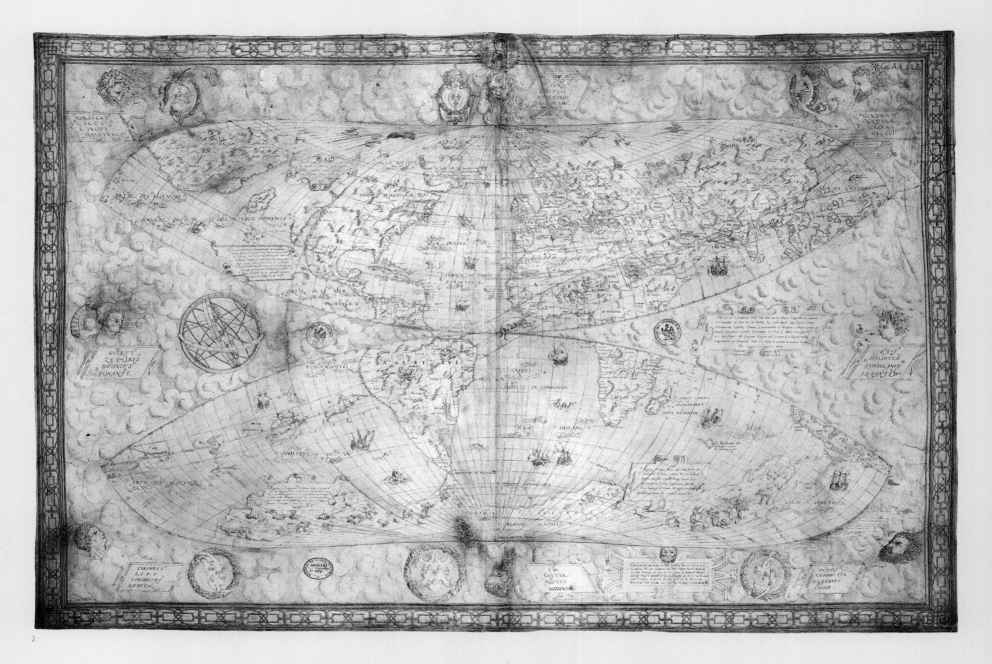

que l'on a opposée, de manière trop simpliste, il est vrai, à la cartographie théologique des mappemondes en TO, la croix du Christ (en forme de *T*) s'inscrivant à l'intérieur de l'orbe terrestre (en forme de *O*) et faisant le partage entre les trois parties du monde connu, l'Europe à gauche, l'Afrique à droite et l'Asie tout en haut, à l'Orient, où se trouve le Paradis. Aux constructions scolastiques des abbés et des moines, repliés dans leurs couvents et vivant de livres, les portulans opposeraient une « cartographie de plein vent », dressée à l'air libre, sur le pont des navires, l'astrolabe et le compas à la main. Il s'agit là, bien sûr, d'une vue de l'esprit, la plupart des portulans que nous connaissons étant des produits de terre ferme, résultant d'une compilation de relevés nautiques reportés au propre et mis bout à bout. Il reste que le portulan résulte à l'origine de connaissances pratiques acquises sur le tas et qu'il n'est tributaire ni d'une tradition intellectuelle ni d'une croyance.

Dans la mesure où elle est fondée sur la pratique et sur l'expérience, dont Aristote lui-même disait déjà qu'elle est « maîtresse de toutes choses » (*omnium rerum magistra*), la cartographie des portulans est évolutive. Elle est ouverte. Elle s'oriente insensiblement vers l'extension des nouveaux mondes. Ce qui peut paraître paradoxal, c'est que, circonscrite initialement à la mer proche des rivages, vouée tout d'abord au cabotage et à la navigation à l'estime, elle extrapole hardiment vers les îles de l'Océan, les nouvelles terres, les continents inconnus. Au tournant du XVIe siècle, elle agrège aux littoraux de la Méditerranée ceux de l'Amérique lointaine et de l'océan Indien. Son développement est alors parallèle à celui de l'« insulaire » ou *isolario*, un atlas exclusivement composé de cartes d'îles, qui en est le complément et qui prend son essor à partir de la mer Égée, l'Archipel des Anciens, avant de conquérir le monde. Ce faisant, les portulans s'adaptent, intègrent une échelle de latitude, puis une seconde échelle, qui tient compte de la déclinaison magnétique, parfois même une échelle de longitude, comme le planisphère sur vélin de Le Testu en 1566 (ill. 2).

On a dit qu'une telle cartographie ignorait tout système de projection, qu'elle était purement empirique. C'est mépriser par trop les marins qui, sans être en mesure peut-être de théoriser le système du monde, en avaient, par l'observation des astres, une idée assez précise. Aussi bien cette cartographie pratique n'est-elle pas fermée aux influences extérieures. Pour l'Asie, elle se souvient de Marco Polo et s'approprie les connaissances géographiques et la toponymie des peuples rencontrés. Elle n'hésite pas à puiser son bien là où elle le trouve, y compris dans la cartographie savante, la science des géographes de cabinet. Dès le début du XVe siècle, la *Géographie* de Ptolémée, tout nouvellement révélée à l'Occident, lui est de quelque secours, avec sa grille de parallèles et méridiens, ses divisions en climats, dès lors qu'il faut représenter la totalité du monde et déterminer les influences célestes qui s'y exercent, les caractères et les mœurs de ses habitants, ou tout simplement la longueur du jour.

Les portulans sont des cartes de mer, des cartes à naviguer. Il arrivait qu'on les laissât à terre. Par exemple, au début du *Quart Livre* de Rabelais, le héros Pantagruel, prenant congé de son père Gargantua pour visiter l'oracle de la dive Bouteille Bacbuc, près du Cathay, en Inde supérieure, lui remet une « grande et universelle Hydrographie » où il a marqué sa route[7]. Cette hydrographie n'est autre, selon la propre définition de Rabelais, qu'une « carte marine[8] » sur laquelle le père sédentaire peut suivre des yeux le voyage au long cours de son fils, au fur et à mesure des informations qu'il reçoit par le truchement de pigeons voyageurs.

Mais pourquoi n'aurait-on pas emporté de telles cartes à bord des navires ? C'est là qu'elles étaient le plus utiles, comme le rappelle dans ces pages Ramon Pujades[9]. Sans doute n'exposait-on pas au péril des flots les exemplaires les plus riches et les plus ornés, mais des copies plus frustes, réduites au strict nécessaire, et faites en série d'après des patrons déposés dans les ateliers, des modèles déposés en quelque sorte.

CARTES D'OR

Les cartes portulans sont au départ des cartes partielles, et par conséquent extensibles. Elles sont pleines de trous, ajourées de vides, *terrae incognitae* des profondeurs continentales, solitudes tumultueuses de l'Océan meublées de naufrages et de monstres marins. Ces vides, précisément, appelaient le remplissage. Presque abstraits au départ, les portulans vont s'enrichir, au fil des décennies et de la diversification des utilisateurs, d'une iconographie qui aujourd'hui encore fait rêver. Nés du calcul et de la géométrie, ils s'ouvrent bientôt aux puissances de l'imagination et de la poésie. Ce qui a entraîné parfois leur discrédit auprès des savants austères et des géographes de cabinet, mais en même temps les a fait rechercher par les collectionneurs, les bibliophiles et les antiquaires.

L'intérieur des terres, par définition vacant dans ces cartes nautiques, se peuple d'animaux fabuleux comme la licorne ou le griffon, mais aussi des races monstrueuses venues des géographes et naturalistes de l'Antiquité, de Pline et de Solin, telles que les Géants et les Pygmées, les Cyclopes, les Amazones et les Blemmyes sans tête, qui ont le visage au milieu de la poitrine, ou encore les Sciapodes, dont l'unique et gigantesque pied leur sert de parasol, une fois couchés sur le dos. Quant à l'Océan sillonné de lignes de rhumb, il laisse affleurer des archipels multicolores, des îles d'or, d'écarlate ou de sinople. Mais il se charge

---

2
Guillaume Le Testu,
Mappemonde
1566

Pilote royal au Havre depuis 1556, Guillaume Le Testu allie le goût pour les expéditions maritimes (Brésil, Mexique, etc.) à celui des spéculations cosmographiques, comme en témoigne cette mappemonde en projection de Bonne. Souhaite-t-il ainsi montrer à ses dédicataires, l'amiral de Coligny et Charles de La Meilleraye, vice-amiral, qu'il est aussi un homme de culture et un savant ?

Paris, BNF, Cartes et Plans, GE AA 625 (RES).
Manuscrit sur parchemin, 79 x 118 cm

3

Carte de l'hémisphère portugais
Atlas Miller, de Lopo Homem
[Pedro et Jorge Reinel, António de Holanda]
(extrait)
[Portugal], 1519

Réalisé pour le roi du Portugal Manuel le Fortuné, l'*Atlas Miller*, qui porte le nom de son dernier possesseur, reflète la vision du monde portugaise à la veille du voyage de Magellan. Parmi les terres réparties en 1494 par le traité de Tordesillas, qui partagea le monde entre les souverains ibériques, la mappemonde représente uniquement celles qui ont été attribuées au Portugal.

BNF, Cartes et Plans, GE-D 26179 (RES), f. 1.
Manuscrit enluminé sur vélin, 41,5 x 59 cm

aussi de batailles navales et de naufrages, avec, ronflant et soufflant au milieu du tumulte, des monstres marins, cachalots et baleines, «bellues» marines recrachant des colonnes d'eau salée sur les infortunés navigateurs. Il y a là moins crédulité qu'humour et hommage, le jeu de l'artiste répondant en mineur au jeu divin de la Création.

Certains portulans offrent de véritables compositions picturales. L'*Atlas Miller*, un atlas portugais exécuté vers 1519, montre un Brésil peuplé d'Indiens à plumes, de perroquets et de dragons volants. En Floride, sous la légende «Terra Bimene», se niche le paradis terrestre avec ses rochers et cascades, sa végétation luxuriante et ses oiseaux en plein ciel. Cerfs, renards et ours y vivent en bonne intelligence. Mais ce monde peint et représenté n'est pas seulement légendaire : il dévoile aussi les réalités coloniales, comme, dans la carte du Brésil, la traite du bois du même nom, coupé, débité et transporté à dos d'homme par des Indiens nus et bruns (ill. 105 i).

La scénographie du portulan atteint des sommets avec ce que l'on est convenu d'appeler l'école de Dieppe, une école de cartographie normande héritière de la tradition portugaise et informée par elle. Dans l'*Atlas Vallard*, de 1547, la carte du Brésil est le prétexte à montrer une scène de troc entre marins normands et Indiens de la côte : des fers de hache et des colifichets contre des singes et des perroquets que tiennent gracieusement trois Indiennes nues, belles comme les trois Grâces. Le geste d'appel du capitaine agitant à bout de bras un miroir, l'invite du chef emplumassé, la pudeur enjouée des Indiennes, tout cela paraît croqué sur le vif. Même naturel et même précision ethnographique dans le *Boke of Idrography* de Jean Roze (ou John Rotz), un Écossais de Dieppe, dont la carte du Brésil offre un tableau vivant des relations d'alliance entre Français et Tupinamba, qui vont ensemble à la guerre, campent à proximité les uns des autres, organisent la traite du bois brésil. Il ne manque à cette peinture sur vélin ni le «boucan» ou gril chargé de membres humains, ni le village carré entouré de palissades et dont les cabanes ouvertes abritent des hamacs suspendus (ill. 4).

Quant à la *Cosmographie universelle* de Guillaume Le Testu, un atlas sur papier dessiné en 1556 par le pilote royal du Havre pour le compte de l'amiral de France Gaspard de Coligny, c'est l'image du monde la plus complète et la plus richement illustrée qui soit sortie de la tradition des portulans. Sa principale singularité est de consacrer près d'un quart de ses cartes régionales – douze sur cinquante – à la mythique Terre Australe, un hypothétique cinquième continent qui, joignant la Terre de Feu à «Java la Grande», ferait contrepoids, au sud, à l'Eurasie boréale. Pour justifier ce qui est largement une fiction, Le Testu, dans ses commentaires, en appelle à «l'imagination», une imagination prospective qui consiste à anticiper les progrès futurs de la connaissance géographique. Nul mensonge dans ce vaste continent verdoyant, où gambadent des indigènes à jupettes de plumes au milieu d'une faune improbable, mais une projection dans l'avenir qui extrapole les maigres jalons posés par des navigateurs portugais ou espagnols dans les années 1520 [10].

Dans la cartographie des portulans, l'usage pratique n'exclut pas la fonction symbolique [11]. La carte n'en sera pas moins utile si elle est belle. Leur aspect ornemental n'empêche pas les portulans de servir, et même de rencontrer un usage politique. La *Cosmographie universelle* (ill. p. 148 et suiv.) offerte par Le Testu à Coligny, un exemplaire d'apparat richement enluminé, propose à l'amiral de France et à son suzerain, le roi Henri II, un rêve d'empire. Mais, comme le montrent ses relevés précis des côtes du Canada ou du Brésil, ce rêve s'alimente aux navigations les plus récentes. Il comporte une grande part d'exactitude à côté de l'extrapolation la plus hardie. À l'image de son auteur, navigateur et cartographe, corsaire et courtisan, un tel atlas portulan répond simultanément à plusieurs fonctions : il flatte et il enseigne, il réjouit l'œil et, par le stock d'informations qu'il réunit, il prépare l'avenir. Complexe dans sa genèse, multiforme dans ses développements, le portulan n'en est pas moins divers dans ses fins.

Frank Lestringant

---

1. *Les Premieres Œuvres de Jacques Devaulx*, Le Havre, 1583, page de titre citant les versets 34 et 24 du psaume 107.

2. Clément MAROT, *Œuvres poétiques*, Paris, Bordas, coll. «Classiques Garnier», 1993, t. II, p. 665.

3. Jean PARMENTIER, «Traicté en forme d'exhortation, contenant les merveilles de Dieu et la dignité de l'homme» à la Renaissance, XVII, v. 154-165, dans *Le Discours et navigation de Jean et Raoul Parmentier de Dieppe*, éd. par Charles Schefer, Paris, E. Leroux, 1883, p. 122. Cf. Jean PARMENTIER, *Œuvres poétiques*, éd. par Françoise Ferrand, Genève, Droz, 1971, p. 96-97.

4. Pierre DE MÉDINE, *L'Art de naviguer*, Lyon, G. Rouillé, 1561, f. *3 r°. Cité par Frank LESTRINGANT, *L'Atelier du cosmographe ou l'Image du monde à la Renaissance*, Paris, Albin Michel, 1991, p. 30.

5. *Ibid.*, à la suite.

6. Il faut en revanche écarter l'hypothèse d'une possible influence cartographique chinoise, que reprenait, d'après Joseph Needham, Michel Mollat, dans Monique DE LA RONCIÈRE et Michel MOLLAT DU JOURDIN, *Les Portulans. Cartes marines du XIIIe au XVIIe siècle*, Fribourg / Paris, Office du Livre / Nathan, 1984 («Introduction», p. 17).

7. RABELAIS, *Quart Livre*, chap. I, dans *Œuvres complètes*, éd. par Mireille Huchon, Paris, Gallimard, coll. «Bibliothèque de la Pléiade», 1994, p. 537.

8. RABELAIS, «Briefve Declaration d'aulcunes dictions plus obscures contenues on quatriesme livre des faicts et dicts Heroicques de Pantagruel», *ibid.*, p. 705.

9. Voir, dans le présent volume, p. 60-66.

10. Roger HERVÉ, *Découverte fortuite de l'Australie et de la Nouvelle-Zélande par des navigateurs portugais et espagnols entre 1521 et 1528*, Paris, Bibliothèque nationale / CTHS, 1982.

11. Margriet HOOGVLIET, *Pictura et Scriptura. Textes, images et herméneutique des Mappae Mundi (XIIIe-XVIe siècles)*, Turnhout, Brepols, coll. «Terrarum orbis» (7), 2007, p. 248 : «Une carte destinée à l'usage pratique peut en même temps être le point de départ d'activités herméneutiques.»

4

Brésil

Jean Roze, *Boke of idrography*
1542

Le capitaine dieppois d'origine écossaise Jean Roze, alias John Rotz, fut de 1542 à 1546 au service du roi d'Angleterre Henri VIII, à qui il dédia son *Boke of idrography*, composé d'une mappemonde et de onze cartes régionales. Associé aux activités commerciales de son père, il fit très jeune l'expérience de lointaines navigations (Guinée, Brésil). Nombre des scènes illustrant les cartes semblent dessinées d'après des croquis pris sur le vif.

Londres, British Library, Royal ms 20 E IX, f. 27 v°-28.
Manuscrit enluminé sur parchemin, 16 feuilles, 59,5 × 77 cm

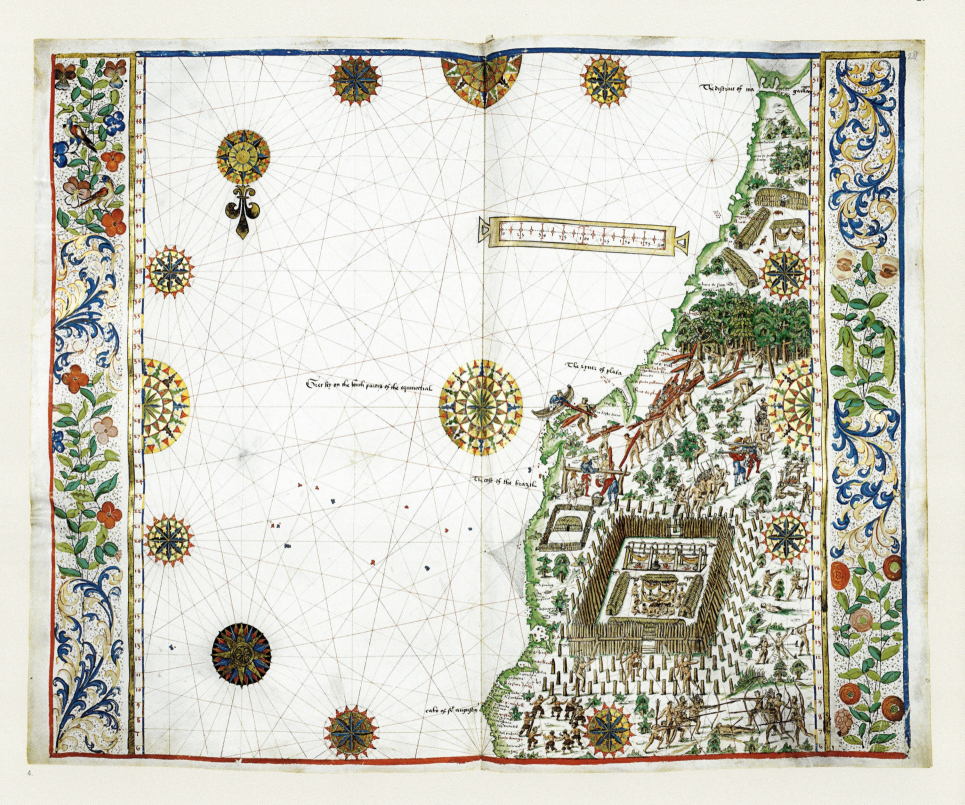

FASCINATION DES PORTULANS
HISTORIOGRAPHIE ET COLLECTIONS

Catherine Hofmann

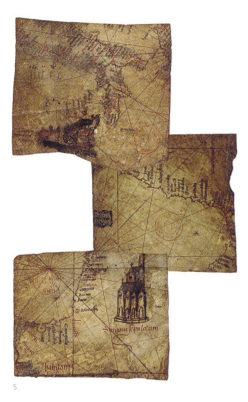

5.

5
Fragments d'une carte de la Méditerranée
[Majorque], début du xve siècle

Ces fragments de 10 cm de côté environ représentent le Sud de l'Italie et la Sicile, plus une partie de la mer Noire et du Proche-Orient, proviennent probablement d'une carte catalane du début du xve siècle. Ils ont servi de signets dans le recueil de notules d'un notaire de Perpignan.

Paris, BNF, Cartes et Plans, GE D 3005 (RES).
Manuscrit sur parchemin, 6 fragments de 10 x 10 cm environ chacun

6
Augustin Roussin, *Carte du littoral Atlantique et du détroit de Gibraltar*
Voir carte entière p. 22

À en juger par le cas extrême d'une carte transformée en signets dans les notules d'un notaire de Perpignan au xvie siècle [1] (ill. 5), les cartes portulans n'ont pas toujours été considérées comme des trésors inestimables. De fait, il est encore possible aujourd'hui de découvrir, à l'occasion d'une restauration, des fragments de cartes utilisés dans les couvrures de registres notariés ou paroissiaux des xvie et xviie siècles. Néanmoins, pour la partie la plus luxueuse de cette production, il s'agit depuis longtemps d'objets prisés « des grands et des curieux », et ce malgré une information géographique parfois périmée, comme l'atteste au xviie siècle le géographe Pierre Duval : « Je me sens obligé d'avertir ceux qui se servent de cartes marines, qu'il s'en trouve de manuscrites, si éclatantes d'or, d'argent, d'azur et d'autres belles couleurs, que souvent elles ont place dans les cabinets des grands et des curieux ; et que néanmoins la pluspart de ces cartes sont fausses, estant copiées sur d'autres cartes extraordinairement fautives et faites il y a plus de cent ans [2]. » Très tôt, les atlas portulans ont indéniablement gagné un statut d'objets de bibliophilie, souvent parés des armoiries d'un auguste commanditaire, destinataire ou possesseur. Citons un recueil du xive siècle dont la reliure en bois est gravée et peinte aux armes des Cornaro, illustre famille vénitienne qui procura un doge à la République de 1365 à 1368 [3] (ill. 8), ou l'atlas du Provençal Augustin Roussin portant une dédicace au cardinal de Richelieu gravée en lettres d'or sur la reliure [4] (ill. 9).

OBJETS D'ÉTUDE…

L'idée de rassembler en collections ces cartes et ces atlas ne naît cependant que vers le milieu du xixe siècle, au moment où on porte, plus généralement, un nouveau regard sur les cartes anciennes. Celles-ci, sous l'impulsion conjuguée de disciplines en plein essor, la géographie et les sciences historiques (archéologie et philologie), sont désormais assimilées à des vestiges archéologiques dont on sollicite le témoignage historique [5]. Ainsi, dans la première étude sur l'*Atlas catalan* (1841), on emploie l'expression « restaurer le monument » pour désigner l'étape d'identification des toponymes. La vogue romantique du Moyen Âge va tout naturellement guider les historiens vers la production de cette période si bien que les premiers recueils de fac-similés de cartes anciennes, qui paraissent dans les années 1840 et 1850 (Santarém, Jomard, Lelewel, Kunstmann [6]), rassemblent mappemondes médiévales et cartes portulans.

Pourquoi les portulans deviennent-ils alors l'objet de prédilection de nombreux historiens de la cartographie ? Plusieurs facteurs entrent en ligne de compte. Nées au Moyen Âge, ces cartes où l'on reconnaît une image cohérente de la Méditerranée au regard des critères d'évaluation modernes, sont considérées comme les premières « œuvres de la géographie positive » – comme le souligne Vivien de Saint-Martin en 1873 –, très loin des mappemondes dont le symbolisme fait naître bien des perplexités. Elles rassurent et encouragent donc une génération de géographes à la recherche de ses racines.

Manuscrites, et supposées uniques, elles suscitent par ailleurs plus d'intérêt que les productions gravées postérieures, qui apparaissent dépourvues de tout « caractère d'individualité monumentale ». Souvent collectionneurs ou conservateurs de fonds, les premiers historiens s'intéressent dans leurs recherches à ce qui procède de la rareté et de l'esthétique, à l'instar de Marie Armand Pascal d'Avezac (1799-1875), qui se pare du titre de « géographe bibliophile ».

Mais un autre moteur puissant explique aussi l'engouement pour les cartes portulans vers le milieu du xixe siècle. C'est que la carte apparaît comme une source de premier plan pour l'histoire des découvertes. Par les tracés géographiques et la liste des toponymes, elle fait foi des voyages et de leur chronologie. Et d'aucuns de s'en servir à des fins hybrides, combinant l'édification de la nouvelle science et l'intérêt national… Ainsi, le célèbre vicomte de Santarém (1791-1856), historien et diplomate portugais bien introduit au sein des institutions savantes parisiennes, fit paraître à Paris en 1841 un *Atlas composé de cartes des XIVe, XVe, XVIe et XVIIe siècles* publié aux frais du gouvernement portugais. Cet atlas, comme le précisait le titre, était destiné à prouver l'antériorité des découvertes portugaises en Afrique occidentale et à défendre ainsi les intérêts coloniaux du Portugal, alors en conflit diplomatique avec la France à propos de la Casamance.

… ET OBJETS DE COLLECTION

La très riche collection de la Bibliothèque nationale de France, où se trouvent conservées aujourd'hui près de 500 pièces, est née à proprement parler de ce nouveau regard sur les cartes anciennes et de la vive curiosité suscitée par ces cartes marines [7]. Jusqu'à la Révolution, très peu de cartes ou d'atlas portulans sont entrés dans cette institution, si l'on excepte quelques pièces prestigieuses, tel le célèbre *Atlas catalan*, offert au roi Charles V et présent sans discontinuité dans les collections royales depuis 1380.

Le noyau de la première collection française fut constitué par Edme-François Jomard, premier conservateur du département des Cartes et Plans, qui, entre 1828 et 1862, date de sa mort, réunit un ensemble de 52 cartes (46 pièces acquises et 6 reçues en dons), dont certaines parmi les plus rares et célèbres. Quatre exemples fameux : la *Carte pisane* (ill. 7), longtemps considérée comme la

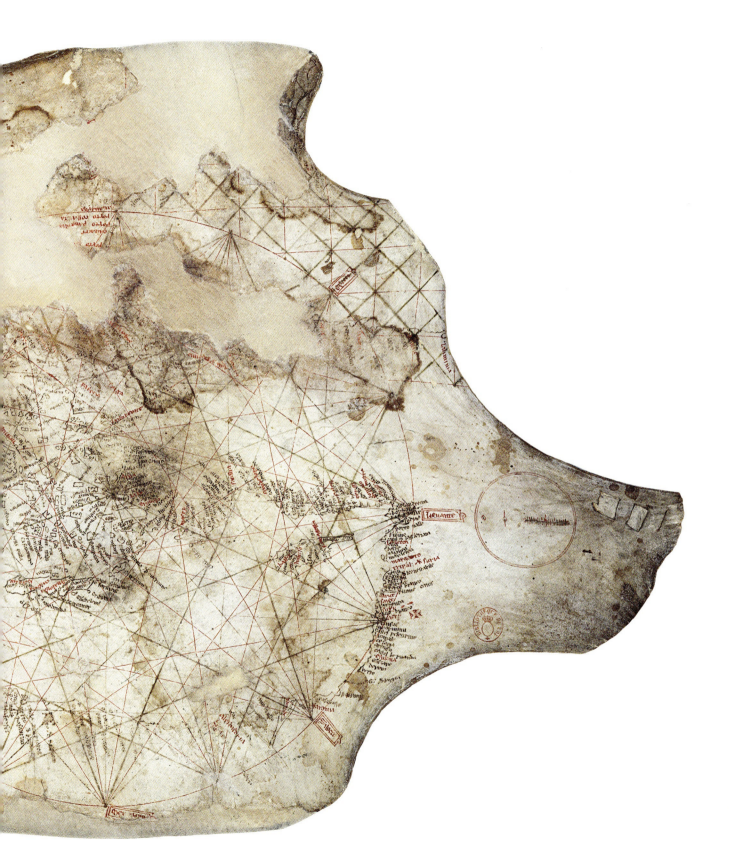

7

Carte pisane

[Fin XIIIe siècle]

C'est l'antiquaire Giuseppe Micali qui a découvert à Pise cette carte sans date ni signature qu'Edme-François Jomard acheta pour la Bibliothèque royale en 1839. Datée généralement de la fin du XIIIe siècle en raison de sa sobriété et de la présence d'une croix rouge près de Saint-Jean-d'Acre, elle est considérée comme la carte portulan la plus ancienne qui nous soit parvenue.

Paris, BNF, Cartes et Plans, GE B 1118 (RES).
Manuscrit sur parchemin, 48 x 103 cm

9.

8
Atlas de la Méditerranée aux armes de la famille Cornaro
[Venise], 2ᵉ quart du xivᵉ siècle

Constitué de quatre cartes délicatement dessinées et ornées, aux angles, des emblèmes des évangélistes, d'animaux ou de monstres, cet atlas anonyme couvre l'ensemble de la Méditerranée. Sur les plats de la reliure ont été peintes les armes de la famille vénitienne des Cornaro, surmontées d'une silhouette féminine, sans doute le cimier d'un casque.

Lyon, bibliothèque municipale, Ms. 179. Reliure

8.

9
Augustin Roussin, *Carte du littoral Atlantique et du détroit de Gibraltar*
Marseille, 1633

Cette carte appartient à un atlas de la Méditerranée dressé par un hydrographe marseillais. Elle porte les armes du cardinal de Richelieu, surintendant de la navigation depuis 1626, qui avait le souci d'améliorer la sécurité du littoral provençal. Des figures de souverains – le sultan d'Alger, le roi Philippe IV d'Espagne et le roi Louis XIII – évoquent les forces en présence.

Paris, BNF, Manuscrits, français 20122, f. 2 v°-3.
Manuscrit enluminé sur parchemin, 35 x 51,5 cm

10
Joris Carolus, *Carte du littoral septentrional de l'Europe*
Enkhuizen, 1614

Un somptueux cadre en trompe-l'œil porte, en haut, les armes de la maison d'Orange-Nassau et, en bas, celles de la ville d'Enkhuizen. La carte en projection polaire illustre la recherche du passage du nord-est vers la Chine – contournant l'Asie par le nord – par les navigateurs hollandais.

Paris, BNF, Cartes et Plans, GE SH ARCH 7 (RES).
Manuscrit enluminé sur parchemin, 75,5 x 81 cm

plus ancienne, acquise en 1839 pour 245 francs ; la carte du juif catalan Mecia de Viladestes (1413), acquise en 1857 (800 francs) ; la carte dite « de Christophe Colomb », acquise en 1848 (250 francs) ; et le très bel atlas nautique de Diogo Homem (1559), acquis en 1842 (80 francs). Jomard se préoccupa également de faire réaliser des fac-similés par copie manuelle. En 1843, quatre cartes conservées dans les archives de l'armée bavaroise et qui comptent parmi les premiers exemples de l'hydrographie portugaise à l'ère des découvertes, signées de Pedro et Jorge Reinel, furent dessinées par Otto Progel, un officier bavarois, et ces copies furent acquises pour 950 francs (ill. 11). Les originaux ayant disparu lors de la Deuxième Guerre mondiale, seuls ces fac-similés parisiens en attestent encore l'existence. À la fin du XIXe siècle, la collection s'enrichit encore de dons et d'achats importants : en 1897, un ensemble de cartes fut acquis auprès de la veuve du collectionneur Emmanuel Miller, cartes qui provenaient elles-mêmes de la collection du vicomte de Santarém et comprenaient notamment le fameux *Atlas Miller* (1519), l'un des trésors du département.

Au XXe siècle, par un effet de centralisation administrative, les sources d'enrichissement devinrent plus institutionnelles, la Bibliothèque nationale étant reconnue comme le réceptacle naturel de cette production nautique : transmission de fragments de cartes par les archives départementales du Vaucluse ou de l'Ardèche, échanges de cartes avec les Archives nationales, dépôts de cartes effectué par le ministère des Affaires étrangères ou par la Société de géographie et, surtout, dépôt, en plusieurs fois, d'un ensemble de 269 cartes provenant des fonds du service hydrographique de la Marine. Sans entrer dans le détail de ces enrichissements, il convient de souligner l'importance de ce dernier dépôt, issu d'un organisme produisant des cartes depuis 1720, qui permit à la Bibliothèque nationale de réunir une collection représentative de l'ensemble des centres de production, sans écarter les cartes des XVIIe et XVIIIe siècles, moins prisées des premiers amateurs de portulans. Elle conserve ainsi plus de 90 cartes hollandaises, émanant notamment de la VOC – la Compagnie des Indes néerlandaises (1602-1799) –, prélevées en 1810 dans les archives hollandaises par ordre de Napoléon pour enrichir le dépôt français de la Marine [8] (ill. 10). L'ensemble de ces collections a été décrit dans un catalogue imprimé en 1963 [9], actuellement en cours de conversion et d'enrichissement dans le catalogue général en ligne de la BNF.

OBJET DE PASSIONS...
ET DE CONTREFAÇONS

De nombreuses cartes portulans ne sont ni datées ni signées, et gardent une part de mystère. Certaines ont connu de multiples attributions et datations qui ont laissé des traces dans la littérature spécialisée, donnant lieu parfois à de violentes polémiques entre savants, comme cette carte attribuée dans les années 1930 par Charles de La Roncière à Christophe Colomb et datée de 1492 [10] (ill. 12 et 13)…

De nombreuses questions relatives à leur origine, à leur construction et à leur usage au Moyen Âge n'ont pas encore trouvé de réponses incontestables faute de documentation disponible. Des générations d'historiens ont fait preuve de trésors d'ingéniosité, se prenant parfois au jeu de leurs hypothèses, non exemptes d'arrière-pensées nationalistes. Dans le contexte des années 1920 et 1930, une polémique opposa savants italiens et espagnols sur la question du « pays » d'invention du portulan, qui se prolongea jusqu'aux années 1960 du fait de la longévité de leurs auteurs…

La carte portulan enflamma également l'esprit de plus petites nations. En témoigne la passion des historiens normands à la fin du XIXe et au début du XXe siècle pour l'héritage laissé par les hydrographes de Dieppe et du Havre [11]. On commanda ainsi à grands frais des fac-similés manuscrits sur parchemin à une artiste, une certaine Mlle Tissot [12], pour disposer à Dieppe de reproductions fidèles de ces monuments de l'histoire normande éparpillés dans le monde.

Enfin, la passion des grandes découvertes fut parfois carrément mauvaise conseillère. Un groupe de quelque treize cartes du monde dans le style portulan, datées de 1509 à 1528 et signées d'auteurs supposés vénitiens, mais inconnus de la documentation, a été identifié en 1994 par David Woodward [13] comme un ensemble de forgeries réalisées au tournant des XIXe et XXe siècles et dont certaines, malheureusement, ont été acquises depuis par des institutions prestigieuses !

Regroupées artificiellement par des historiens qui créaient ainsi leur propre objet de recherche et de débat, les cartes portulans n'ont jamais porté ce nom avant le XIXe siècle, mais des appellations diverses et changeantes en fonction des lieux et des temps – *carte de navegar* ou *pro navigandi*, *mappæ maris*… au Moyen Âge, *carte hydrographique* chez les Normands, *kaarten* dans les Provinces-Unies, etc. C'est bien leur naissance comme objet d'histoire et de collection qui est à l'origine de ce corpus et qui a conduit à les désigner sous le nom de *portolan charts* : l'expression, adoptée dans les années 1890 par des historiens [14], soulignait le lien supposé de complémentarité entre ces cartes et les *portolani*, descriptions textuelles des côtes et de la manière d'entrer dans un port apparues également au Moyen Âge. Cette désignation, quoique contestable et toujours contestée, a reçu une sorte de consécration en 1987, sous la plume de Tony Campbell [15], auteur d'une remarquable synthèse sur le sujet parue dans le premier volume de la grande histoire de la cartographie publiée par les presses de l'université de Chicago. Vingt ans plus tard, en 2007, un jeune historien catalan, Ramon Pujades i Bataller, a consacré sa thèse à une nouvelle analyse de la production médiévale [16] et en 2009 un chercheur américain, Richard Pflederer [17], n'a pas craint d'entreprendre et de publier le premier recensement international du genre, couvrant toutes les époques et tous les lieux de production. La Bibliothèque nationale de France, elle-même, a lancé en 2010 un programme de recensement et de numérisation des collections nationales. Deux cents ans après les précurseurs, il semble que soit restée intacte la passion pour ces *cartes de mer*, tout à la fois outils de navigation porteurs d'avancées techniques et objets de culture chargés de rêve et d'imaginaire.

Catherine Hofmann

11
Jorge Reinel (?), *Carte du monde*
[1519], fac-similé de 1843

Copie manuscrite faite en 1843 par un officier bavarois, Otto Progel, d'un original conservé autrefois à la Bayerische Armeebibliothek de Munich et disparu depuis 1945. Attribué au cartographe portugais Jorge Reinel et daté de 1519, l'original aurait servi de carte préparatoire au voyage de Magellan.

Paris, BNF, Cartes et Plans, GE AA 564 (RES).
Manuscrit enluminé sur parchemin, 65 x 124 cm

1. Paris, BNF, Cartes et Plans, Ge D 3005 Rés. Voir Ernest Théodore HAMY, « Note sur des fragments d'une carte marine catalane du XVIe siècle ayant servi de signets dans les notules d'un notaire de Perpignan (1531-1556) », *Bulletin du CTHS. Section de géographie historique et descriptive*, n° 1, 1897, p. 21-31.

2. Pierre DUVAL, *La Carte générale et les cartes particulières des costes de la mer Méditerranée*, Paris, chez l'auteur, 1664, préface.

3. Bibliothèque municipale de Lyon, Ms. 179.

4. Paris, BNF, Manuscrits, français 20122.

5. Voir Gilles PALSKY, « L'esprit des cartes : approches historiques, sémiologiques et sociologiques en cartographie » (diplôme d'habilitation à diriger des recherches), vol. 2, p. 18 à 36 (« I. Fondation. L'histoire de la cartographie comme archéologie et généalogie »).

6. Manuel, vicomte DE SANTARÉM, *Atlas composé de mappemondes, de portulans et de cartes hydrographiques depuis le VIe siècle jusqu'au XVIIe siècle*, Paris, 1842-1853 ; Edme-François JOMARD, *Les Monuments de la géographie. Recueil d'anciennes cartes européennes et orientales, accompagnées de sphères terrestres et célestes, de mappemondes et tables cosmographiques, d'astrolabes et autres instruments d'observation, depuis les temps les plus reculés jusqu'à l'époque d'Ortelius et de Gérard Mercator*, Paris, 1842-1862 ; Joachim LELEWEL, *Géographie du Moyen-Âge*, Bruxelles, 1849-1857 et *Atlas*, 1849 ; Friedrich KUNSTMANN, *Die Entdeckung Amerikas, nach den ältesten Quellen geschichtlich dargestellt von Friedrich Kunstmann*, Munich, A. Asher, 1859 [151 p. et un atlas].

7. Mireille PASTOUREAU, « Histoire d'une collection : les "portulans" de la Bibliothèque nationale », *Académie de marine. Communications et mémoires*, année académique 1990-1991, n° 3, avril-juin 1991, p. 61-71.

8. Kees ZANDVLIET, *Mapping for money: maps, plans and topographic paintings and their role in Dutch overseas expansion during the 16th and 17th centuries*, Amsterdam, De Bataafsche Leeuw, 1998, p. 267-269.

9. Myriem FONCIN, Marcel DESTOMBES et Monique DE LA RONCIÈRE, *Catalogue des cartes nautiques sur vélin conservées au département des Cartes et Plans*, Paris, Bibliothèque nationale, 1963, XV-315 p.

10. Paris, BNF, Cartes et Plans, Ge AA 1562. Voir Monique PELLETIER, « Peut-on encore affirmer que la BN possède la carte de Christophe Colomb ? », *Revue de la Bibliothèque nationale de France*, n° 45, automne 1992, p. 22-25.

11. Abbé Albert ANTHIAUME *Cartes marines, constructions navales, voyages de découverte chez les Normands, 1500-1650*, Paris, E. Dumont, 1916, 2 vol.

12. Ambroise MILET, *Catalogue du musée de Dieppe*, Dieppe, 1904, p. 103.

13. David WOODWARD, « Could these Italian maps be fakes? », *The Map Collector*, n° 67, été 1994, p. 2-10.

14. Premier emploi attesté en anglais : Adolf Erik NORDENSKJÖLD, dans *Report of the sixth International Geographical Congress*, Londres, John Murray, 1896, p. 694.

15. Tony CAMPBELL, « Portolan Charts from the Late Thirteenth Century to 1500 », dans John Brian HARLEY et David WOODWARD (éd.), *Cartography in pre-historic ancient and medieval Europe and the Mediterranean*, série « The history of cartography » (vol. 1), Chicago / Londres, University of Chicago Press, 1987, p. 371-463.

16. Ramon J. PUJADES I BATAILLER, *Les Cartes portolanes : la representació medieval d'una mar solcada*, Barcelone, Institut Cartogràfic de Catalunya / Institut d'Estudis Catalans / Institut europeu de la Mediterrània, 2007, 526 p.

17. Richard PFLEDERER, *Census of Portolan Charts & Atlases*, s. l., l'auteur, 2009.

12
Carte dite *Carte de Christophe Colomb* (détail)
Voir carte entière p. 28

13.

13
Carte dite *Carte de Christophe Colomb*
Écriture génoise, après 1488

Cette carte juxtapose une carte marine de la Méditerranée, qui inclut les découvertes portugaises en Afrique jusqu'au golfe de Guinée, et une mappemonde circulaire, entourée des sept sphères célestes, figurant le cap de Bonne-Espérance, découvert par Bartolomé Diaz en 1488. Son attribution à Christophe Colomb par Charles de La Roncière a fait couler beaucoup d'encre.

Paris, BNF, Cartes et Plans, GE AA 562 (RES).
Manuscrit enluminé sur parchemin, 70 x 112 cm

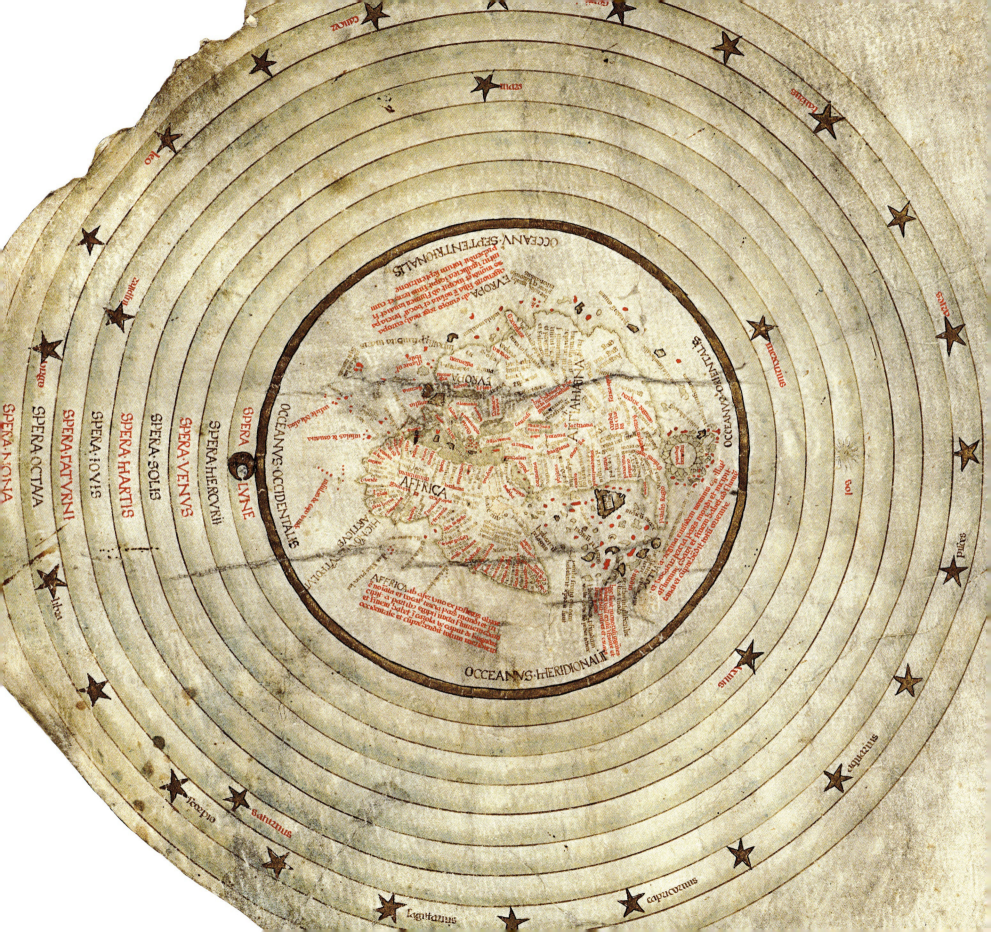

MODES DE FABRICATION ET USAGES DES CARTES PORTULANS À TRAVERS LES SIÈCLES

Catherine Hofmann
Hélène Richard
Emmanuelle Vagnon

Considérées comme des « curiosités » ou des « monuments » par les premiers historiens de la cartographie, au milieu du XIXe siècle, les cartes portulans s'attachent à représenter l'espace maritime. Leur nom provient, par glissement sémantique, du *portolano*, livre d'instructions nautiques décrivant les accès aux ports (ill. 14). Souvent spectaculaires, dessinées sur parchemin, sillonnées d'un enchevêtrement de lignes, elles furent associées à l'image des grands aventuriers qui s'engagèrent sur l'Océan pour découvrir le monde. La définition de ce corpus, que les géographes ont constitué dans les deux derniers siècles, n'est pas simple puisqu'il contient des documents tenant de la mappemonde ou proches de l'insulaire – mais ces catégories elles-mêmes sont des constructions historiques dont les créateurs de cartes n'avaient pas idée autrefois. C'est donc une acception assez large du terme portulan – compris comme une carte et non comme un routier – que nous reprenons ici, à l'image des collections constituées dans les bibliothèques à la suite de ces travaux historiques.

D'après les sources les plus anciennes, les cartes portulans sont nées en Occident à l'époque des croisades, dans les cités maritimes des îles Baléares et du Nord de l'Italie. Elles apparaissent comme un genre cartographique spécifique, original, en lien avec les progrès des techniques de navigation et l'expansion maritime européenne. Malgré différentes hypothèses proposées par les historiens, aucun rapport évident ni aucune parenté manifeste n'ont pu être établis avec les cartographies antérieures au XIIIe siècle : « périples » antiques, mappemondes latines, géographies grecques ou arabes. Les frontières entre ces différents genres cartographiques ne sont néanmoins pas étanches, on peut constater de nombreux emprunts de l'un à l'autre. Les cartes portulans ont d'ailleurs été influencées par des travaux scientifiques indépendants du savoir nautique. Ce sont donc aussi des cartes savantes, liées au progrès de la projection cartographique et des mesures du monde.

CARACTÉRISTIQUES DES PORTULANS

La production des cartes portulans s'étend sur plus de cinq cents ans, du XIIIe au XVIIIe siècle. Il s'agit de cartes marines, « cartes de mer » dont l'objet est avant tout l'espace marin, avec ses limites : les ports, les côtes, les îles et les obstacles qui l'encombrent. Même si, dans ces cartes, la côte constitue l'élément principal des terres, le cartographe ne s'interdit pas de représenter l'intérieur des continents et des îles avec plus ou moins d'éléments descriptifs. Initialement dédiée à la mer Méditerranée et à la mer Noire, la carte portulan a pu être déclinée sous forme de cartes régionales et étendue à tout l'espace découvert et exploré par les navigateurs, voire seulement imaginé.

La plupart du temps, la carte est dessinée à la main sur du parchemin : une peau d'animal – dont on voit encore la forme – ou plusieurs feuilles de vélin, découpées et assemblées pour former une seule grande carte ou plusieurs planches d'un atlas. Mais il existe aussi des cartes portulans dessinées sur papier, comme il existe, dans les périodes tardives, des cartes portulans imprimées sur parchemin.

Les toponymes sont écrits perpendiculairement à la côte (ill. 15 et 16), quelle que soit sa direction, si bien qu'il faut tourner la carte, mise à plat, pour lire certains noms. Les noms des ports les plus importants apparaissent en rouge, ceux des mouillages secondaires, en noir.

Les éléments décoratifs, qui sont loin d'y figurer systématiquement, varient beaucoup d'une carte à l'autre, d'un style ou d'une époque à l'autre : couleurs, argent et or soulignent les îles et les estuaires ; bannières, vignettes urbaines, roses des vents, végétation, personnages, animaux s'établissent sur les terres ; et parfois même des navires parcourent les flots.

14
Pietro di Versi [d'après Michel de Rhodes],
Portolan de Spagna
Venise, 1444

La page présentée ici décrit la côte de l'Espagne. Elle appartient à la *Raxion de marineri*, un manuel de navigation signé par le Vénitien Pietro di Versi qui reprend mot pour mot une partie du traité de Michel de Rhodes. Il s'agit d'une compilation de méthodes de calcul utiles aux navigateurs et de portulans au sens propre, c'est-à-dire de descriptions textuelles des côtes, sans cartes.

Venise, Biblioteca Marciana, Cod. Marc. Ital. IV. 170 (5379), f. 50 v°-51. Manuscrit sur vélin, 20,5 x 14 cm

15
Grazioso Benincasa,
Carte des îles Britannique, de la France et de la péninsule ibérique
(détail)
Voir carte entière p. 32

16
Grazioso Benincasa,
Carte des îles Britannique, de la France et de la péninsule ibérique
Rome, 1467

Ce cartographe, ancien patron de navire, a signé un grand nombre d'atlas et de cartes réalisées à Venise et à Rome dans la deuxième moitié du XVe siècle. Les cartes représentent la mer Méditerranée et la mer Noire, mais aussi les côtes et les îles de l'océan Atlantique, de l'Angleterre (présentée ici) jusqu'aux rivages de l'Afrique récemment explorés par les Portugais (îles du Cap-Vert). Son style sobre et gracieux a été souvent imité.

Paris, BNF, Cartes et Plans, GE DD 988 (RES), f. 2
Manuscrit sur vélin, 35 x 22,5 cm

17.

17
Canevas préparatoire pour une carte :
les lignes des vents
Pietro Vesconte,
Atlas de la mer Méditerranée
Venise, 1319

Cet atlas de la Méditerranée signé et daté contient sept cartes collées en doubles pages sur des ais de bois. La rose des vents forme un polygone dans lequel s'inscrit chaque carte. On voit ici, au début du recueil, le réseau de lignes de vents et les échelles sans tracé géographique ni toponymes.

Lyon, bibliothèque municipale, Ms. 175, f. 2 v°-3.
Manuscrit sur vélin, 29,2 x 29 cm

La carte portulan porte un canevas de lignes de vents se référant aux points cardinaux. Rayonnant à partir d'un point central, huit lignes principales et des lignes secondaires déterminent à l'intérieur d'un cercle seize ou trente-deux angles. L'intersection de ces lignes avec le cercle forme de nouveaux centres d'où partent d'autres réseaux de lignes entrecroisées, noires, rouges et vertes (ill. 17). Le nom de ces lignes varie selon les historiens. Le terme « marteloire », issu de l'italien *marteloggio*, proposé autrefois, ne convient pas car il ne désigne que la méthode et les tables de chiffres permettant de connaître rapidement la dérive du navire par rapport au cap envisagé. Le mot « rhumb » apparaît à la fin du Moyen Âge pour nommer l'espace angulaire qui sépare l'une de l'autre les trente-deux directions de la boussole (ill. 18), d'où l'expression « lignes de rhumbs ». Quant au terme « loxodromie », il s'applique aux lignes définissant une direction constante à la surface d'une sphère, et ne convient qu'après les innovations de Mercator. En effet, si la forme ronde du globe terrestre était connue dès l'Antiquité et pendant tout le Moyen Âge, les cartes portulans ont consisté dans un premier temps en « cartes plates », c'est-à-dire qu'on les dessinait sans appliquer un système de projection tenant compte de la rotondité de la Terre. Tant que la navigation restait confinée à l'aire méditerranéenne ou à un espace maritime limité, l'absence de projection ne portait pas à conséquence ; avec la navigation sur de grandes distances, les besoins évoluent et la carte portulan va s'adapter en intégrant de nouveaux éléments : échelle des latitudes au seuil du XVIe siècle, suivie rapidement d'une deuxième échelle pour tenir compte de la déclinaison magnétique, introduction de la projection de Mercator au siècle suivant, etc.

Si l'ensemble de ces caractères définit les cartes portulans, il existe de nombreux documents qui, sans être à proprement parler de la même famille, en sont très proches. Comme pour d'autres types d'œuvres, les limites ne sont pas strictes, les réalisations reflétant les initiatives des artistes et les désirs des commanditaires, si bien que les influences réciproques ont été nombreuses entre cosmographie savante, cartographie nautique, livres de description des îles, atlas de cartes terrestres, manuscrits enluminés.

FABRICATION ET USAGE DES PORTULANS

De la fabrication des cartes, on ne sait pas grand-chose pour la période médiévale ; les documents deviennent plus nombreux et plus précis à l'époque moderne. Le parchemin est choisi en fonction de l'espace à représenter et de l'échelle. Le canevas de lignes de vents est parfois préalable au dessin des côtes. Celles-ci sont tracées à l'aide de modèles plus détaillés et de relevés faits sur le terrain puis assemblés. La nomenclature et l'ornementation viennent dans un second temps et peuvent être réalisées par une autre main. On sait que, dès le Moyen Âge, il existait des ateliers spécialisés dans la fabrication de cartes nautiques. Cartes, atlas et planisphères (appelés aussi « mappemondes ») étaient produits à l'identique en plusieurs exemplaires et signés par le maître de l'atelier.

À l'époque des grandes découvertes, bien plus que dans les siècles précédents, le dessin des cartes du monde devient une affaire d'État. La Casa de contratación, en Espagne, ou l'Armazém, au Portugal, sont les administrations officielles où sont recueillies et analysées les informations rapportées des nouveaux mondes par les navigateurs. La synthèse de ces données permet de composer le fameux *padrón real* (patron royal), matrice validée par l'autorité du souverain et qui, en principe, doit servir de modèle pour toutes les cartes utilisées par les marins (ill. 69). Dans la pratique, la mise à jour du *padrón real* est complexe et irrégulière, et le contrôle de conformité des cartes nouvelles en partie illusoire. Depuis le XIXe siècle, on a souvent fantasmé, par ailleurs, sur le « secret » qui entourait ces cartes royales portugaises que des espions cherchaient à se procurer. Le planisphère de Cantino (aujourd'hui conservé à Modène) et la grande carte de Caverio (conservée à la BNF) sont en effet des copies italiennes de ces grands planisphères ibériques montrant pour la première fois les explorations du Sud de l'Afrique et les contours du nouveau continent américain. Les règles de secret semblent néanmoins avoir eu une portée limitée, répondant essentiellement à deux objectifs : réduire la concurrence entre artisans cartographes en limitant la production cartographique à quelques « maîtres des cartes » dûment autorisés ; protéger ponctuellement une information géographique sensible – comme la découverte du Brésil par Cabral en 1500 – dans un contexte de compétition territoriale entre nations.

Les cartes portulans ne sont pas directement des cartes de terrain, reflet immédiat de l'expérience des navigateurs. Nous sommes bien là dans le domaine de ce qu'on appelle, à l'époque moderne, « l'hydrographie de cabinet », c'est-à-dire une cartographie marine dressée, ou seulement actualisée, à partir de relevés partiels recueillis par les navigateurs et les « pilotes ». Car ce sont eux les véritables guides des bateaux, experts dans l'art d'aborder un port et qui possèdent parfois leurs propres croquis détaillés des accidents et des dangers d'une région côtière qu'ils connaissent par cœur.

De fait, pour le cabotage et les courtes traversées, particulièrement en Méditerranée, l'usage d'une carte à bord des navires ne s'imposait pas. Nul besoin, par beau temps, de faire le point et de tracer un cap : l'expérience des marins suffisait souvent. Et pourtant, dès le XIIIe siècle, la mention de cartes à bord des navires se généralise dans les récits ou les documents d'archives. Propriété

18
Compas de mer fabriqué par Manoel Ferreira
Lisbonne, 1744

Ce compas de mer, destiné à donner la direction du nord magnétique pour permettre au pilote de tenir sa route, a été fabriqué à Lisbonne par Ferreira, dont d'autres instruments de navigation ont été conservés. Le décor de la rose des vents, qui comporte 32 rhumbs (séparés par près de 11°), est très proche de celui des cartes marines.

Paris, musée de la Marine, 1 NA 10. Bois, métal, verre et papier, 42,5 x 41 cm, H = 25,5 cm

18.

du capitaine ou de certains marins, conservée parmi les affaires personnelles, dans un coffre, la carte nautique est un instrument de référence qu'on sort de son étui lorsque la tempête a fait trop fortement dériver le navire [1].

Pour les navigations plus lointaines [2], en revanche, les cartes devinrent rapidement indispensables. Leur usage est attesté dans plusieurs traités de navigation, qui en exposent le maniement. Le père Fournier [3], au milieu du XVIIe siècle, explique ainsi (ill. 22) comment utiliser les « lignes de rhumbs » : le pilote reporte sa route sur la carte avec l'aide de deux compas à pointes sèches (ill. 20), pour tenir compte tant du cap suivi depuis le point de départ que de la longueur du trajet, mesurée à partir de l'échelle de distance correspondant à la latitude où se trouve le bateau. Fournier précise également [4] qu'il existe plusieurs sortes de cartes marines, soulignant par là la coexistence de modèles cartographiques qui correspondent à des techniques plus ou moins avancées. Ainsi, les cartes qui se font « par route » et qui ne peuvent servir que pour les destinations proches, comme en Méditerranée, n'ont aucune mention de latitude ni de longitude. Puis il cite les cartes faites par latitude et par route, qui ne présentent pas d'indication de méridien ni de longitude, une seule échelle de distance servant dans toute la carte. Il évoque ensuite les cartes « communes » (ou plates), où parallèles et méridiens sont représentés par des lignes perpendiculaires, formant des carrés égaux. Il parle enfin des cartes « réduites », inspirées de la projection de Mercator (ill. 21), où les parallèles sont placés à intervalles croissants au fur et à mesure que l'on s'éloigne de l'équateur ; elles permettent le tracé de routes loxodromiques, qui coupent tous les méridiens sous le même angle.

La production des cartes portulans, qui repose essentiellement sur l'usage de la boussole, se prolonge jusqu'à la fin du XVIIIe siècle : les pilotes, restant très attachés aux lignes de rhumbs, prisent « d'autant plus une carte qu'ils la voyent barbouillée d'une infinité de ces lignes [5] » (ill. 19). Ce n'est que dans le dernier tiers du XVIIIe siècle que la mesure des longitudes se généralise grâce à la mise au point d'une nouvelle instrumentation (horloges marines, cercle de Borda, etc.) et à la diffusion de nouvelles connaissances scientifiques parmi les navigateurs ; le modèle des cartes portulans va dès lors irrémédiablement décliner.

Malgré un usage très largement répandu sur plusieurs siècles, les cartes portulans parvenues jusqu'à nous – aléas de la conservation des documents anciens – ne présentent que très exceptionnellement la trace d'une utilisation en mer. Le plus souvent, ce sont les documents soignés – pour certains très luxueux – qui ont été conservés dans des bibliothèques et des dépôts d'archives comme des cartes de référence et non des instruments de navigation, alors que les cartes usagées, moins belles, dessinées souvent sur papier et facilement abîmées, étaient détruites lorsqu'elles étaient devenues inutilisables. Ainsi, et c'est ce qui fait aussi la beauté et la richesse de ce corpus, les cartes portulans ont été appréciées dès le Moyen Âge pour leur valeur décorative et leur faculté à stimuler l'imagination. Les plus beaux exemplaires, qui n'ont parfois que de lointains rapports avec la cartographie nautique – par exemple, l'*Atlas catalan*, au Moyen Âge, ou la *Cosmographie* de Guillaume Le Testu, pour le XVIe siècle –, sont des ouvrages de bibliophiles, des œuvres d'art réalisées spécialement pour un puissant commanditaire. Sur ces documents, le tracé des côtes mais aussi l'iconographie des continents reflètent l'évolution des savoirs géographiques, l'ambition et les conflits des grandes puissances européennes tout autant que l'imaginaire lié aux nouveaux espaces et la fascination qu'exerce l'immensité d'un monde à découvrir.

Catherine Hofmann
Hélène Richard
Emmanuelle Vagnon

1. Voir, dans le présent volume, Ramon J. Pujades, « Les cartes de navigation, premières cartes à large diffusion sociale ».

2. Voir, dans le présent volume, Joaquim Alves Gaspar, « De la Méditerranée à l'Océan. Nouveaux problèmes, nouvelles solutions ».

3. Georges FOURNIER, *Hydrographie contenant la théorie et la pratique de toutes les parties de la navigation*, Paris, J. Dupuis, 1667, livre XVII, chapitre XIII.

4. *Ibid.*, livre XV, chapitre XV.

5. *Ibid.*, livre XVII, chapitre VI.

19

Denis de Rotis,
Carte de l'océan Atlantique nord
1674

Le passage du nord-ouest, supposé donner accès à la Chine en contournant l'empire espagnol, se situe au nord du fleuve Saint-Laurent sur cette carte dressée par un pilote de Saint-Jean-de-Luz. Héritière de celles des Reinel, réalisées plus de cent cinquante ans auparavant, elle est un exemple des cartes « barbouillées d'une infinité de ces lignes » que fustige le père Fournier dans son *Hydrographie*.

Paris, BNF, Cartes et Plans, GE SH ARCH 21.
Manuscrit sur parchemin, 43,4 × 88 cm

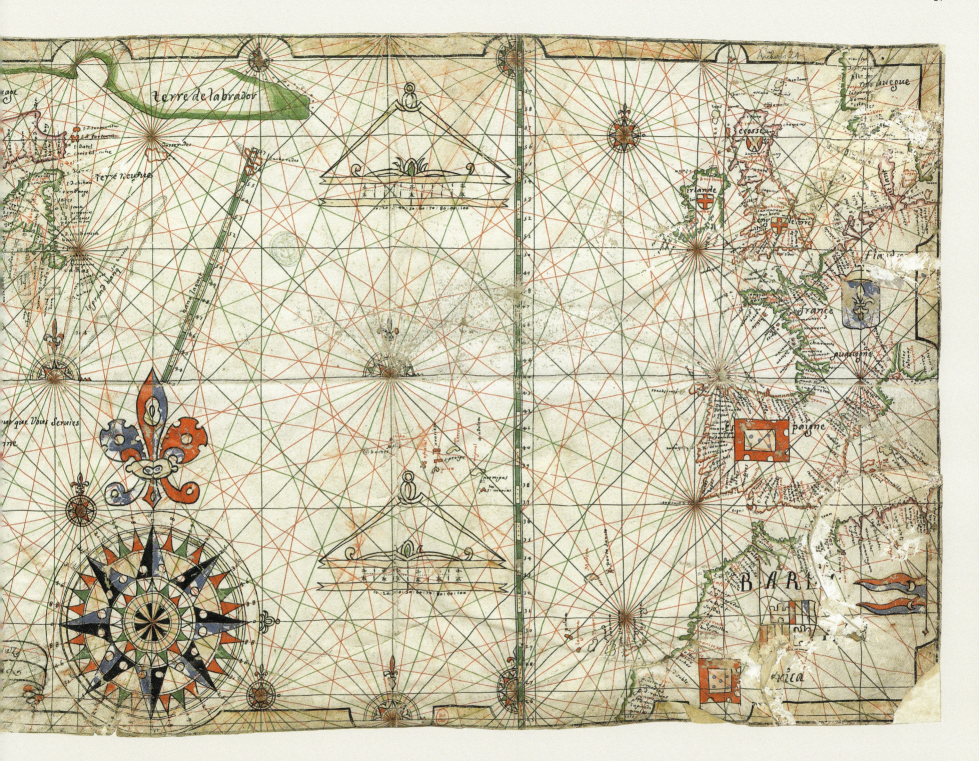

20
Compas à pointes sèches
sur une échelle graphique des distances
Pierre de Vaulx, *Carte de l'Atlantique*
(détail)
[Le Havre], 1613

Le compas à pointes sèches est le premier instrument du cartographe, à qui il permet de construire la carte, mais aussi du marin, qui s'en sert, grâce à l'échelle graphique, pour reporter les distances parcourues. Les hydrographes normands, tel Pierre de Vaulx, ont souvent dessiné sur leurs cartes marines cet instrument fondamental du cartographe et du navigateur.

Paris, BNF, Cartes et Plans, GE SH ARCH 6 (RES).
Manuscrit enluminé sur parchemin, 68,5 x 96 cm.
Voir carte entière p. 141

21
Canevas de latitudes croissantes
Guillaume Le Vasseur, *Carte de l'océan Atlantique*
(détail)
Dieppe, 1601

Guillaume Le Vasseur, auteur d'un traité de « géodrographie » très complet (voir p. 140), est le premier hydrographe normand à appliquer dans ses cartes la projection de Mercator, dite « aux latitudes croissantes ». Dans ce cartouche placé en Amérique latine, qui porte la date et la signature, il indique le canevas pour les latitudes de 0° (équateur) à 60°.

Paris, BNF, Cartes et Plans, GE SH ARCH 5 (RES).
Manuscrit enluminé sur parchemin, 74,5 x 99 cm

22
Georges Fournier, *Hydrographie contenant la théorie et la practique de toutes les parties de la navigation*
Paris, Soly, 1643

Édition originale de la première encyclopédie maritime française, rééditée en 1667 et 1679. Les chapitres que Georges Fournier consacre aux différentes cartes et à leur usage montrent les relations de l'auteur avec l'école normande d'hydrographie ; il signale en particulier l'importance des travaux de Guillaume Le Vasseur.

Paris, BNF, Arsenal, FOL-S 1295. Livre imprimé in-folio

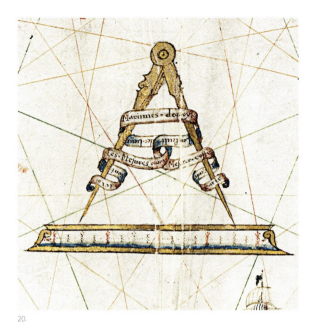

20.

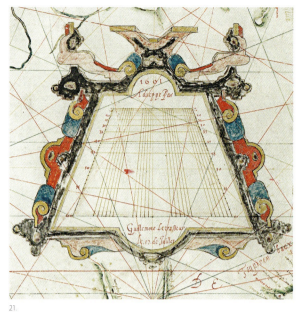

21.

22.

23

Baldasaro da Maïolo Visconte,
Carte muette de la Méditerranée
[Gênes], 1589

Datée et signée par un membre de la famille des Maggiolo (détentrice du monopole cartographique à Gênes), cette carte énigmatique représente la Méditerranée divisée en quatre bassins, sans toponymes ni orientation commune. Les lignes qui la parcourent ne sont pas des lignes des vents : est-ce un dispositif imaginé pour faciliter la reproduction des cartes ?

Nice, archives départementales des Alpes maritimes, 1Fi 1534. Manuscrit sur parchemin, 56 x 69 cm

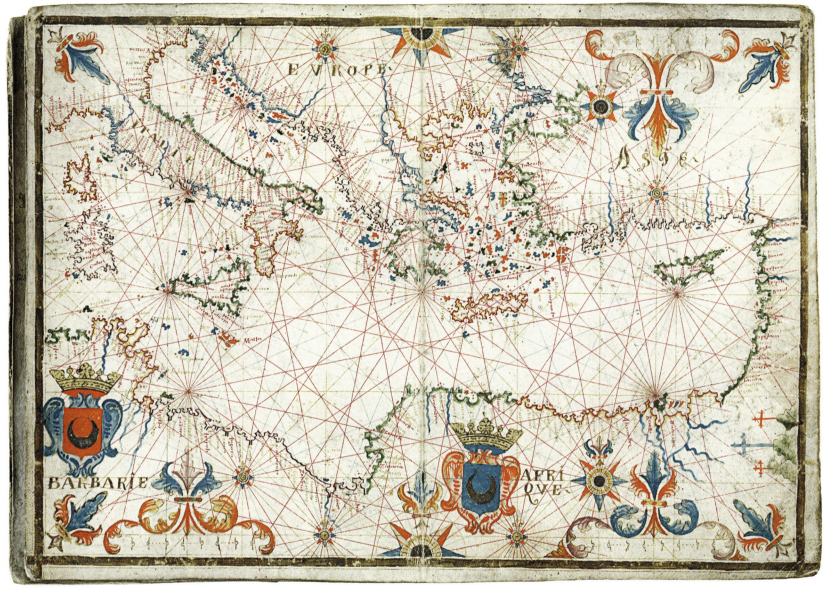

24 a.

24
Atelier de François Ollive,
Atlas de la Méditerranée
[Marseille], vers 1660

L'atelier de François Ollive, actif entre 1646 et 1662 environ, fut très prolifique. L'atlas présenté ici double les cartes de la Méditerranée occidentale et orientale en nous montrant, dans la seconde version de celles-ci, le système de quadrillage utilisé pour faciliter la copie et l'agrandissement des cartes. Cette méthode a été expliquée au milieu du XVIe siècle par le mathématicien espagnol Martin Cortés dans son traité *Breve compendio de la Esfera y de la arte de navegar* (Cadix, 1551).

24 a
Carte de la Méditerranée orientale avec le réseau de lignes de vents, les toponymes et la décoration [f. 3]

24 b
Carte de la Méditerranée orientale muette, mais dotée d'un quadrillage orthogonal [f. 5]

Marseille, bibliothèque de l'Alcazar, Ms. 2104, f. 3 et 5.
Manuscrit enluminé sur parchemin, 5 feuilles collées dos à dos

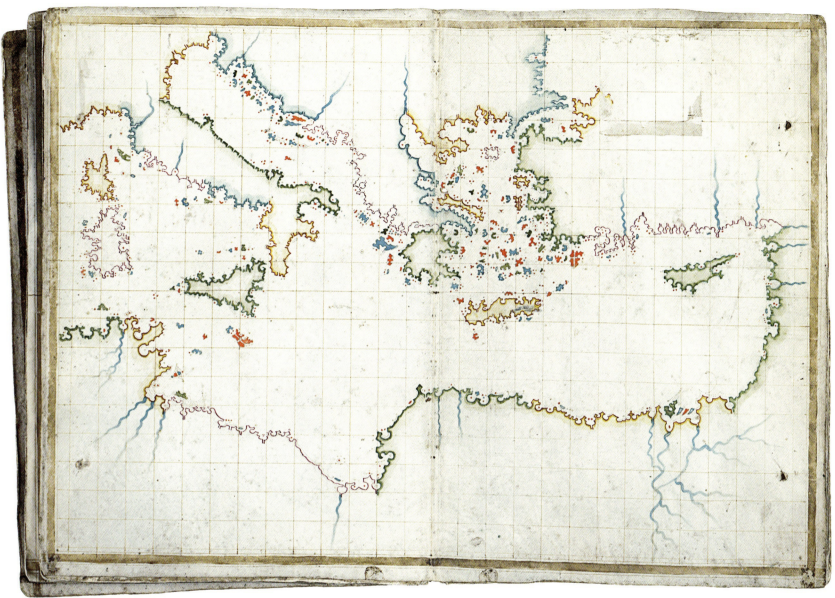

24 b.

ATLAS CATALAN

25

***Atlas catalan*, attribué à Abraham Cresques**

1375

Le document connu sous le nom d'*Atlas catalan* est un recueil de six cartes et schémas commentés, dessinés sur parchemin et collés recto verso sur des ais de bois plus hauts que larges (64 x 25 cm). Les feuilles de vélin qui reliaient l'ouvrage se sont rompues avec le temps.

Les deux premières planches portent une traduction en catalan de l'*Imago mundi* d'Honorius Augustodunensis, description du monde très répandue au Moyen Âge, et un grand calendrier circulaire ainsi que des signes astrologiques. Les planches suivantes, mises bout à bout, composent une représentation du monde en quatre cartes, deux pour l'Orient, de la Chine au golfe Persique, et deux pour l'Occident méditerranéen, de la mer Noire à l'Angleterre. Le sens de lecture, d'est en ouest, est le même que celui des grandes mappemondes circulaires du XIIIe siècle, comme la mappemonde d'Ebstorf, orientée l'est en haut. Le contenu de la carte, notamment pour la toponymie de la partie asiatique, provient de textes antiques mais aussi du récit de Marco Polo et de sources arabes. La structure des cartes, sillonnées de lignes des vents même pour les parties continentales, et la toponymie de la Méditerranée, de l'Europe et de l'Afrique correspondent aux cartes portulans catalanes de l'époque.

L'*Atlas catalan* est daté de 1375, d'après son calendrier, et nous savons qu'il se trouvait dans la bibliothèque de Charles V grâce à l'inventaire qui en a été fait en 1380. Par ailleurs, une lettre de l'infant d'Aragon du 5 novembre 1381 demande l'envoi d'une mappemonde de ce genre au nouveau roi de France, Charles VI, en invitant à consulter son auteur, Cresques le juif, de Majorque, pour en avoir l'explication.

E. V.

BNF, Manuscrits, espagnol 30.
Manuscrit enluminé sur parchemin,
12 demi-feuilles de 64 x 25 cm chacune

25 a

Asie centrale

Inspiré de Marco Polo, ce détail évoque la route de la Soie : une caravane de marchands avec des dromadaires et des chevaux traverse le désert de Lop Nor.

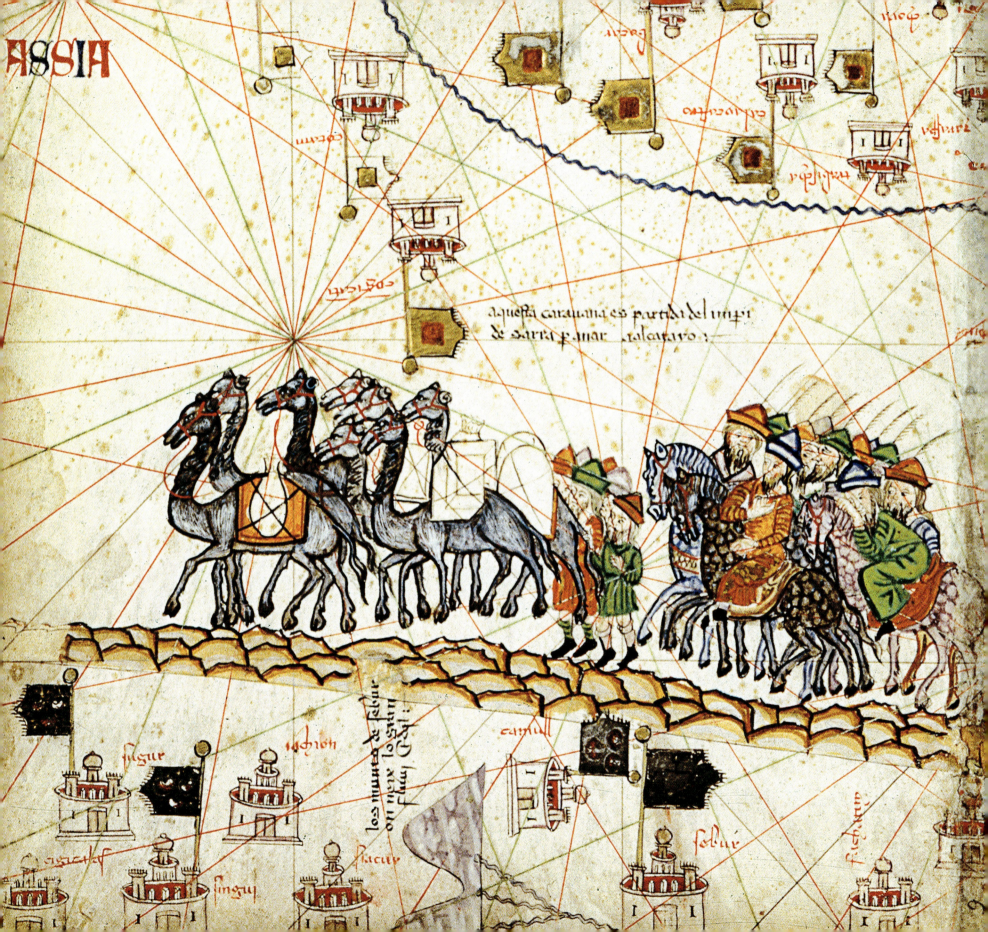

25 b
Calendrier cosmographique pour l'année 1375
Voir détail p. 46-47

25 c
Schémas cosmographiques et description du monde (en catalan)

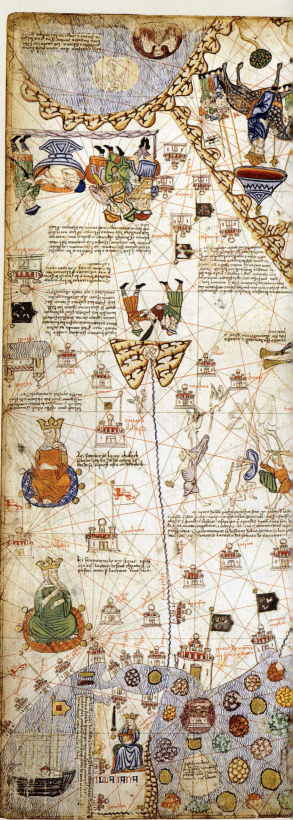

25 d
Asie occidentale : mer Caspienne et golfe Persique

25 e
Asie orientale et mer de Chine

25 f
Asie

À l'extrémité de l'Orient, la représentation du Jugement dernier, dans un jardin paradisiaque, voisine avec le royaume de Gog et Magog.

Voir p. 50-51

25 g
Méditerranée occidentale et océan Atlantique

25 h
Méditerranée orientale et mer Noire

25 i
Afrique de l'Ouest et océan Atlantique

Le navire évoque les explorations du Catalan Jaime Ferrer, en 1346, le long des côtes africaines. Un nomade sur un dromadaire est en route vers la Mecque.

Voir p. 54-55

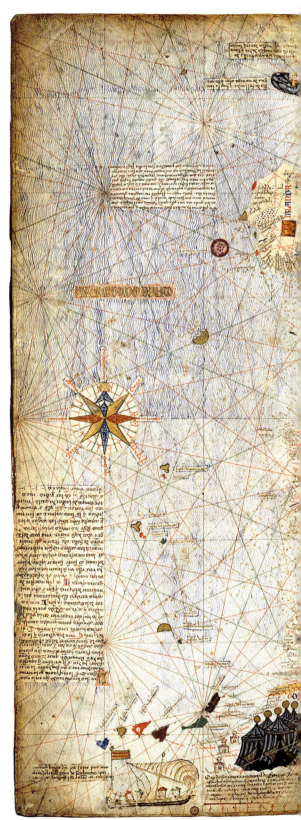

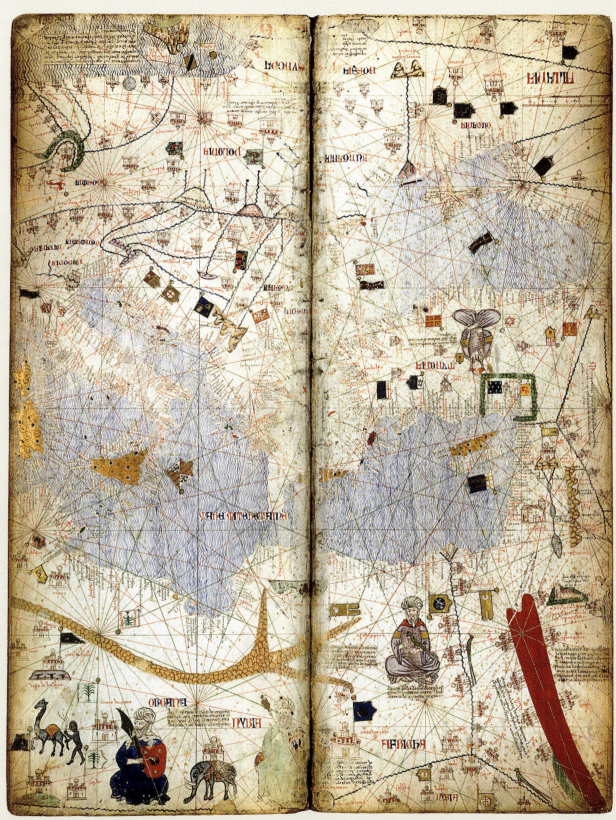

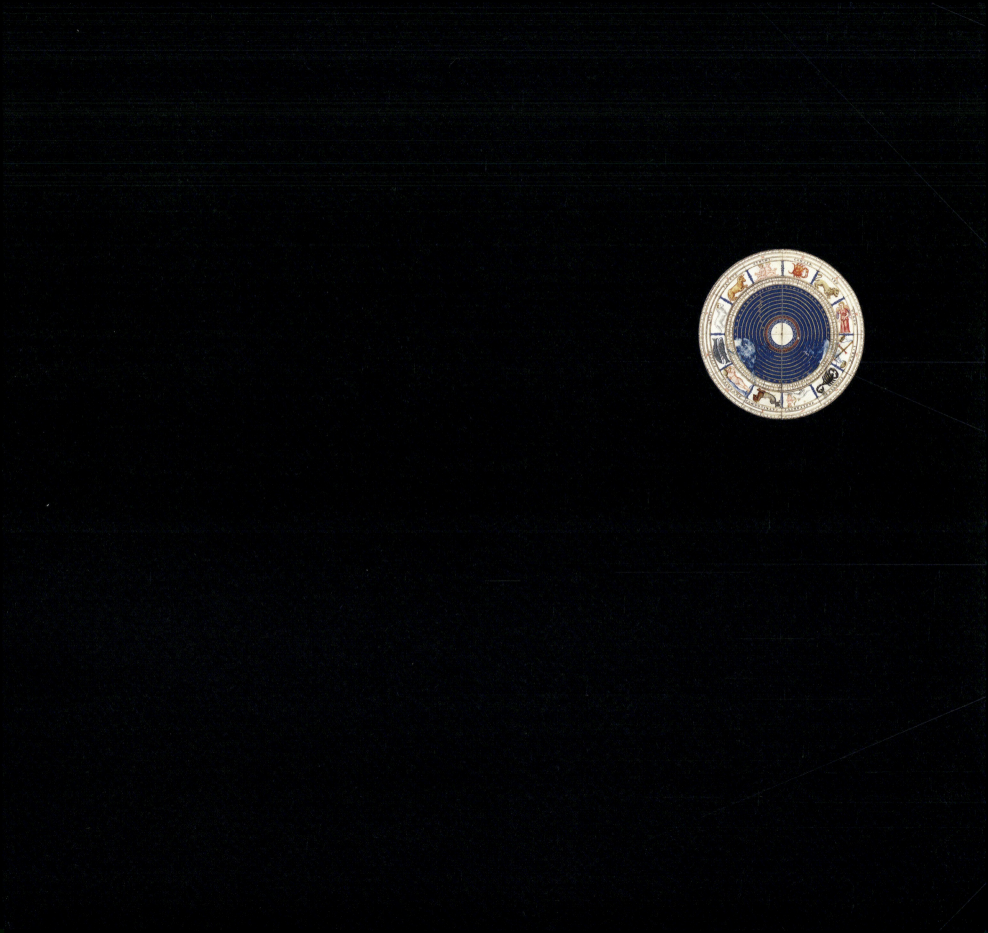

LA MÉDITERRANÉE

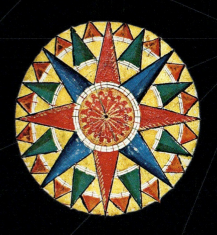

LA MÉDITERRANÉE, MATRICE DES PORTULANS

Emmanuelle Vagnon

Dans un ouvrage fondateur de l'historiographie des portulans, l'historien Nordenskiöld supposait qu'il existait à l'origine des cartes marines médiévales un modèle, une matrice, qui aurait été la source de toutes les autres. Il tenta d'établir la forme et les contours de cet objet source, auquel il donna le nom de « portulan normal » en se fondant sur les cartes et les textes les plus anciens, notamment la *Carte pisane* et le *Compasso da navigare*, tous deux estimés de la fin du XIIIe siècle. Selon lui, les cartes marines originelles étaient limitées au bassin Méditerranéen et à la mer Noire, bornées à l'ouest par le détroit de Gibraltar et à l'est par les Dardanelles ou par les confins de l'empire grec. Elles dessinaient en somme l'espace économique où s'exerçait la puissance des cités maritimes et reflétaient leur expansion. Ainsi, les premières cartes portulans, fabriquées essentiellement à Gênes, Venise ou Majorque, placent la mer Méditerranée, dont la toponymie principale est déjà constituée à la fin du XIVe siècle, au centre du parchemin. Elle est au cœur du dispositif des lignes de vents qui rayonnent autour de certaines localités des Baléares ou de l'Italie. Les autres mers figurent comme des marges tout autour, et sont parfois distinguées par un graphisme différent : lignes ondulées bleues pour la mer Baltique ou le golfe Persique, vermillon pour la mer Rouge – alors que la mer Méditerranée et la mer Noire ne sont presque jamais colorées, ornées des seules parures de leurs îles, rehaussées, elles, de vert, de rouge, d'or et d'argent. La mer et ses îles sont d'ailleurs l'objet principal de la carte : les continents sont réduits à la toponymie de leurs rivages, les cours des fleuves aux estuaires, aux marécages côtiers et aux lagunes.

Cette matrice théorique, plus ou moins élargie à d'autres horizons, se retrouve sur les cartes de prestige, richement enluminées, qui apportaient par leurs décorations un complément d'information sur les peuples et les ressources économiques des littoraux. Là encore, la mer Méditerranée est au centre de la démonstration. Espace d'échanges et espace frontière, elle réunit et oppose les peuples chrétiens et les peuples de l'Islam, l'Occident et l'Orient ; elle dessine les contours des colonies vénitiennes et génoises de la mer Égée et de la mer Noire, elle suggère les conflits et les alliances de revers entre les peuples riverains. La mise en scène géopolitique des pays qui bordent la mer Méditerranée reste d'actualité au-delà du Moyen Âge, alors même que le genre des cartes portulans s'est déjà étendu à d'autres horizons maritimes, au grand large, au monde entier. Des cartes portulans de la mer Méditerranée continuent à être produites au XVIe siècle, à une époque où la puissance ottomane menace directement Venise et le Saint Empire, et où le royaume de France entame des liaisons dangereuses avec la Sublime Porte. Elles sont appréciées jusqu'à la fin du XVIIe siècle, même si elles pouvaient alors être jugées obsolètes et archaïsantes : les bannières sur les villes et les costumes des personnages n'étaient plus toujours d'actualité, mais qu'importe, la toponymie évolue peu dans cet espace bien connu et les cartes portulans de la mer Méditerranée, comme les atlas qui proposent des vues à grande échelle de ce même espace, gardent leurs lettres de noblesse à l'époque des cartes imprimées et perpétuent, parfois de manière sublime, les canons d'un genre cartographique devenu traditionnel.

26
Alvise Gramolin,
Carte marine de la mer Égée
(détail)

Voir carte entière p. 80

LES CARTES DE NAVIGATION, PREMIÈRES CARTES À LARGE DIFFUSION SOCIALE[1]

Ramon J. Pujades i Bataller

Au début des années 1990, tout historien qui s'intéressait aux cartes qu'on appelle «portulans» se heurtait à une contradiction frappante. D'une part, le nombre de cartes nautiques ayant survécu (quelque cent quatre-vingts exemples datés ou datables d'avant 1500) et leur présence dans divers inventaires de biens appartenant à des marchands et des marins italiens et catalans, ainsi que les abondantes références contenues dans des sources rédigées en latin et en langue vernaculaire, indiquaient que ce type de produit de la culture écrite était largement diffusé dans la société, du moins dans le contexte des grandes villes côtières vouées au commerce maritime international. D'autre part, les spécialistes, en majorité, analysaient les cartes isolément, à la manière de trésors pour collectionneurs et présentaient les portulans comme des objets coûteux, relativement exotiques, qui, faute de précision scientifique, ne pouvaient être ni très utiles ni très utilisés pour la navigation ; en même temps, on affirmait souvent que ces cartes étaient réalisées par des cartographes érudits, savants en géographie et en astronomie, pour satisfaire la curiosité intellectuelle des princes, des prélats et des riches bourgeois[2]. En réalité, peut-on vraiment se fier aux exemples dont nous disposons ? D'un point de vue quantitatif et qualitatif, constituent-ils un échantillon statistiquement représentatif de la production cartographique du Moyen Âge tardif ?

On ne trouvera pas la réponse à cette question simplement en étudiant les cartes et atlas médiévaux qui ont survécu. Il convient de les examiner pour en déterminer les caractéristiques essentielles et de comparer ensuite les résultats de cette analyse avec les informations glanées dans tous les autres types de sources secondaires ou indirectes : inventaires après décès, ventes aux enchères et contrats notariés, correspondances commerciales ou institutionnelles, ordonnances navales, plaintes en justice et procès exigeant compensation pour les pertes dues aux attaques de pirates, textes scientifiques et techniques, récits de voyage et poèmes[3]. Face à ces listes de témoignages documentaires – et ce n'est qu'un début –, il apparaît que les cartes devaient circuler au sein de la population liée au commerce maritime parce qu'elles remplissaient une fonction d'aide à la navigation. Par ailleurs, les cartes à finalité pratique, toujours consultées avec une paire de *sestes*, ou compas à pointes sèches, et une boussole, n'étaient ni les œuvres superbement ornées ni les magnifiques atlas qui prédominent parmi les objets préservés jusqu'à nos jours – en tant qu'objets utilitaires, elles étaient exclues de la conservation en bibliothèque. Au contraire, ces cartes, guère décorées ou pas du tout, étaient copiées de manière rapide et efficace d'après les modèles disponibles, par des peintres spécialisés, des artisans copistes sans grande érudition, qui se consacraient exclusivement à cette tâche ou qui la combinaient à d'autres activités, marines ou marchandes. Il s'agissait d'authentiques outils de navigation, vendus pour moins d'une livre avant la Peste noire de 1348 et, après que l'épidémie eut entraîné une hausse significative des prix et des salaires[4], pour un peu plus de deux livres génoises ou majorquines. Ce prix, qui représentait à l'époque moins de la moitié du salaire mensuel moyen d'un marin en Méditerranée, pouvait être réduit de 75 % quand ces cartes *per marinieri* revenaient aux héritiers après un usage intensif sur les bateaux.

Je m'en tiendrai ici à deux documents récemment découverts, d'une importance extraordinaire ; avec ceux qui figurent sur la liste que j'ai publiée[5], ils nous aideront à comprendre que les cartes de navigation ont circulé par milliers entre les dernières années du XIIIe siècle et la fin du XVe.

Le premier, découvert à Gênes, concerne le navire catalan de Francesc Solanes, qui, en mars 1393, fut attaqué durant un soulèvement populaire génois[6]. À bord du navire, outre deux boussoles et un sablier calibré pour mesurer les demi-heures (propriété du marin majorquin Nicolau Andreu), se trouvaient aussi, au moins, la *carta a navigando* et *busolam unam* appartenant au marin valencien Lluís de Collbató ainsi que la *carta pro navigando* et *unam busolam* du Valencien Joan Serra. De plus, le témoin Jaume Ciribert explique (f. 35) que le marchand barcelonais copropriétaire du bateau, Bernat Oliva, avait pris avec lui plusieurs cartes de navigation et autres objets à titre de marchandises, lesquels objets furent volés par les assaillants. Affirmation corroborée et développée par le témoin Bartomeu Tornil : selon sa déposition, Bernat Oliva *habebat cartas pro navigando*, *causa venderi*, *sex vel septem* (il avait des cartes de navigation, six ou sept, qu'il avait l'intention de vendre) ; il les possédait encore au moment de l'attaque parce qu'il n'avait eu le temps d'en vendre aucune (*quia nulla vendiderat*) et il en estimait le prix sur le marché génois à quelque 18 florins florentins[7] (f. 35 v°). Selon le taux de change de l'époque, cela représentait 260 sous de Barcelone, soit une quarantaine de sous par carte : apparemment, les cartes catalanes importées à Gênes se vendaient 20 % plus cher que les cartes de fabrication locale.

Le document en question mentionne un autre navire marchand, dans lequel au moins deux membres d'équipage possédaient des cartes de navigation et des boussoles. Comme de nombreuses références déjà publiées, ce témoignage vient accréditer l'idée qu'une forte proportion d'officiers de navire et de marchands associés au commerce maritime possédaient des cartes de navigation, et qu'il était donc rare pour un navire, grand ou petit, même un simple bateau de pêche, de n'en avoir aucune à bord[8]. Le document fait ressortir que les six commandes de cartes de navigation pour l'exportation reçues par le marchand barcelonais Domingo Pujol en 1390-1392 (nos 18-20 et 23-25) n'ont rien d'exceptionnel puisque,

Mecia de Viladestes, *Carte marine de la Méditerranée* (détail)

Voir carte entière p. 68

six mois plus tard, un autre marchand barcelonais emportait avec lui, de sa propre initiative, six ou sept autres cartes qu'il comptait vendre au cours de son voyage d'affaires. De plus, et surtout, ce qui est important, c'est la coïncidence des dates, lieux et prix, puisque les hasards de la conservation des documents nous permettent de documenter l'exportation d'au moins trente-trois cartes de navigation pour une période de seulement deux ans et demi, entre octobre 1389 et mars 1392, et ce par seulement deux marchands d'une ville où rien n'indique la présence stable et continue d'ateliers cartographiques. Selon toute vraisemblance, les articles vendus par ces deux Barcelonais étaient des cartes majorquines acquises à Palma de Majorque lors d'une escale, comme c'était l'habitude au cours d'une traversée.

Évidemment, Majorque non seulement satisfaisait la demande de la multitude de navires qui y faisaient escale, mais exportait aussi directement ses cartes. Comme le prouve le *carteggio* des agents de la compagnie Datini, implantée dans l'île, lesdits agents exportèrent entre mars 1395 et juin 1398 au moins cinq autres articles (n°s 98, 99 et 101) et trois lettres de février 1408 font référence à l'exportation de deux autres articles, ce qui montre que cette activité n'était pas sporadique mais suivie[9] (n° 104). Les cartes mentionnées dans les *carteggi* des agents de Datini, décorées de drapeaux et de vignettes de villes, coûtaient deux à quatre fois le prix des cartes ordinaires. Cela ne veut évidemment pas dire que les agents de Datini faisaient exception en exportant plus de documents décorés que de cartes utilitaires, mais que, comme eux-mêmes l'expliquent, les documents décorés devaient être commandés à l'avance, d'où leur présence plus importante dans la correspondance commerciale, alors que les cartes utilitaires étaient achetées directement en bloc auprès d'ateliers spécialisés, puis réparties par lots de trois à sept articles. Comme elles faisaient partie non pas de la cargaison officielle d'un navire, mais plutôt des marchandises diverses vendues directement par les marins et les marchands, les cartes utilitaires n'étaient mentionnées que lorsqu'une mésaventure subie par leurs propriétaires donnait lieu à la rédaction d'un inventaire des biens personnels ou d'une demande de compensation – faisant ainsi le bonheur des historiens.

Toutes ces données devraient nous ouvrir les yeux : la présence attestée de différentes cartes à bord d'un même navire, à différents moments de la période, d'un bout à l'autre de la Méditerranée, suppose que, contrairement à ce qu'on croit souvent, quelques milliers de cartes de navigation furent fabriquées, vendues et utilisées durant le Moyen Âge tardif. Dans un document de 1433, on voit l'atelier du Majorquin Gabriel de Vallseca payer une dette en livrant quatre cartes déjà prêtes tout en s'engageant solennellement à en fournir vingt-quatre autres dans les six mois à venir : à mon avis, ce témoignage peut difficilement refléter une « situation inhabituelle » comme l'a récemment suggéré Tony Campbell[10]. En effet – on vient de le voir – quatre décennies auparavant, les trente-trois cartes vendues en seulement deux ans et demi par seulement deux marchands barcelonais s'ajoutent à celles que les marchands locaux et les agents italiens installés sur l'île exportaient certainement, sans parler de la quantité, indéterminable, nécessaire pour satisfaire la demande directe du grand port de Majorque, ce qui nous oblige à envisager les réalités suivantes : une production constante, en série, de cartes utilitaires, une production moindre, mais significative, de cartes modérément ornées, avec blasons et vues de villes, et une production occasionnelle de cartes et mappemondes somptueuses. On parvient à cette conclusion en prenant en compte que, à Majorque dans la dernière décennie du XIVe siècle, l'activité cartographique n'était exercée, à notre connaissance, que par trois ateliers actifs simultanément : celui du juif converti Jafudà Cresques, alias Jaume Ribes (qui s'installa à Barcelone au service de la cour en 1394), celui de son ex-apprenti, Samuel Corcós, alias Macià de Viladesters (devenu indépendant en 1390) et celui du chrétien Guillem Soler et de son fils Joan[11]. La correspondance de 1408 entre les agents Datini atteste qu'il n'existait pas d'autre atelier cartographique sur l'île puisque, après le départ pour Barcelone de l'atelier Cresques, alias Ribes, l'un des deux ateliers restants avait, pour une raison inconnue, momentanément cessé de fonctionner en début d'année, n'en laissant qu'un seul actif. Cela avait entraîné une baisse de l'offre, suivie d'une hausse des prix de plus de 66 % sur un laps de temps très court, facteur qui confirme que la demande était constante et non inhabituelle. Comme tous les autres ateliers d'artisanat médiéval, les ateliers de fabrication des portulans devaient, pour survivre, régulièrement s'étendre et se contracter en fonction des besoins, avec toutes les conséquences que cela pouvait avoir sur la « cohérence » de leur production au cours des différentes étapes de leur évolution. Le hasard nous offrira peut-être un jour des documents prouvant l'existence de tout un univers d'associations, de sous-traitance et de cessions provisoires, aussi complexe que celui des ateliers de peintres, pour donner l'exemple d'un art voisin de celui du cartographe – au moins quatre des cartographes majorquins connus travaillaient aussi comme peintres ou miniaturistes[12]. Cela pourrait nous donner à réfléchir sur la valeur d'analyses économiques qui tentent de transformer en règles générales ce qui ne correspond au mieux qu'à des tendances instables et très relatives.

Je terminerai en présentant un document daté du 2 septembre 1405, une lettre rédigée en sicilien et conservée aux archives de la couronne d'Aragon. Rogerio di Camera, médecin de la flotte commandée par Martin le Jeune de Sicile, y explique en détail au roi Martin Ier les circonstances du retour de son fils

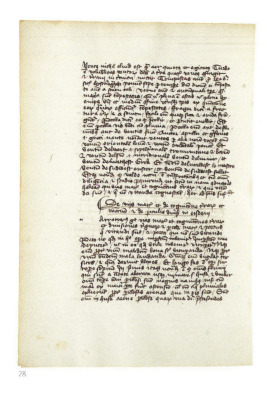

28.

28

De viis maris : un extrait de portulan dans un recueil géographique
XVe siècle

Ce manuscrit contient des extraits d'œuvres de Pierre d'Ailly et des textes géographiques très rares, datés du XIIe siècle, en particulier la description d'une mappemonde monumentale et d'un portulan décrivant un trajet entre l'Angleterre et la côte occidentale de l'Inde. Ce texte, dont on voit ici le titre, pourrait avoir été transcrit par Roger de Howden, un chroniqueur qui accompagna en Orient le roi d'Angleterre Richard Cœur de Lion lors de la troisième croisade (1189-1192).

Paris, BNF, Manuscrits, latin 3123, f. 134 v°.
Manuscrit sur papier, 28,5 x 20,5 cm

29

Pietro Vesconte, *Carte de la mer Noire*
Venise, [1319]

Les angles des cartes de cet atlas sont coupés par les échelles de distances et décorés de fines enluminures évoquant le plus souvent des saints protecteurs de la navigation. On voit ici la carte de la mer Noire avec un dragon, symbole du mal et du danger, saint Jean Baptiste, saint Julien et saint Antoine.

Lyon, bibliothèque municipale, Ms. 175, f. 3 v°-4.
Manuscrit sur vélin, 29,2 x 14,3 cm

LA MÉDITERRANÉE

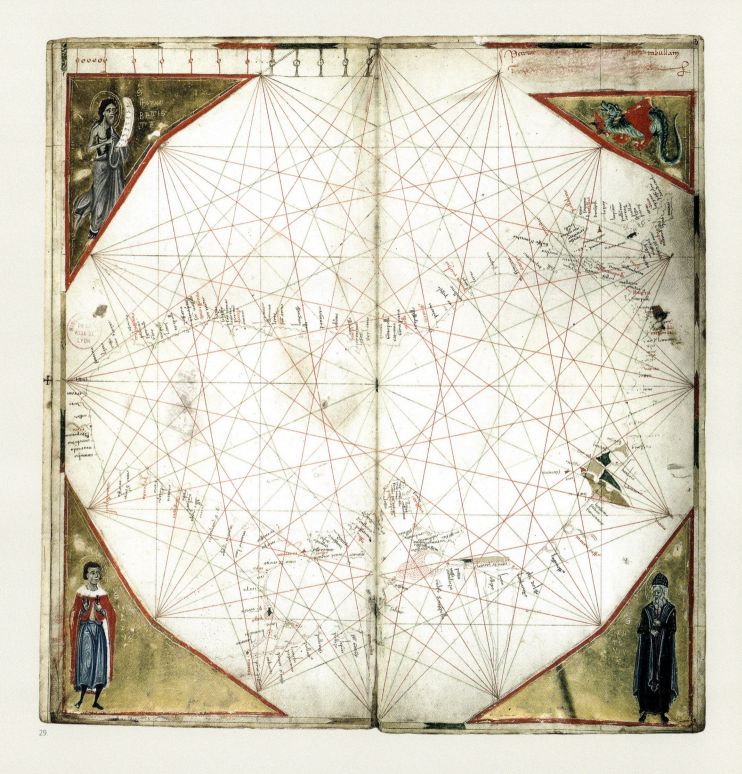

29.

en Sicile[13], relatant de manière très détaillée une partie de cette expédition complexe (voir p. 66-67).

Après plusieurs jours de navigation forcée par vent contraire malgré l'opposition des marins, la terre n'est toujours pas visible et les vivres viennent à manquer. Les officiers de bord se réunissent alors avec des cartes et des compas pour évaluer la position du navire par rapport à certains repères.

Le texte montre bien que les navires de guerre étaient également bien fournis en cartes de navigation : quand le conseil des officiers se réunissait, chaque officier apportait ses propres instruments nautiques, notamment les *carti e falsi cumpassi* (il s'agit de compas à pointes sèches) qu'ils utilisaient pour discuter de la position de la flotte et de la direction qu'elle devait prendre ; c'est seulement quand tel aspect de la côte était visible au loin qu'ils pouvaient réellement déterminer la position exacte des navires. Indirectement, pourtant, le texte nous aide à comprendre la vraie raison pour laquelle il y avait des cartes de navigation à bord de l'immense majorité des navires du Moyen Âge – même s'il ne s'agissait pas d'instruments de précision utilisables à la manière des cartes nautiques d'aujourd'hui – et pourquoi chaque officier lettré possédait une ou plusieurs cartes personnelles. Alicudi, Filicudi, Vulcano et Ustica, des îles situées au nord de la Sicile, et Milazzo, le cap septentrional le plus saillant de Sicile, étaient les points de repère que pouvaient identifier, avant d'atteindre la côte sicilienne, les navires partant de Cagliari soucieux de garder le cap malgré les vents contraires. Les officiers de ce navire n'étaient donc pas aussi perdus qu'on aurait pu le croire : ils discutaient de possibilités réduites au sein d'une zone spatialement limitée, or ils avaient l'impression d'avoir déjà « perdu leur discrétion », c'est-à-dire la notion de la position du navire. L'orientation indiquée par leur boussole et leur estimation de la distance parcourue leur permettaient de supposer qu'ils étaient proches de la côte septentrionale de la Sicile ; la carte de navigation leur rappelait les diverses possibilités à envisager avant de pouvoir en être sûrs, puisque la marge d'erreur était grande, au bout d'un jour et demi à dériver. Avec leurs listes de toponymes directement liés à des dessins qui étaient plus des moyens mnémotechniques que des représentations réalistes de la côte, les cartes portulans aidaient beaucoup leurs propriétaires, non seulement à déduire la position du navire, mais aussi à limiter et à garder à l'esprit les caractéristiques de la côte, éléments naturels ou créations humaines, qui pourraient apparaître devant eux et qu'ils devaient pouvoir identifier. La carte était ainsi un outil personnel qui stimulait et facilitait la mémoire visuelle du marin. C'est pourquoi, dans leur immense majorité, les capitaines, marchands, copropriétaires de bateaux et officiers dont les responsabilités incluaient la navigation physique, dans la marine marchande ou militaire, en possédèrent et en utilisèrent tout au long des deux siècles du Moyen Âge tardif. Il n'est donc pas étonnant que, comme l'explique Benedetto Cotrugli dans son *De navigatione*, au XVe siècle[14], montrer sa capacité à utiliser une carte ait fait partie des épreuves qui validaient publiquement la formation d'un marin.

N'en doutons pas, les documents et la littérature du Moyen Âge continueront à nous offrir de nouveaux témoignages sur la production et la possession « massives » de cartes de navigation et les plus sceptiques cesseront peu à peu de douter de la forte diffusion des portulans parmi les membres de la marine marchande et chez les autres catégories de navigateurs habitant les principales villes de la Méditerranée occidentale à la fin du Moyen Âge.

Ramon J. Pujades i Bataller
Texte traduit de l'anglais par Laurent Bury

30
Angelino Dulcert,
Carte marine de la Méditerranée
Majorque, 1339

Il s'agit de la plus ancienne carte réalisée à Majorque, signée et datée. Construite sur un double réseau de lignes de vents, elle s'étend des îles Canaries au golfe Persique et de la Scandinavie au royaume du Mali. La forme donnée au relief, l'hydrographie, les vignettes de villes et de souverains, sont caractéristiques du style catalan jusqu'à la fin du XVe siècle.

Paris, BNF, Cartes et Plans, GE B-696 (RES).
Manuscrit sur vélin, 75 × 102 cm

1. Cet article a été rédigé dans le cadre du projet de recherche financé par le ministère espagnol des sciences et de l'innovation et intitulé « La Corona de Aragón en el Mediterráneo bajomedieval. Interculturalidad, mediación, integración y transferencias culturales (HAR2010-16361) » (La couronne d'Aragon dans la Méditerranée du Moyen Âge tardif. Interculturalité, médiation, intégration et transferts culturels).

2. Tony CAMPBELL, « Census of pre-sixteenth century portolan charts », *Imago Mundi*, 38, 1986, p. 67-94, et « Portolan Charts from the Thirteenth Century to 1500 », dans John Brian HARLEY et David WOODWARD (éd.), *Cartography in pre-historic, ancient and medieval Europe and the Mediterranean*, série « The history of cartography » (vol. 1), Chicago / Londres, University of Chicago Press, 1987, p. 370-463. Ces deux textes ont été profondément révisés et augmentés par leur auteur pour la version électronique <http://www.maphistory.info/portolan.html>.

3. Ramon J. PUJADES I BATALLER, *Les Cartes portolanes, la representació medieval d'una mar solcada / Portolan charts: the medieval representation of a ploughed sea*, Barcelone, Institut Cartogràfic de Catalunya / Institut d'Estudis Catalans / Institut Europeu de la Mediterrània, 2007, p. 60-125 et 423-451.

4. Paolo MALANIMA, *Pre-modern European economy: one thousand years (10th–19th centuries)*, Leyde / Boston, Brill, 2009, p. 252-292.

5. Ramon J. PUJADES I BATALLER, « References to nautical cartography in medieval documentation », dans Ramon J. PUJADES I BATALLER, *op. cit.*, p. 428-439. Les numéros indiqués dans la suite du texte renvoient à cette liste.

6. Giovanna PETTI BALBI, « I Catalani nella Genova tardomedievale », dans *La Presència catalana a l'espai de trobada de la Mediterrània medieval. Noves fonts, recerques i perspectives*, actes du colloque international (Barcelone, 13-16 mai 2009), à paraître.

7. Gênes, Archivio di Stato di Genova, *Notai antichi*, cart. 463, f. 1-12 v° et 35-39.

8. Outre les divers documents évoquant la présence de cartes à bord de petits bateaux, déjà répertoriés dans la première liste que j'ai publiée, on peut citer la *mige carte de naveguar* (demi-carte de navigation) appartenant au pêcheur majorquin Rafel Garbí en 1458, Majorque, Arxiu del Regne de Mallorca, Protocols 1-134, f. 6-9. Transcription du document publiée dans Maria BARCELÓ et Guillem ROSSELLÓ, *La Casa gòtica a la ciutat de Mallorca*, Majorque, Lleonard Muntaner, 2009, p. 118.

9. C'est ce que confirme une autre lettre de Valence, datée du 3 décembre 1397, dans laquelle les agents valenciens de la compagnie Datini envoient cette demande à leurs collègues majorquins : *Avisateci se trovassi da conperare uno bello [m]appamondo e quello costerebe*. (Faites-nous savoir si vous pouvez trouver une belle mappemonde à vendre et quel en serait le prix.) Voir Angela ORLANDI, *Mercaderies i diners : la correspondència datiniana entre València i Mallorca (1395-1398)*, Valence, Universitat de València, 2008, p. 142-143.

10. Les documents, les commentaires et la traduction en anglais peuvent être consultés dans Ramon J. PUJADES I BATALLER, *Les Cartes...*, *op. cit.*, p. 273-278 (catalan) / 497-498 (anglais). L'interprétation de Campbell peut être lue sur <http://www.maphistory.info/PortolanAttributions.html#contract>.

11. Ramon J. PUJADES I BATALLER, *La Carta de Gabriel de Vallseca de 1439 / Gabriel de Vallseca's 1439 Chart*, Barcelone, Lumenartis, 2009, p. 70-87 (catalan) / 308-316 (anglais).

12. Matilde MIQUEL JUAN, *Retablos, prestigio y dinero. Talleres y mercado de pintura en la Valencia del gótico internacional*, Valence, Universitat de València, 2008.

13. Barcelone, Arxiu de la Corona d'Aragó, *Cartes reials de Martí I*, appendice n° 148.

14. Ramon J. PUJADES I BATALLER, *op. cit.*, p. 446.

31

L'utilisation d'une carte après la tempête
Lettre en dialecte sicilien, 2 septembre 1405

Au début du XVe siècle, la Sicile appartient à la couronne d'Aragon. Dans cette lettre, le médecin de la flotte royale, Rogerio di Camera, rend compte au roi Martin Ier des péripéties du voyage de retour du prince, son fils, vers la Sicile. Il explique comment, après une tempête, les marins ont utilisé des cartes marines pour déterminer la position du navire.

Barcelone, Arxiu de la Corona d'Aragó, *Cartes reials de Martí I*, appendice nº 148

Et quand le temps s'améliora, nous partîmes à la force des rames vers la Sicile, et alors que nous étions à bien cent milles en mer, on rencontra un vent contraire, de sorte que tous les marins étaient d'accord pour rebrousser chemin. Mais le dit seigneur, en tant que seigneur, décida seul de passer outre aux réticences des marins et leur commanda de tenir la route en mer aussi longtemps qu'ils pourraient naviguer en louvoyant, disant que le vent allait s'apaiser et que le temps allait s'améliorer, et il leur donna tant d'arguments de marin et de savant que les marins, ne sachant quoi répondre, commencèrent à louvoyer. Et ainsi ils louvoyèrent tout le mercredi et une partie du jeudi, et à cause de cette navigation louvoyante, deux des galères, celle de la cité de Valence et celle de Mathieu di lu Re, se perdirent toutes les deux à l'écart du reste de la flotte. Mais quand le vent tomba, à la force des rames nous avançâmes ce jour et la nuit suivante, de sorte que le vendredi les marins croyaient que nous serions près de la terre au matin. Et vint le jour, et nous avions déjà passé la troisième heure, et nulle part on ne voyait la terre, et déjà on manquait d'eau, de sorte que nous n'en avions plus que pour une journée et si fétide que le seigneur roi eut besoin de rajouter du vinaigre dans l'eau pour enlever le mauvais goût, et presque toutes les autres victuailles manquaient à l'exception des biscuits. Le seigneur roi fit tenir conseil avec tous les marins qui avaient discuté de l'endroit où nous pouvions être. Et l'un disait que nous étions à 50 milles en droite ligne des marécages, et l'autre disait que nous étions juste en face des îles d'Alicudi et Filicudi, et l'autre de Vulcano, et l'autre de Milazzo ; et ils montraient leurs doutes par les cartes et les compas. À la fin, le seigneur roi, voyant leurs désaccords, commanda que nous allions à la rame droit vers le sud, ce qui nous ramènerait certainement vers une partie ou une autre de la Sicile. Et cela fut fait pendant toute la journée, en avançant de toute la force des rames, jusqu'à la fin de l'après-midi, un peu avant le coucher du soleil, et nous ne voyions d'aucun côté la terre, et alors nous fûmes en pleine confusion, de sorte que les marins en pleine confusion dirent que nous avions perdu l'arbitrage. Et alors apparut le pilote de la galée de Castille et il commença à crier, « O mes bons hommes, vous y allez ! Vous allez droit vers la Barbarie ! Nous avons déjà laissé la Sicile au nord ! » Alors nous, voyant tant de périlleuses discordes, nous avions grand-peur d'être perdus, parce que nous doutions pouvoir encore accoster en Sicile, dont nous nous étions éloignés, et à cause du manque d'eau nous allions à notre perte. Et nous restions dans une grande confusion. Et au milieu de ces débats, quelqu'un se mit à crier « Terre, terre ! », disant qu'il l'avait vue. Et ainsi l'un disait que c'était la terre, l'autre que c'était une nuée. À la fin, nous accostâmes, et nous trouvâmes qu'il s'agissait de l'île d'Ustica. Comme nous fûmes tous heureux alors !

Texte traduit par Ramon Pujades et Emmanuelle Vagnon à partir du texte original en sicilien transcrit ci-contre.

E abonantzatu lu tempu ni partemmu vocandu versu Sichilia, e essendu ben chentu miglia a mari ni incontrau ventu contrariu, per modu ki tutti li marinari acordavanu di tornari. Ali quali, lu dittu signuri comu signuri sforzu su sulu resistiu, comandando ki si tenissiru in mari quantu potissiru volaiandu, ca lu ventu si miteva o y abonantziria ; pero ki era statu assignandu supra zo varii raxuni e comu marinaru e comu philosofu, ali quali li marinari, non sapendu rispunderi, incommenzaru a volaiari. E cussì andaru volaiandu lu di mercuri e parti di lu di iovi, in lu quali volaiare due galei, zoè quella di Valentia e di Matheu di lu Re, si sperderu di nui altri, e in quistu lu ventu abonazau, e per forza di remi voccamu avanti lu dittu iornu e la notte sequenti, per modu ki lu di venneri li marinari si credianu esseri apressu terra per la matina. E vinendu lu iornu e essendu ia terza passata, di nulla parti si vidia terra, e ia ni era mancata l'aqua, per modu ki non di haviammu si non per quellu iornu, e quella pocu fetia, per modu ki bisognava a lu signuri re biuri di lu achitu in l'aqua, per levarindi lu mal sapuri, e quasi omni altra victualla ni era mancata excepto biscoctu ki haviamu. Lu signuri re fichi teneri consiglu a tutti li marinari ki arbitrasseru undi potiamu esseri. E l'unu dichia ki eramu a rassu di lu maresmu L miglia, e l'altru dichia ki eramu in derittu di li issuli di Arcudi e Filicudi, e l'altru di Bulcanu, e l'altru di Milatzii, mostrando loru dubii carti e falsi cumpassi. Allu fini lu signuri re, videndu loru discordii, comandau ki vocassimu avanti dirittu per mezuiornu, ki per certu in alcuna parti di Sichilia prenderiamu. E fu ffattu tuttu lu iornu vocandu a grandi arigatta fini ala sera, a xxii huri, e per nulla banda vidiammu terra, e allura tutti fommu confusi, in tantu ki li marinari tutti confusi dichianu ki haviamu perduto lu arbitru. E par cussì vocandu avanti lu comitu di la galea di Castella ; incomenzau a cridari « O, boni homini, undi andati ! Ca vui andati in Barbaria ! Ca ia ni havimu lassata Sichilia per tramuntana ! » Allura nui, videndu tanti periculusi discordii appimu grande pagura di perderini, pero ki dubitavamu non volendu acustari in Sichilia indi allongassimu, e per deffetu di aqua ni perdissimu, e stavamu in grandi confusiuni. E standu in quisti debati unu incomenzau a cridari terra, terra !, dicendu ki la vidia. E cussì pocu paria ki l'unu dichia ki era terra, l'altru ki era nebulatu. Allu fini, acustandusi, acordanu ki era la isula di Ustica. Comu e allura fomu tutti allegri !

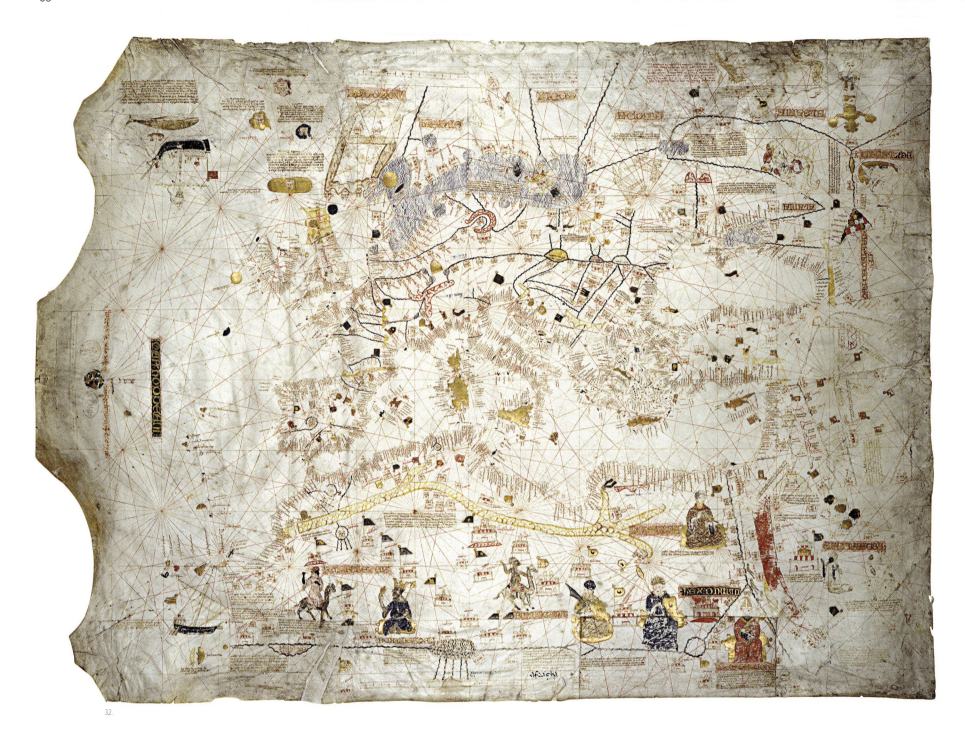

LA MÉDITERRANÉE

32
Mecia de Viladestes,
Carte marine de la Méditerranée
Majorque, 1413

Commande du prieur de la chartreuse de Valdemosa à Majorque, cette carte catalane luxueuse, richement ornée de personnages et d'animaux, décrit les routes commerciales de l'Afrique (or, ivoire) et du golfe Persique (perles et épices) ainsi que la circulation des marchandises jusqu'en Europe du Nord. On aperçoit au sud du Nil le prêtre Jean, mythique souverain chrétien d'Éthiopie, représenté avec les attributs d'un évêque.

Paris, BNF, Cartes et Plans, GE AA- 566 (RES).
Manuscrit sur vélin, 84, 5 x 118 cm

33
Croix de procession éthiopienne
Éthiopie, région d'Addis-Abeba, XVᵉ siècle

Aux XIVᵉ et XVᵉ siècles, l'Europe chrétienne, rêvant d'une alliance militaire avec les chrétiens d'Éthiopie contre le puissant sultan d'Égypte, a noué des contacts avec leur souverain, le « prêtre Jean ». Le cœur de cette magnifique croix de procession est meublé d'une icône gravée recto verso : d'un côté la Vierge Marie et l'enfant Jésus entourés des archanges Michel et Gabriel ; de l'autre, trois saints protecteurs de la religion, les abbés Salama, Abreha et Asbeha.

Paris, musée du Quai Branly, Inv. 74. 1994.9.1.
Alliage de cuivre, 31,2 x 22,5 cm

33.

34
Coffre de marin
Nuremberg, [XVIIe siècle]

Dès le Moyen Âge, les marins transportent leurs affaires personnelles dans des coffres. Certains documents, comme les inventaires après décès, renseignent sur leur contenu : quelques vêtements, un peu de matériel, parfois des instruments de navigation (carte marine, compas). Ce type courant de coffre-fort, fabriqué à Nuremberg aux XVIIe et XVIIIe siècles, était utilisé par les capitaines de navires pour conserver papiers importants, objets précieux ou argent.

Dieppe, Château-musée, Inv. 964.4.1. 34 x 74 cm (avec anses) x 33 cm

35
Grazioso Benincasa,
Carte de la Méditerranée centrale
Rome, 1467

La signature de l'auteur, à l'initiale ornée d'un filigrane doré, se trouve au-dessus d'une carte de l'Italie où apparaît Ancône, sa ville natale. Ces cartes très sobres, sans détails continentaux, sont splendides par leur dessin, l'alternance des couleurs et la calligraphie soignée. Les échelles de distances sont placées dans les angles.

Paris, BNF, Cartes et Plans, GE DD-1988 (RES), f. 5. Manuscrit sur vélin, 35 x 22,5 cm

LA MÉDITERRANÉE

LES CARTOGRAPHES DE LA MÉDITERRANÉE AUX XVIᵉ ET XVIIᵉ SIÈCLES

Corradino Astengo

36

Angelus, *Vierge à l'Enfant*
Marseille, 1575

Des figures religieuses protectrices (Christ, Vierge, saints, etc.) sont souvent figurées au « cou » du parchemin dans le cas d'une carte, en tête ou fin de volume pour un atlas, associées généralement à la signature du cartographe. Ici apparaît en outre le nom du premier possesseur, qui n'est pas un illustre personnage, mais un simple patron de navire, sans doute marseillais, Cristol Viguié.

Paris, BNF, Manuscrits, français 9669, f. 11 v°.
Manuscrit enluminé sur parchemin, 27 × 19 cm

36.

À l'époque de l'expansion maritime européenne vers le grand large et les nouveaux mondes, la production de cartes portulans en Méditerranée se poursuit, pour la plupart selon des traditions inchangées. En effet, les progrès de la navigation astronomique, qu'on utilisa à partir du XVIᵉ siècle pour les longues durées et les grands espaces des routes océaniques[1], affectèrent peu les habitudes des marins méditerranéens. Ceux-ci continuèrent à pratiquer la navigation à l'estime et à calculer la position du navire à partir de repères côtiers, comme l'expliquent le traité de Benedetto Cotrugli (1464) et d'autres œuvres postérieures[2]. Quelques changements sont observables néanmoins dans la construction des cartes, témoignant d'un certain intérêt pour les progrès scientifiques de l'époque, tandis que les éléments décoratifs laissent apparaître les goûts et les évolutions artistiques de la Renaissance.

La demande en cartes portulans demeura forte et entretint une production assez abondante dans certains grands ports méditerranéens, au sein de petits ateliers artisanaux et familiaux, transmis de père en fils. Parmi les documents conservés jusqu'à nos jours, les cartes et atlas portulans exécutés aux XVIᵉ et XVIIᵉ siècles sont environ quatre fois plus nombreux que ceux qui remontent aux XIVᵉ et XVᵉ siècles, et l'on en découvre encore dans des bibliothèques ou dans les mains de particuliers, au point que leur nombre dépasse aujourd'hui les huit cents exemplaires. Les marques de possession laissent penser que l'éventail des acquéreurs s'est considérablement élargi, jusqu'à inclure, outre les nobles, grands prélats et fonctionnaires de haut rang, des capitaines et pilotes pour lesquels ils constituaient sans doute des souvenirs de toute une vie passée en mer (ill. 36 et 37).

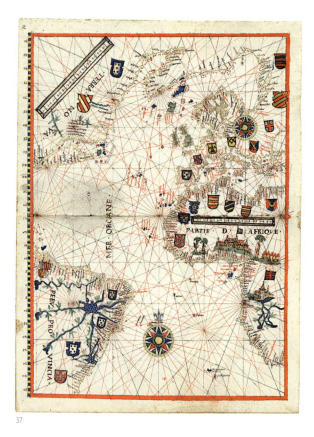

37.

37

Angelus, *Carte de l'océan Atlantique*
Marseille, 1575

Un des premiers atlas nautiques réalisés à Marseille contient cette carte richement enluminée et décorée qui présente La Mina et Manicongo (comptoirs portugais en Afrique), une figuration de l'Amazone, etc. – preuve que l'intérêt des cartographes méditerranéens ne se restreignait pas à la Méditerranée. Curieusement, au nord, une *Terra nova* est rattachée à l'Europe.

Paris, BNF, Manuscrits, français 9669, f. 9 v°-10.
Manuscrit enluminé sur parchemin, 27,4 × 37,5 cm

38

François Ollive,
Carte particullière de la mer Méditerranée
(détail)

Voir carte entière p. 84-85

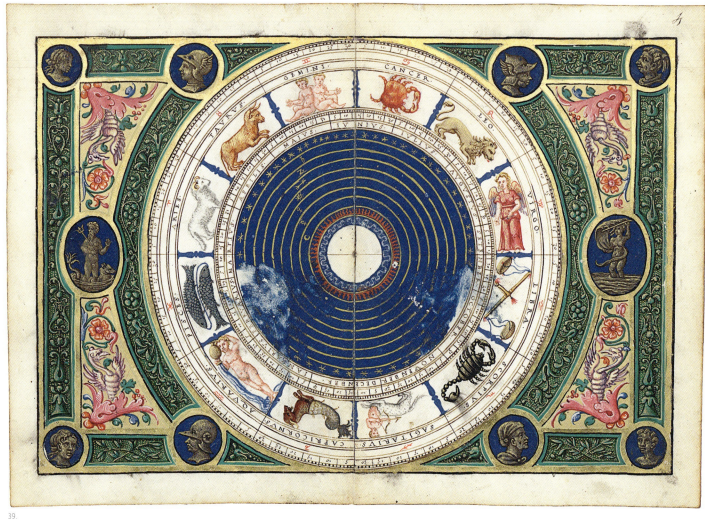

39.

40.

39
Battista Agnese (?), Représentation cosmographique géocentrée, entourée des signes du zodiaque
Venise, vers 1550

On attribue à Battista Agnese, un hydrographe génois installé à Venise, une œuvre prolifique et de grande qualité. Dans les atlas sortis de son atelier, les cartes hydrographiques sont souvent complétées de calendriers, mappemondes et systèmes du monde, qui soulignent le lien étroit unissant hydrographie et cosmographie.

Paris, BNF, Manuscrits, latin 18249, f. 3 v°-4.
Manuscrit enluminé sur parchemin, 22,2 x 31,7 cm

40
Carte de la Méditerranée faictte par Roussin sur le dessain de Jasques Collomb et Jaques Anthoine Ollandois
Marseille, 1672

Sur les quatre cartes de la Méditerranée que comprend cet atlas, trois ont été dressées d'après des sources d'hydrographes anglais ou hollandais – c'est le cas ici –, la quatrième restant conforme au « dessain ancien tant italien que provensal ». Les premières corrigent en effet l'axe de la Méditerranée, mettant Gibraltar approximativement à la hauteur de Chypre (35°-36° de latitude), tandis que la dernière, suivant la tradition médiévale, place Gibraltar à la latitude d'Alexandrie.

Paris, BNF, Manuscrits, NAF 1465, 5ᵉ carte.
Manuscrit enluminé sur parchemin, 55,5 x 79 cm

41

Jacopo Maggiolo,
Carte marine de la Méditerranée
Gênes, 1563

Jacopo Maggiolo, cartographe officiel de la République de Gênes, a réuni une très riche iconographie sur cette carte abondamment rehaussée d'or : vignettes de villes, figures de souverains – assis sur un trône en Europe, à l'entrée d'une tente en Afrique –, navires aux voiles déployées dans l'Atlantique et Vierge à l'Enfant dans le « cou » du parchemin.

Paris, BNF, Cartes et Plans – Société de géographie, SG Y 1704 (RES). Manuscrit enluminé sur parchemin, 85 x 102,5 cm

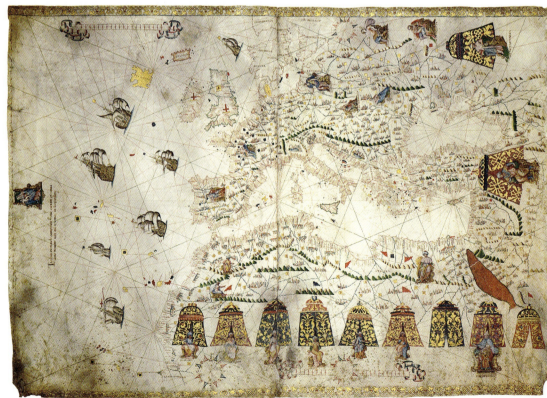

CONSTRUCTION ET DÉCORATION DES CARTES

Les principales caractéristiques des cartes portulans du Moyen Âge restèrent inchangées aux XVIᵉ et XVIIᵉ siècles : les cartes et atlas manuscrits étaient toujours dessinés sur parchemin, un matériau de valeur et très résistant ; les lignes de vents avec leur code de couleurs (noir pour les huit vents, vert pour les huit demi-vents, rouge pour les seize quarts de vents) et la position des toponymes ne varièrent pas.

En revanche, en ce qui concerne l'orientation de la mer Méditerranée et l'usage des échelles graphiques, des innovations techniques apparurent au XVIᵉ siècle. En effet, les cartes portulans traditionnelles présentaient une mauvaise orientation de l'axe est-ouest de la Méditerranée : celui-ci apparaissait relevé de 8° à 11° 15′ dans le sens contraire à celui des aiguilles d'une montre, de sorte que le détroit de Gibraltar semblait à la même latitude que le delta du Nil. On attribue ce défaut au problème de la déclinaison magnétique[3] : les marins sachant, selon toute vraisemblance, que la Crète et Chypre se trouvaient à peu près sur la même ligne que le détroit de Gibraltar, la distorsion observée sur ces cartes portulans ne correspondait sans doute qu'à la nécessité de disposer de documents où le nord coïncidait avec la direction indiquée par la boussole.

Dans la première moitié du XVIᵉ siècle, une échelle des latitudes fut introduite sur certaines cartes de la Méditerranée. Placée dans l'océan Atlantique, elle indiquait une latitude d'environ 36° nord pour le détroit de Gibraltar, mais n'était pas valable pour la Méditerranée centrale et orientale. Dans la seconde moitié du siècle, on observe diverses tentatives de correction de la distorsion. Un des premiers exemples en est sans doute l'atlas portulan anonyme conservé à la BNF[4]. Outre l'ajout d'échelles de latitudes sur toutes ses cartes, l'auteur partage la Méditerranée en deux feuilles et fait glisser la feuille orientale vers le sud par rapport à celle de la moitié occidentale : de cette façon la Crète et Chypre viennent se trouver à une latitude approximativement correcte, entre 35° et 36° nord, mais il n'y a pas de continuité entre les deux cartes et cette méthode isolée ne semble pas avoir apporté une solution efficace.

Le problème s'accentua quand la déclinaison magnétique orientale, qui avait oscillé entre 8° et 11° du XIIIᵉ au XVᵉ siècle, diminua à partir du XVIᵉ siècle pour s'annuler complètement au milieu du siècle suivant : l'orientation des cartes traditionnelles ne coïncidait même plus avec la direction indiquée par la boussole. Au XVIIᵉ siècle, plusieurs cartographes essayèrent de corriger l'erreur en imprimant tout simplement à l'axe de la mer Méditerranée une rotation de sens contraire, afin de remettre Crète et Chypre à la hauteur du détroit de Gibraltar. Parmi eux, on trouve Giovanni Oliva, François Ollive, Giovanni Battista Cavallini et surtout Giovan Francesco Monno, qui corrigea ses cartes pour pouvoir appliquer à la navigation méditerranéenne les techniques de la navigation astronomique.

Dans les ateliers plus importants, comme ceux de Battista Agnese à Venise, de Joan Martines à Messine et de Giovanni Battista Cavallini à Livourne, sans doute pour faire face à la concurrence de la cartographie imprimée, on produisit des atlas enrichis de tables, mais aussi de cartes terrestres qui représentaient le monde entier, les continents, des régions et des îles. Si, pour la Méditerranée et l'Europe, les sources de ces atlas restent celles de la tradition nautique, pour le reste du monde, elles sont des plus hétérogènes, puisqu'elles vont des insulaires et de la *Géographie* de Ptolémée jusqu'aux cartes et aux grands atlas imprimés contemporains.

Dans cette production méditerranéenne, en grande partie destinée à prendre place dans les cabinets de travail et les bibliothèques, les éléments décoratifs sont de première importance : roses des vents ornementales, petites vues de villes, figures de souverains, de plantes et d'animaux – réels ou imaginaires – sont nombreuses et révèlent souvent, au XVIᵉ siècle, la main d'un artisan expert (ill. 42). On trouve de manière de plus en plus fréquente une figure religieuse, la Vierge, Jésus-Christ ou un saint, sur le « cou » des cartes (c'est celui de la bête qui a donné sa peau) ou sur le frontispice des atlas. Au XVIIᵉ siècle, les éléments décoratifs baissent en qualité et les miniatures sont parfois remplacées par de petites images imprimées, collées sur le parchemin.

DYNASTIES, ATELIERS ET MÉTIER DE CARTOGRAPHE

Grâce aux signatures figurant sur les cartes et atlas, on possède pour les XVIᵉ et XVIIᵉ siècles environ quatre-vingts noms d'auteurs, auxquels il faudrait ajouter ceux des cartographes connus seulement par des sources textuelles qui indiquent leur profession.

Sur le plan de la documentation archivistique, l'exemple de la famille Maggiolo de Gênes s'oppose à celui de Battista Agnese (ill. 39), un Génois actif à Venise. Pour les premiers, d'assez nombreux documents permettent de reconstituer la lignée et de suivre les vicissitudes de la vie de ses membres dans la gestion de l'atelier *approvato e privilegiato*, actif à Gênes dès 1518, qui jouissait d'une position de monopole et profita de subventions publiques. Sur Agnese, au contraire, malgré l'étendue de sa production, les archives n'ont rien révélé, au point qu'il est même difficile de déterminer les limites dans le temps de son activité. Cela tient peut-être à la différence, pour un atelier, entre un statut semi-public et un statut entièrement privé.

La même raison explique sans doute pourquoi les cartes non signées attribuées aux Maggiolo sont si rares – deux ou trois exemplaires en tout –, si bien qu'on peut penser qu'il s'agit d'un simple oubli, alors que plus de la moitié des œuvres attribuées à Agnese sont sans signature. Selon Baldacci[5], les copies anonymes auraient été exécutées par le personnel de l'atelier, avec ou sans l'autorisation du patron, et vendues à un prix sensiblement inférieur : cette pratique aurait été possible dans un atelier privé, mais pas dans un établissement public ou semi-public, soumis à plus de contrôles.

Le métier de cartographe échappe aux typologies et l'on devrait plutôt parler de parcours individuels. La limite est floue entre cartographes professionnels et occasionnels. Entrent dans la première catégorie les patrons d'un véritable atelier, actif dans la durée, dont ils tiraient leur principale source de subsistance. Parmi eux, il faudrait compter le Génois Battista Agnese, sans doute le plus productif, avec plus de quatre-vingts cartes et atlas exécutés entre 1536 et 1564[6]. Son atelier de Venise devait être caractérisé par une subdivision des tâches entre cartographes, copistes, dessinateurs, enlumineurs, organisation qui assurait une production continue : pendant l'année 1542, par exemple, furent achevés des atlas signés le 15 mai, le […] juin, le 28 juin et le 25 septembre.

On peut aussi considérer comme ateliers professionnels celui de Pietro et Jacopo Russo, père et fils, actif entre 1508 et 1588 dans le port de Messine, celui de Giovanni Battista et Pietro Cavallini, père et fils également, actif à Livourne de 1635 à 1688, et, à plus forte raison encore, l'atelier de Vesconte et de Jacopo Maggiolo (ill. 41), qui, avec la charge de *magister cartarum pro navigando*, eurent même la reconnaissance officielle de la République de Gênes. Toutefois, l'étendue de la production parvenue jusqu'à nous ne semble pas un critère suffisant : les autres membres de la famille Maggiolo qui eurent la charge officielle de cartographe – Cornelio, Nicolò et Cornelio II – étaient des professionnels même s'ils n'ont laissé aucune carte. N'oublions pas que, dans les ateliers, on ne produisait pas seulement des cartes, mais aussi des boussoles et des sabliers et que l'on effectuait les réparations de ces instruments, comme il ressort des archives concernant la famille Maggiolo.

Parmi les cartographes occasionnels, on compte avant tout des hommes de mer, comme le grec Antonio Millo, pilote en chef des ports de Candie et de Zante, et l'amiral vénitien Marco Fassoi. Pour ce dernier, la fabrication

42
Joan Martines, *Carte de l'Amérique du Sud et des océans adjacents*
Messine, 1583

Catalan d'origine, mais établi à Messine, Joan Martines est l'auteur de luxueux atlas du monde où foisonnent ornements et enluminures. Pavillons des puissances européennes, villes-forteresses, fleuves sinueux, montagnes en taupinières, roses des vents, etc. font de ces recueils souvent montés dans de précieuses reliures d'incontestables objets de bibliophilie, comme cet exemplaire qui fut au XVIIIe siècle la propriété du marquis de Paulmy.

Paris, BNF, Arsenal, Ms. 8323, 3e carte (partie gauche).
Manuscrit enluminé sur parchemin, 40, 5 x 58 cm

43
Alvise Gramolin,
Carte marine de la mer Égée
Venise, 1624

L'archipel grec, parcouru en tous sens par les marins depuis des milliers d'années, espace maritime âprement disputé, a souvent bénéficié d'un traitement privilégié dans la cartographie marine. Tentes et écus aux croissants de lune soulignent la domination ottomane ; la croix qui recouvre l'île de Rhodes et la vue de Troie, en Asie mineure, suggèrent qu'il n'en a pas toujours été ainsi.

Paris, BNF, Cartes et Plans, GE B 550 (RES).
Manuscrit enluminé sur parchemin, 107 x 65 cm

de cartes était probablement une activité secondaire, exercée sans but lucratif ; en revanche, au vu de sa riche production, il est difficile d'établir quelle était l'activité prédominante de Millo. Des professions plus inattendues sont aussi représentées dans la cartographie : dans la plus importante de ses œuvres, *L'Arte della vera navigatione*, Giovan Francesco Monno, de Monaco, se déclare chirurgien. Bartolomeo Crescenzio, Francesco Maria Levanto et Battista Testa Rossa, quant à eux, apparaissent plus comme des savants que comme des cartographes : le peu de cartes qu'ils ont réalisé sert presque exclusivement à soutenir les théories exposées dans leurs œuvres. Enfin, de cette catégorie relèvent également les religieux, qui en général nous ont laissé une seule œuvre, très soignée et vraisemblablement fruit d'études approfondies, comme Nicolò Guidalotti, de Mondavio, auteur d'un atlas qui demanda cinq mois de travail, « du mois de décembre au mois de mai 1646 ».

LES CENTRES DE PRODUCTION

On connaît en tout vingt centres de fabrication de cartes portulans en Méditerranée aux XVIe et XVIIe siècles. Huit d'entre eux présentent une riche production, qui renvoie à la présence stable et prolongée dans le temps d'un ou plusieurs ateliers professionnels. Les douze[7] autres centres n'ont été, semble-t-il, que des lieux occasionnels de cette activité. Caractéristique importante de la période, les cartographes montrent une remarquable mobilité, se déplaçant d'un port à l'autre[8], sans doute à la recherche de meilleurs débouchés ou de conditions de travail plus favorables. Certaines politiques locales, plus ouvertes, étaient propices à l'accueil des étrangers qui apportaient des énergies et connaissances nouvelles, par exemple à Venise, Livourne et Marseille. À Gênes, au contraire, le véritable monopole de la famille Maggiolo, amorcé en 1519 et perpétué pendant cent trente ans, empêcha l'arrivée de cartographes étrangers et obligea des cartographes génois comme Battista Agnese et Giovanni Battista Cavallini à émigrer pour exercer leur activité.

Parmi les centres les plus productifs, certains étaient déjà actifs au Moyen Âge : Palma de Majorque, Gênes, Venise et Ancône À Majorque, la cartographie marine entra au début du XVIe siècle dans une phase de décadence, mais elle connut une deuxième floraison hors de l'île grâce à la famille Olives, qui essaima dans les autres ports de la Méditerranée. La souche de cette véritable dynastie est Bartomeu Olives, qui quitta Palma pour s'installer à Venise, puis à Messine et à Palerme. On compte au moins treize cartographes issus de cette famille : en Italie ils changèrent leur nom en Oliva et à Marseille en Ollive. À Venise, bien que la carte géographique ait toujours été tenue pour un instrument de contrôle et de gestion du territoire par les différentes magistratures, on ne semble pourtant pas s'être beaucoup préoccupé des cartes portulans, si importantes pour le commerce et la navigation. Leur production, laissée totalement à l'initiative privée, restait en grande partie aux mains d'étrangers, comme le Génois Battista Agnese, déjà cité, et les Grecs Johannes Xenodocos, Antonio Millo et Giorgio Sideri, dit le Callapoda. À Ancône, la production de cartes portulans ne dura pas longtemps : dans la seconde moitié du XVe siècle, après avoir travaillé à Gênes, Venise et Rome, Grazioso Benincasa, sans doute le cartographe le plus important de son époque, retourna s'établir à Ancône, sa ville natale, où il exerça sa profession de cartographe, suivi par son fils Andrea et par les Freducci père et fils, Conte et Angelo ; la demande locale semble néanmoins avoir été très réduite et toute production cessa au milieu du XVIe siècle. À Gênes, où la production se concentra, comme on l'a vu, entre les mains d'une seule famille, les Maggiolo, la demande en cartes portulans paraît s'être épuisée totalement au XVIIe siècle, probablement du fait du manque d'innovation.

Aux centres médiévaux s'ajoutèrent, durant les XVIe et XVIIe siècles, Naples, Messine, Livourne et Marseille, toutes villes caractérisées par un grand accroissement du trafic maritime. À Naples, une cité très peuplée et prospère, la cartographie marine ne se développa que pendant la seconde moitié du XVIe siècle, avec l'arrivée des membres de la famille Olives-Oliva : Jaume, Domingo et Juan Riczo, respectivement père, fils et petit-fils. À la fin du siècle travailla également à Naples le Calabrais Domenico Vigliarolo, qui migra ensuite à Séville – il changea son nom en Domingo de Villaroel et devint *cosmógrafo del Rey* dans la Casa de contratación. En tout cas, vers 1620, toute activité cartographique semble s'être arrêtée à Naples. Le port de Messine connut lui aussi un grand développement, grâce à sa position centrale dans la Méditerranée et au contrôle du détroit. Le premier atelier y fut ouvert au début du XVIe siècle par Pietro Russo, à qui succéda son fils Jacopo. Un peu plus tard arriva Joan Martines, probablement catalan, qui nous a laissé une riche production de cartes et atlas portulans. Il fut suivi par d'autres membres de la famille Oliva, parmi lesquels Placidus Caloiro et Oliva, famille qui domina le XVIIe siècle (ill. 44), au moins du point de vue quantitatif, en nous laissant une trentaine d'œuvres. À Livourne, la prospérité de la cartographie est essentiellement due à l'intérêt des grands-ducs de Toscane pour la marine et à la présence de l'ordre des chevaliers de Saint-Étienne, un ordre religieux chevaleresque créé en 1561 pour protéger la Méditerranée contre les Turcs et les Barbaresques. Les cartographes qui y travaillèrent furent surtout des étrangers, tels Vicko Volcic, de Raguse, alias Vincenzo Volcio, Giovanni Oliva, membre de la dynastie des Olives, ou encore Giovanni Battista et Pietro Cavallini, de Gênes. C'est à Marseille que la cartographie marine se développa le plus tardivement, en étroite relation avec la famille Oliva : Giovanni, puis Salvatore et enfin François, qui changea son nom en Ollive (ill. 38 et 45). On trouvait aussi à Marseille deux membres de la famille Roussin, Augustin et Jean-François, dont nous ne connaissons pas le degré de parenté, ainsi que, à la fin du XVIIe siècle, au moment du déclin de cette production, Estienne et Jean-André Brémond.

Pour conclure, alors que la clientèle la plus importante était désormais constituée par les membres des classes dirigeantes qui résidaient dans les capitales économiques et culturelles du temps – Rome, Florence, Paris, etc. –, les centres de production des cartes portulans demeurèrent des villes portuaires, dernier lien sans doute de ces coûteux produits manufacturés avec la pratique réelle de la navigation. Cependant, vers la fin du XVIIe siècle, en raison sans doute de prix trop élevés et de changements dans les goûts des commanditaires, l'activité déclina et les ateliers artisanaux où l'on fabriquait les cartes manuscrites disparurent complètement. Il n'y a qu'à Marseille que les cartographes traditionnels surent s'adapter aux nouvelles demandes du marché, en passant à la production de cartes imprimées. Jean-André Brémond s'associa ainsi à Henry Michelot pour commercialiser des cartes marines imprimées s'appuyant toutes sur de nouveaux relevés : ce fut le point de départ de l'hydrographie moderne.

Corradino Astengo

---

1. Voir, dans le présent volume, Joaquim Alves Gaspar, « De la Méditerranée à l'Océan : nouveaux problèmes, nouvelles solutions ».

2. Benedetto COTRUGLI, *De navigatione liber*, manuscrit italien, 1464 (Yale University, Beinecke Rare Book and Manuscript Library, MS 557) ; Pantero PANTERA, *L'Armata navale*, Rome, Egidio Spada, 1614 et Giovan Francesco MONNO, *Arte della vera navigatione*, manuscrit italien, 1633 (Gênes, Biblioteca Universitaria, MSS.F.VII.4).

3. Voir le glossaire en fin de volume.

4. Corradino ASTENGO, « Tradition et innovation dans la cartographie nautique manuscrite : l'atlas Rés Ge EE 5610 de la Bibliothèque nationale de France », *Le Monde des cartes*, 2005, n°184, p. 23-30.

5. Osvaldo BALDACCI, *Introduzione allo studio delle geocarte nautiche di tipo medievale e la raccolta della Biblioteca Comunale di Siena*, Florence, Olschki, 1990, p. 71.

6. Il existe aussi une carte portulan datée de 1514 et signée « Baptista Januensis » qui lui est attribuée. Si l'attribution est correcte, sa vie active aurait duré cinquante ans.

7. Les centres secondaires se trouvent à Albissola, Alexandrie, Barcelone, Civitavecchia, en Crète, à Malte, Palerme, Pise, Rome, Safed, Sienne et Toulon.

8. Le cas de Joan (ou Giovanni) Oliva est bien représentatif : présent à Messine de 1592 à 1599 ; à Naples de 1601 à 1603 ; premier retour à Messine de 1606 à 1608 ; à Malte en 1611 ; à Marseille de 1612 à 1614 ; second retour à Messine en 1615 ; et enfin en 1616 à Livourne, où son implantation semble définitive puisqu'il s'y trouve encore en 1643.

LA MÉDITERRANÉE

44

Francesco Oliva,
Carte marine de la Méditerranée
Messine, 1603

Francesco Oliva est issu de la famille Olives, originaire de Majorque. Il montre ici les enjeux géopolitiques en Méditerranée au début du XVIIe siècle : onze souverains, portant armure et épée au nord de la Méditerranée, longue robe et cimeterre au sud, se font face ou s'ignorent. Cheval, éléphants, chameau et palmiers offrent un arrière-plan contrasté.

Paris, BNF, Cartes et Plans, GE C 5093 (RES).
Manuscrit enluminé sur parchemin, 90 x 54 cm

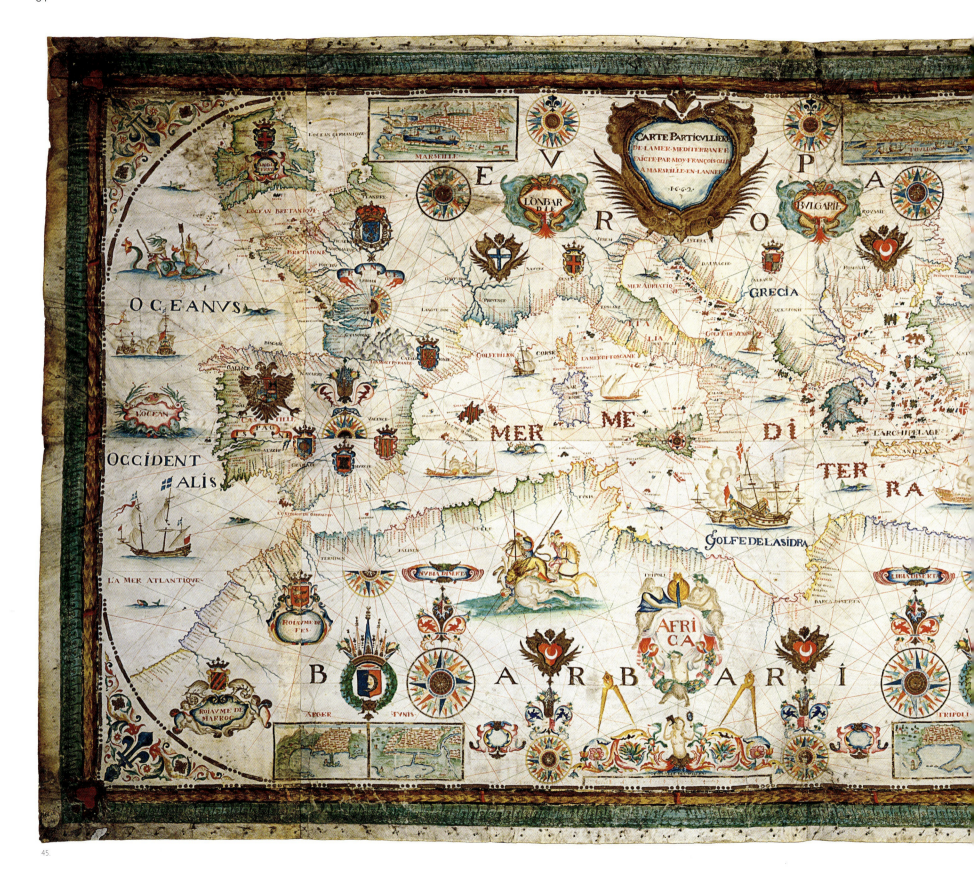

45

François Ollive,
Carte particullière de la mer Méditerranée
Marseille, 1662

Constituée de six peaux assemblées, cette carte est l'œuvre d'un hydrographe marseillais prolifique dont on connaît bien la palette de couleurs et le goût pour une iconographie profuse. Inscrite dans un cadre en trompe-l'œil, elle déroule, comme en un tableau, scènes de chasse en Afrique, combats navals au large de la Crète, vues de ville (Marseille, Toulon, Alger, Tunis, Tripoli, Alexandrie), lieux saints chrétiens et musulmans… – autant d'invitations au voyage dans le temps et dans l'espace.

Paris, BNF, Cartes et Plans, GE A 850 (RES).
Manuscrit enluminé sur parchemin, 117 x 195 cm

CITÉS ANTIQUES, MÉDIÉVALES ET DU NOUVEAU MONDE SUR LES CARTES PORTULANS

Jean-Yves Sarazin

La carta dello navigare la quale è universale guida al nostro proposito, è signa de tri cose principali, cioè venti, migla et nome delli lochi.

La carte de navigation, qui est pour nous un guide universel, montre trois choses principales : les vents, les milles et les noms des lieux.

Benedetto COTRUGLI, *De navigatione*, f. 61 v°. Le traité de navigation de Benedetto Cotrugli fut dédié au Sénat de Venise en 1464 (Yale University, Beinecke Rare Book and Manuscript Library, Medieval and Renaissance Manuscript, MS 557).

La carte portulan se distingue des autres représentations du monde par quelques éléments graphiques : lignes de vents ou de rhumbs, échelles de distances en milles, toponymes. En effet, les cartes les plus sobres – notamment celles de Petrus Vesconte – figurent l'espace maritime compris entre le détroit de Gibraltar et la mer Noire sans charger les rivages des mers d'images complémentaires ; elles signalent les ports et les havres sur le trait de côte en une succession de noms colorés tracés à l'encre rouge ou noire, quand il ne s'agit pas de lettres d'or. Néanmoins, dès le début du XIVe siècle, les cartographes agrémentent les traits de côtes de schémas évoquant les formes urbaines. Sur une même carte, un système cohérent et itératif, quel que soit le continent concerné, permet à l'enlumineur de dessiner des cités antiques disparues – Troie, Ninive, Suse (Susiana), Persépolis –, des cités-États maritimes conquérantes – Gênes, Venise –, des villes marchandes – Vicina à l'embouchure du Danube, Damas, Le Caire (Babilonia) –, des cités africaines – Tombouctou, Mogadiscio (Mogadoxo) (ill. 49) – ou asiatiques – Aden, Ormuz, Pékin (Chambalech). Quels sens donner à la présence de ces portraits de villes, portuaires ou terrestres, sur les cartes marines ?

À Majorque, en 1339, Angelino Dulcert insère, sous la forme de vignettes, les images des cités majeures de son temps (ill. 47). Ne se limitant pas aux villes côtières, il figure également celles de l'intérieur des terres : Paris, Rome, Salamanque, Bologne ; les hanséatiques Lübeck et Stettin ; les africaines Fez et Tlemcen ; les caravanières Sidjilmassa (Segelmese) et Tombouctou (Tenbuch). Dulcert ne cherche pas à reproduire la topographie de ces villes lointaines – qu'il n'a sans doute pas visitées –, mais il construit un schéma simple qu'il applique à tous les territoires sous toutes les latitudes. Soleri, mais aussi Cresques, l'auteur présumé de l'*Atlas catalan*, et Viladestes (ill. 32) suivent son exemple et symbolisent les ports importants de la Méditerranée, au nord comme au sud, avec Alexandrie, Le Caire (Babilonia) (ill. 52), Tripoli, Tunis, Bougie, Alger, Cherchell (Cerceli), Oran, Ceuta, Salé, Azemmur (Zamor). Entre 1375 et 1550, les auteurs des cartes portulans témoignent de l'importance des cités africaines côtières et subsahariennes. Celles-ci s'imposent alors comme des jalons essentiels dans les circuits commerciaux : elles sont des plaques tournantes où les commerçants génois, vénitiens et aragonais se livrent au trafic de l'or, des hommes, de l'ivoire et du sel avec les commerçants venus d'Afrique noire à dos de chameau. Si l'on met à part l'*Atlas catalan*, qui se singularise par la représentation exceptionnelle qu'il offre du continent asiatique, c'est bien l'Afrique qui, parmi les régions du monde extra-européennes, concentre toute l'attention des enlumineurs de portulans : villes, peuples, faune et flore, accidents du relief, cours d'eau et ressources y sont signalés et décrits par force vignettes, pavillons, inscriptions de toponymes et légendes.

Sur les feuilles en parchemin de l'*Atlas catalan*, toutes les formes urbaines agglomèrent des bâtiments typiques des fonctions militaire et religieuse, aisément reconnaissables à leur couverture conique sommée d'une croix ou d'un bulbe (ill. 46) selon qu'il s'agit de pays chrétiens ou de contrées païennes ou musulmanes. Les villes sont figurées par une enceinte, qui peut être crénelée, percée de meurtrières et d'une porte d'où jaillit une tour qu'encadrent parfois deux tourelles également crénelées. Celles-ci se dressent d'un seul jet ou se composent de deux ou trois corps circulaires superposés, de taille décroissante, formant des sortes de terrasses successives. Une hiérarchie préside au choix de la forme, de la taille et du nombre de ces symboles selon l'importance de la cité. Pour les cités traversées par des cours d'eau, le symbole est doublé – Chambalech (Pékin) – ou même triplé, comme pour Paris (ill. 46), où deux vignettes identiques sont disposées de part et d'autre de la Seine, tandis qu'au milieu, dans le lit du fleuve, se dresse, en carmin, l'île de la Cité.

Sur les grands planisphères du début du XVIe siècle, les comptoirs fondés par les Portugais – Arguin en 1445, face au Sénégal, et Elmina en 1471, sur la côte ghanéenne – se distinguent nettement par une représentation symbolique de leur forteresse. En 1519, l'auteur des enluminures de l'*Atlas Miller* a représenté les villes arabes (Aden, Ormuz), persanes (Suse et Persépolis), indiennes (Pundranagara, au Bengale) et birmanes (Aracam ou Garmanan, noms anciens de Rangoon) selon le même schéma. L'analyse typologique des vignettes oppose les cités construites sur un relief (Tekrour, Aden, Potosí, Quito) à celles installées en rase campagne (Tombouctou, Mogadiscio). Les auteurs insistent sur le caractère monumental et militaire des unes et sur le caractère religieux ou commerçant des autres. Longtemps, en Afrique, ils ont suivi le modèle créé par Dulcert, qui consistait à instruire le lecteur sur les partages entre Chrétienté et Islam par l'emploi du clocher ou de la croix pour les territoires chrétiens, du dôme ou du croissant pour les territoires musulmans.

Au XVIIe siècle, il ne s'agit plus tant de représenter des capitales politiques ou religieuses que de dessiner des centres commerciaux vitaux pour l'économie européenne en Afrique, en Amérique et en Asie, qu'il s'agisse de comptoirs européens ou de cités commerçantes indigènes. Dans l'océan Indien, on découvre les vues cavalières ou les vignettes de Sofala, Mozambique, Mombasa, Socotra, Ormuz, Goa, Mascate ainsi que la forteresse de Diu ; en Amérique du Sud, Lima (Cidade de los Reis) (ill. 50), Potosí ; en Asie mineure, les cités antiques de Troie (Trogia), Burnoa et Securio, sur le plateau anatolien ou près des côtes de la mer de Marmara.

LA MÉDITERRANÉE

Pour le monde méditerranéen, dans les cartes portulans de François Ollive (actif à Marseille de 1643 à 1664), qui constituent le *terminus ad quem* de notre corpus, l'auteur réserve une partie des marges à des vues cavalières des grands ports provençaux (Marseille et Toulon), italiens (Gênes et Naples) et nord-africains (Alger, Tunis, Tripoli, Alexandrie) (ill. 45). Ces portraits de ville s'inscrivent dans la tradition des vues cavalières du XVe siècle, largement diffusées par la gravure dès la fin du siècle suivant. Sur une carte de 1662, Marseille est dominée par le fort Saint-Nicolas, qui, construit en 1660, matérialise la récente autorité du jeune Louis XIV, tandis que le môle de Gênes est lui aussi bien visible. Sans doute s'agit-il de mettre en valeur les puissances maritimes de la Méditerranée, tantôt en paix et favorisant le commerce, tantôt en état de guerre.

Quelques cartes de prestige présentent les images de villes-mondes, de puissances maritimes, de cités commerçantes, de cités mythiques et disparues, et aussi de villes-comptoirs fondées par les Européens en Afrique et en Asie et qui fournissent au fil des siècles des prétextes iconographiques à une cartographie maritime dont le contenu géographique semble s'effacer devant des éléments purement décoratifs. Il s'y révèle une codification à la fois politique, géographique et économique, parfois religieuse (pour des villes comme La Mecque, Rome ou Jérusalem). Les cartographes ou les enlumineurs des cartes portulans ont élaboré un modèle européen de figuration du monde urbain très schématisé, qu'ils ont appliqué aux cités indiennes, africaines et américaines selon des conceptions plus imaginaires que réalistes. Ils reproduisaient ainsi, volontairement ou non, le paysage urbain médiéval de l'Europe, comme si les « maisons-tours » entourées de murailles étaient devenues une sorte de standard urbain international.

Jean-Yves Sarazin

46
Vignettes urbaines
Atlas catalan
(détails)
Majorque, [1375]

Les quatre cartes de l'*Atlas catalan* présentent les cités africaines, européennes et asiatiques, par centaines, sous la forme d'espèces de pictogrammes, que surmontent des pavillons armoriés distinguant les aires politiques.

Paris, BNF, Manuscrits, espagnol 30 (RES).
Manuscrit enluminé sur parchemin, 12 demi-feuilles de 64 x 25 cm

Voir les panneaux entiers p. 48, 49 et 52

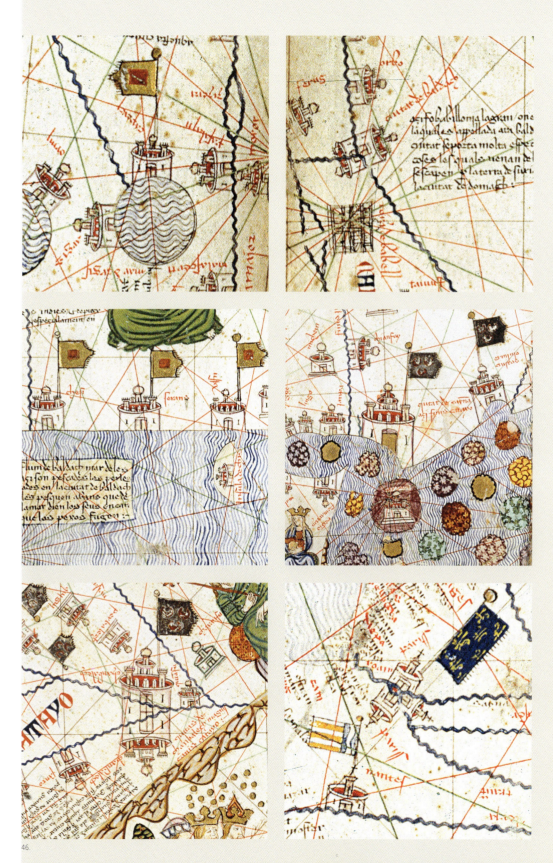

47.
50.
48.
51.
49.
52.

47
Villes africaines
Angelino Dulcert,
Carte marine de la Méditerranée
(détail)
Majorque, 1339

Au sud de l'Atlas s'étend la *terra nigrorum*. Angelino Dulcert innove en représentant les cités marchandes qui jalonnent les pistes commerciales transsahariennes, Sidjilmassa (Sigelmessa) au Maroc, Bouda (Buda) et Tabelbalat (Taberbert) en Algérie, par lesquelles l'or soudanais parvient dans les ports d'Afrique du Nord.

Paris, BNF, Cartes et Plans, GE B 696 (RES).
Manuscrit sur vélin, 75 x 102 cm

Voir carte entière p. 64

48
Venise
Mecia de Viladestes,
Carte marine de la Méditerranée
(détail)
Majorque, 1413

Impossible de reconnaître la singularité de Venise sous la plume de Mecia de Viladestes car il use d'un code graphique commun pour toutes les grandes cités traversées par des cours d'eau : la duplication du symbole « urbain » de part et d'autre d'un fleuve. Et il assimile la lagune à un fleuve !

Paris, BNF, Cartes et Plans, GE AA 566 (RES).
Manuscrit sur vélin, 84,5 x 118 cm

Voir carte entière p. 68

49
Océan Indien : Mogadiscio
Atlas Miller
(détail)
[Lisbonne, 1519]

Mogadiscio (Mogadoxo) était certainement l'un des ports les plus actifs de la côte africaine, mais les richesses des marchands ne servaient pas l'embellissement de son architecture en suivant le modèle des cités marchandes européennes.

Paris, BNF, Cartes et Plans, GE DD 683 (RES), f. 3.
Manuscrit enluminé sur parchemin, 42 x 59 cm

Voir carte entière p. 182-183

50
Lima et Quito
Carte de l'océan Atlantique
(détail)
[Portugal], vers 1550

Lima, fondée par François Pizarre en 1535 au cœur du domaine colonial espagnol sous le nom de *Cidade de los Reis*, n'a jamais eu cette allure flamboyante. De même, la cité indienne de Quito, sur les pentes du Pichincha, doit beaucoup à l'imagination.

Paris, BNF, Cartes et Plans, GE B 1148 (RES).
Manuscrit enluminé sur parchemin, 73 x 88 cm

Voir carte entière p. 135

51
Alger et Tunis
François Ollive,
Carte de la Méditerranée
(détail)
Marseille, 1662

Deux vues cavalières standardisées, mais d'une certaine vraisemblance, des ports d'Alger et de Tunis au milieu du XVIIe siècle.

Paris, BNF, Cartes et Plans, GE A 850 (RES).
Manuscrit enluminé sur parchemin, 122 x 196 cm

Voir carte entière p. 40

52
Le Caire
Gabriel de Vallseca,
Carte marine de la Méditerranée
(détail)
Majorque, 1447

Gabriel de Vallseca représente Le Caire (Babilonia), métropole commerçante des Abdalwadides, telle une ville emmurée et hérissée de hautes tours. En cela, il participe à la propagation d'une image urbaine occidentale perçue comme universelle.

Paris, BNF, Cartes et Plans, GE C 4607 (RES).
Manuscrit enluminé sur parchemin, 59 x 94 cm

L'INSULAIRE
COSMOGRAPHIE MARITIME ET EXPANSION EUROPÉENNE À LA RENAISSANCE

Georges Tolias

L'insulaire, ou « livre des îles » (*insularium* en latin, *isolario* en italien) est un genre littéraire géographique qui s'épanouit à l'époque des grandes découvertes. Il s'agit d'un récit cosmographique maritime nouveau, une encyclopédie éclectique d'îles cartographiées, qui propose un système inédit pour représenter l'espace maritime situé au-delà des rivages continentaux que décrivent les cartes portulans.

Les îles ont toujours été associées aux notions de voyage, d'exploration et d'expansion territoriale, et l'inventeur du genre, le moine florentin Cristoforo Buondelmonti, offre un bon exemple de ce que peut être le projet sous-jacent de l'insulaire [1]. Son *Liber insularum Archipelagi* [2], composé à Rhodes ou à Constantinople vers 1420, contient des descriptions et des cartes des îles de la mer Ionienne et de la mer Égée ainsi que de sites importants de la côte, comme Constantinople, Gallipoli, l'Attique ou les détroits de la mer Noire (ill. 55). À l'époque où il a été écrit, les Turcs ottomans défiaient les seigneurs vénitiens, génois ou francs, menaçant leurs colonies de la Méditerranée orientale, annexes féodales installées sur les débris de l'Empire byzantin après la quatrième croisade (1204). Buondelmonti proposait une récupération érudite de l'Orient grec par le biais d'une quête du passé et du présent latin des îles de l'Archipel. Sa source principale, son compagnon de voyage privilégié, sinon son guide, était Virgile, dont il citait les vers évoquant ces régions aussi souvent qu'il le pouvait. Cet écho omniprésent transforme le *Liber insularum Archipelagi* en une sorte de commentaire géographique des pérégrinations d'Énée dans les îles grecques et promeut une vision de l'Archipel comme région partageant l'héritage de Rome.

Buondelmonti amorçait une approche géographique de l'espace maritime, une narration géographique nouvelle qui s'éloignait de la représentation des mers à partir du contour défini par les côtes telle qu'elle était fournie par les cartes portulans. Le *Liber insularum* se concentre sur le contenu des mers, discontinu et fragmenté. Et il n'est dès lors pas surprenant qu'en cette époque d'ouverture des horizons marins, il ait engendré une riche tradition. Des dizaines de copies de l'œuvre ont circulé au XVe siècle en différentes langues : dans certaines versions ont été ajoutées les grandes îles méditerranéennes, Sicile, Sardaigne et Corse. L'atlas des îles grecques devenait progressivement un atlas de la Méditerranée. Ce processus de transformation du *Liber insularum* de Buondelmonti conduisit à l'*Insularium illustratum*, composé à Florence entre 1480 et 1490 par Henricus Martellus Germanus, un érudit allemand également connu pour ses somptueuses copies de la *Géographie* de Ptolémée que complétaient des cartes modernes. Dans l'insulaire de Martellus, la géopolitique est renforcée par l'ajout d'une carte de Chypre, récemment passée sous contrôle vénitien, et de plans des bastions latins de l'Archipel, Rhodes (chevaliers de Saint-Jean) et Chio (seigneurs génois). Outre les cartes de Buondelmonti, l'*Insularium illustratum* comprend des cartes d'îles méditerranéennes plus grandes, de l'Angleterre, de l'Irlande, de Ceylan et du Japon (ill. 56), ainsi que des quatre péninsules méditerranéennes (Espagne, Italie, Balkans et Asie Mineure), de la Scandinavie, de la Palestine, de la France et de l'Allemagne, trois cartes nautiques (côte atlantique de l'Europe, Méditerranée, mer Noire et Caspienne), plus une carte du monde. L'insulaire des îles du Levant, devenu peu à peu atlas des îles de la Méditerranée, se transformait finalement en atlas universel des îles du monde. L'*Insularium illustratum* constitue un précis cartographique de l'évolution de l'image du monde à la veille des grandes découvertes en ce qu'il offre un rapport provisoire sur les explorations en cours.

Dans ce contexte de développement rapide de l'exploration océanique, l'insulaire connut un glissement vers l'ouest, comme le montre l'insulaire portugais de Valentim Fernandes, marchand et imprimeur morave attiré à Lisbonne par les découvertes portugaises et par les perspectives commerciales de l'expansion maritime à la fin du XVe siècle. Fernandes, qui représentait la maison allemande Welser, fut appointé par le roi du Portugal comme agent pour le commerce des épices avec l'Allemagne. En tant qu'imprimeur, Fernandes publia surtout des livres religieux, mais aussi les voyages de Marco Polo et de Nicolò de' Conti (1502). Son ouvrage manuscrit sur les îles, avec une introduction où Fernandes présente Lisbonne comme la future capitale du commerce maritime international, fut envoyé au grand humaniste allemand Konrad Peutinger avec d'autres documents relatifs aux explorations : *roteiros* [3] et descriptions des découvertes des Portugais et de leur expansion outre-mer. L'ensemble, compilé en 1507 sous le titre *As ilhas do mar oceano* et baptisé par Peutinger *De insulis et peregrinatione Lusitanorum*, contient trente et une cartes et descriptions des îles de l'Atlantique, regroupées en deux sections, les îles Canaries et les îles du Cap-Vert.

L'influence de l'insulaire est tout aussi évidente dans la production méditerranéenne de portulans au XVIe siècle, qu'elle soit occidentale ou ottomane. Les atlas manuscrits nautiques produits dans des ateliers vénitiens par Battista Agnese, Giorgio Sideri, Diogo Homem (ill. 57) ou Antonio Millo incluaient plusieurs cartes d'îles [4], tandis que Pirî Reis, le grand cartographe ottoman, adoptait le modèle de l'insulaire pour son *Kitâb-i bahriyye* (Livre de navigation), composé dans les années 1520. Présentation analytique de la Méditerranée, le *Kitâb* (ill. 58) contient de brèves descriptions géographiques illustrées par des cartes, cent trente dans sa version courte, deux cent vingt dans la version longue, qui dépeignent et cartographient des îles, péninsules, villes côtières, côtes et deltas.

53
Carte anonyme de la mer Égée
(détail)

Voir carte entière p. 92

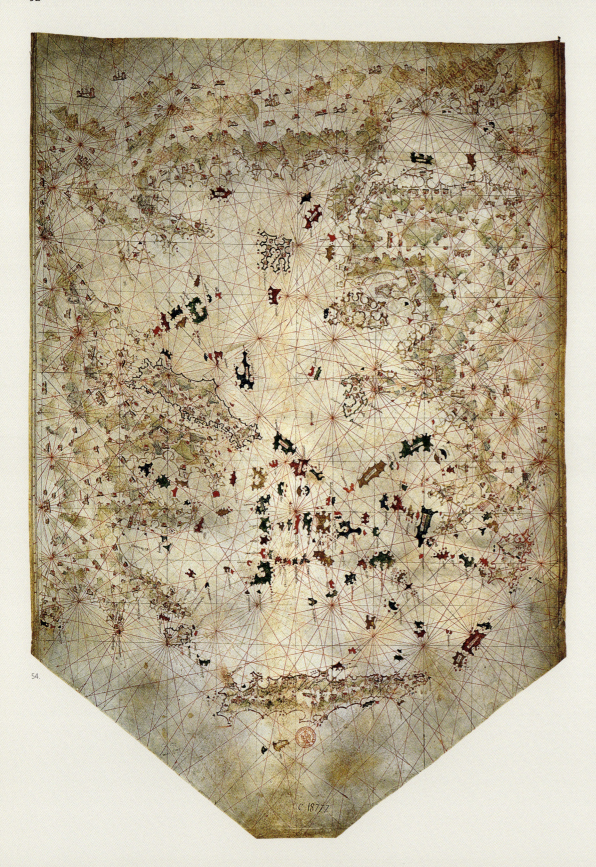

54.

54

Carte anonyme de la mer Égée
[XVIe siècle]

L'archipel égéen, décrit dans les premiers insulaires, occupe tout l'espace de cette grande carte détaillée, où les nombreuses îles comprises entre le Sud de la Grèce (Péloponnèse, à gauche) et la Turquie (à droite) sont rehaussées de couleurs vives. Près du « cou » de la carte, on reconnaît la Crète.

Paris, BNF, Cartes et Plans, GE AA- 567 (RES).
Manuscrit sur vélin, 73 x 104 cm

L'image maritime, océanique, du monde devait être encore affinée par les *isolarii* universels que proposèrent deux cosmographes majeurs du XVIe siècle : l'Espagnol Alonso de Santa Cruz et le Français André Thevet. Santa Cruz est un personnage essentiel pour la cartographie de l'expansion maritime espagnole au XVIe siècle. La structure de son *Islario general de todas las islas del mundo*, achevé vers 1545, est conforme aux conceptions de la mer et des océans développées par le cosmographe[5] de Philippe II. L'ouvrage comprend, dans une première partie, 8 grands portulans numérotés, qui présentent les principales mers explorées. Viennent ensuite 102 cartes, d'îles principalement, mais aussi de péninsules et de régions côtières (11 cartes pour le Nord et l'Ouest de l'Europe, 60 pour la Méditerranée, 13 pour l'Afrique et l'Asie, et enfin 18 pour le Pacifique et les deux Amériques). L'*Islario general* illustre la suprématie mondiale de l'Espagne : plus de 40 cartes sont consacrées aux possessions espagnoles en Méditerranée, en Europe occidentale et en Amérique. Quant au *Grand insulaire et pilotage* d'André Thevet (ill. 59), une entreprise colossale qui devait couvrir au moins 263 îles dans toutes les parties du monde, l'ouvrage, un des derniers du cosmographe français, resta sous forme manuscrite du fait de l'instabilité politique du pays, de la perte de protecteurs et de déboires financiers. Thevet réussit cependant à faire graver la plupart des cartes par l'imprimerie de Thomas de Leu, en Flandres, sans doute vers 1586. Le projet d'un atlas de la mer et des océans du monde est affirmé dans la préface du livre, que Thevet présente comme le complément qui fera de ses œuvres cartographiques « un corpus cosmographique accompli ».

Les insulaires imprimés diffusèrent auprès du grand public l'image de chemins maritimes pavés d'îles et, avec elle, les notions d'exploration et d'expansion outre-mer. Le genre connut alors une véritable vogue. Un premier insulaire imprimé, la *Navigation insulaire*[6], que Bartolomeo da li Sonetti publia à Venise vers 1485 ou 1486, était un livre des îles de la mer Égée et de Chypre fidèle aux descriptions de Buondelmonti. Des sonnets descriptifs qui accompagnaient les cartes des îles, cerclées d'un trait de compas (ill. 60) émanait un parfum d'aventure et de romance. Puis, en 1528, parut à Venise le *Libro [...] de tutte l'isole del mondo* de Benedetto Bordone, un miniaturiste, graveur et astrologue padouan. Le *Libro* inclut trois cartes inaugurales (l'Europe avec la Méditerranée, le Levant et une carte ovale du monde d'après Francesco Roselli), suivies de cent sept petites gravures sur bois, réparties en trois sections. La première comprend les cartes d'îles et de péninsules de l'Atlantique rencontrées à partir de la côte européenne en allant vers l'Amérique puis en revenant par les Canaries et les Açores jusqu'à Cadix. La deuxième section contient les îles de la Méditerranée, surtout celles de l'archipel grec, cœur de l'empire maritime vénitien. La troisième présente huit cartes d'îles du Pacifique et de l'océan Indien. Pour cartographier les découvertes, Bordone a adopté le modèle utilisé initialement pour la Méditerranée orientale. Ce modèle, caractérisé par son système d'îles voisines et ses métropoles (Venise et Constantinople), est appliqué aux possessions espagnoles d'Amérique, où la « grande cité de Temixtitan » (Mexico) apparaît comme une ville-île de lagunes, une réplique de Venise, escortée des archipels récemment découverts.

Nous devons à Bordone l'invention du terme *isolario*[7] et les débuts de l'engouement du grand public pour ce type d'ouvrages. Avec son livre et celui de Bartolomeo da li Sonetti, l'insulaire imprimé s'installa en Vénétie, où il fut en quelque sorte adopté. Ville-île, métropole d'un vaste empire insulaire et colonial en Méditerranée orientale, important centre cartographique du XVIe siècle, Venise était certes l'endroit le plus favorable à l'épanouissement du genre et, effectivement, la majorité des insulaires imprimés du XVIe siècle y parurent, incitant les historiens de la cartographie à percevoir le genre comme une spécialité locale. Et pourtant, on l'a vu, les grands développements de son histoire avaient eu lieu ailleurs, l'insulaire ne devenant un produit strictement vénitien que dans sa dernière phase. Plus exactement, il partagea dès lors le sort de Venise : il suivit sa lente décadence et disparut avec elle. Le déclin apparaît dans les insulaires qui circulent après Lépante (1571) pour aviser la population des victoires et des pertes dans le Levant[8], ou dans le *best-seller* du genre, *L'Isole piu famose del mondo*, publié à Venise en 1572 : dans cette anthologie d'îles composée par l'érudit Thomaso Porcacchi et illustrée de cartes gravées sur cuivre par Girolamo Porro, l'espace maritime est émietté et la géographie régresse, laissant la place à l'histoire et au merveilleux.

L'insulaire est une production des débuts de la culture géographique moderne, un projet de la Renaissance qui n'a pas survécu au Siècle des lumières, sans évoluer non plus vers un autre support géographique descriptif et cartographique. Malgré les efforts de Boschini et de Coronelli pour ressusciter la tradition vénitienne dans la seconde partie du XVIIe siècle, l'insulaire doit être considéré comme un genre de transition, dont l'histoire pourrait servir à illustrer les tâtonnements dans la compréhension et la perception de l'espace maritime à une époque de rapide expansion et de changement radical dans la façon de concevoir le monde.

Georges Tolias
Texte traduit de l'anglais par Laurent Bury

---

1. Un insulaire primitif, sans cartes, avait déjà été proposé par l'érudit florentin Domenico Silvestri vers 1390 : le *De insulis*, un dictionnaire d'îles et de presqu'îles à la manière du *De montibus, silvis, fontibus* de Boccace.

2. « Archipel » désigne ici l'ensemble des îles grecques.

3. Il s'agit de routiers, ou descriptions d'itinéraires maritimes.

4. Au lieu de s'en tenir aux côtes, les grands atlas nautiques de l'atelier de Battista Agnese, notamment, offrent des cartes de Sicile, Crète, Chypre, Lesbos, Chios, Rhodes ou Malte.

5. Santa Cruz prit part à l'expédition de Sébastien Cabot de 1526 à 1530 et fut nommé cosmographe du roi (1536) et responsable du *padrón real*, la carte marine officielle produite par la Casa de contratación.

6. La première édition n'ayant pas de titre, on utilise l'incipit : *Periplus nison nel qual se contiene...*

7. C'était en effet le titre de la seconde édition (1534).

8. Tels les insulaires d'information publiés à Venise entre 1565 et 1575 par Giovanni Francesco Camocio, les frères Bertelli ou Simon Pinargenti.

55

Cristoforo Buondelmonti,
Liber insularum Archipelagi
[Italie], vers 1465-1475

Dans ce guide illustré des îles grecques décoré de 92 cartes peintes à la gouache, 3 cartes supplémentaires, à la fin, montrent la Crète, la Sicile et la Corse avec la Sardaigne. On voit ici l'île de Leucate, avec ses montagnes arborées, ses plaines et ses principales cités fortifiées.

Paris, BNF, Cartes et Plans, GE FF- 9351 (RES), f. 3 v°. Manuscrit sur papier, 29 x 20,5 cm

56

Henricus Martellus Germanus,
Insularium illustratum
[Florence], vers 1489

Ce manuscrit préparatoire pour une édition plus luxueuse rassemble des textes et des cartes de Ptolémée, de Buondelmonti et de sources plus récentes. Il décrit les îles connues par les Européens dans le monde entier. Ici, l'île de Cipangu (le Japon), encore largement imaginaire.

Florence, Biblioteca Medicea Laurenziana, XXIX-25, f. 76. Manuscrit sur parchemin, 29 x 21,5 cm

57

Diogo Homem, *Carte de la mer Égée*
[Lisbonne], 1559

Cet atlas luxueux comporte huit cartes des côtes de la Méditerranée et de l'Europe océanique. Celle de la mer Égée, dessinée à plus grande échelle, permet de distinguer les îles. Les noms de la Turquie et de la Grèce, les pavillons et les armoiries frappées du croissant soulignent la domination ottomane sur cette région.

Paris, BNF, Cartes et Plans, GE DD- 2003 (RES), f. 10. Manuscrit enluminé sur vélin, chaque feuille 44 x 58,6 cm

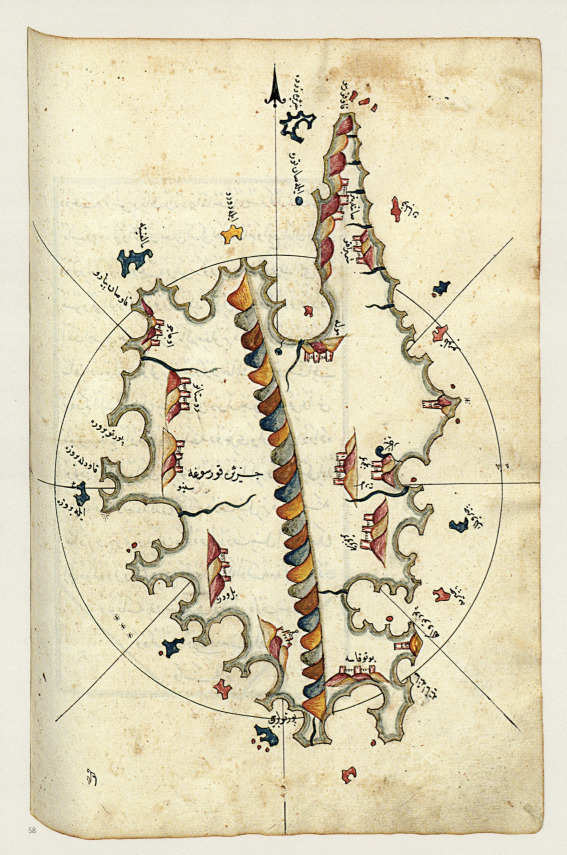

58
**Pirî Reis, *Kitâb-i bahriyye*
(Livre de la mer)**
1525-1526

L'amiral turc s'illustra dans l'océan Indien au service de l'Empire ottoman. Son œuvre cartographique, inspirée des portulans italiens, se veut la représentation de l'ensemble des côtes de la mer Méditerranée et de ses îles la plus complète de son époque. Les cartes, délicatement rehaussées de couleurs vives, utilisent l'alphabet arabe pour les toponymes.

Paris, BNF, Manuscrits, suppl. turc 956, f. 266 v°.
Manuscrit peint sur papier, 35 × 23 cm

LA MÉDITERRANÉE

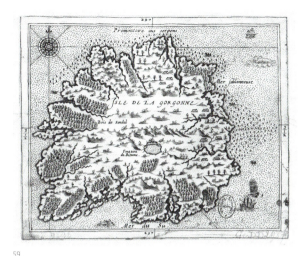

59.

60.

61.

59
André Thevet, *Isle de Gorgona*
Vers 1586

Cette planche provient du *Grand Insulaire et Pilotage d'André Thevet Cosmographe du Roy. Dans lequel sont contenus plusieurs plants d'Isles habitées et deshabitées et descriptions dicelles.* Auteur également d'une cosmographie universelle, Thevet étend le genre de l'insulaire au monde entier. Cette île de l'océan Pacifique est proche de la Colombie.

Paris, BNF, Cartes et Plans, GE DD-2987 (9298).
Gravure sur cuivre imprimée sur papier, 15 x 19 cm

60
Bartolomeo da li Sonetti,
Carte de l'île de Chypre
Venise, [1485]

Bartolomeo da li Sonetti, officier de bord et patron de navire vénitien, mais aussi géographe et poète, s'inspira de Buondelmonti pour composer son *Isolario*, le premier recueil imprimé de cartes géographiques exclusivement consacrées aux îles ; celles-ci sont décrites en vers rassemblés en sonnets. Les cartes imprimées sont rehaussées de couleurs et portent les lignes de directions de la boussole.

Paris, BNF, Cartes et Plans, GE-DD 1989, f. 55 v°.
Cartes imprimées sur papier, 24 x 17 cm

61
Archipel des Moluques
Antonio Pigafetta, *Navigation et discovrement de la Indie supérieure*
[XVIe siècle]

L'auteur, compagnon de Magellan, est un des rares survivants du premier tour du monde entrepris afin de trouver une nouvelle route maritime vers l'archipel des Moluques. Son récit fut diffusé peu après son retour, en 1522, sous forme de manuscrits soignés illustrés de cartes sommaires des îles nouvelles. Celle-ci montre l'arbre aux épices si convoité, le giroflier.

Paris, BNF, Manuscrits, français 24224, f. 73 v°.
Manuscrit enluminé sur parchemin, 27,5 x 18,5 cm

PLANISPHÈRE NAUTIQUE
NICOLÒ DE CAVERIO

62

Nicolò de Caverio, *Planisphère nautique*
[Gênes], vers 1505

Ce grand planisphère constitué de dix feuilles de parchemin assemblées est l'œuvre d'un cartographe génois, Nicolò de Caverio. Comme plusieurs cartes du monde du début du XVIe siècle, il est très proche d'une copie du *padrón real* portugais connue sous le nom de carte de Cantino et datée de 1501. Caverio compléta cependant son planisphère des découvertes réalisées jusqu'en 1505 et son œuvre servit sans doute à son tour de source à la célèbre mappemonde de Martin Waldseemüller de 1507.

Fondé sur un système de rhumbs de 90 cm de diamètre centré en Afrique, avec seize centres secondaires, son réseau de lignes est complété par un autre système, concentrique, de 180 cm de diamètre, dont n'apparaissent de chaque côté que trois centres. Au cœur de ce réseau est figurée une mappemonde entourée des sphères célestes et une échelle de latitudes apparaît dans sa bordure gauche. Sous des dehors assez frustes, l'œuvre de Caverio offre une décoration soignée : vignettes de villes, tentes, dont celle du « Magnus Tartarus », nombreux pavillons (portugais, espagnols, avec un croissant), oiseaux et animaux sauvages, personnages, forêts et ébauches de paysages…

Le littoral africain y est représenté avec une remarquable précision, une riche toponymie indiquant les escales de la route des Indes. Sur les côtes de l'Afrique australe, découvertes entre 1484 et 1499, figurent dix colonnes de pierre, appelées *padraos*, frappées aux armes du Portugal et plantées chaque fois qu'un navigateur abordait une terre nouvelle, du cap Lopez jusqu'à Malindi. Deux comptoirs portugais – Arguin, fondé en 1445 face au Sénégal, et Elmina, fondé en 1471 sur la côte ghanéenne – se distinguent nettement grâce à la représentation symbolique de leur forteresse. À l'intérieur du continent, le vide géographique est comblé par trois grandes bêtes sauvages, un lion, une girafe et un éléphant tiré par un Maure, et par un imposant massif dénommé Montes Lune, que Ptolémée et d'autres géographes plaçaient traditionnellement aux sources du Nil. Cette représentation des contours de l'Afrique, sur laquelle l'auteur a transcrit les toponymes en portugais, a durablement influencé la cartographie de la Renaissance. On note aussi la présence de Madagascar, découverte en 1500 par un compagnon de Cabral, ici située trop au sud du continent.

J.-Y. S. et C. H.

BNF, Cartes et Plans, GE SH ARCH 1 (RES). Manuscrit sur parchemin, 10 feuilles assemblées, 115 x 225 cm

62 a
Europe et Afrique du Nord

62 b
Carte entière

62 c
Afrique occidentale

62 d
Océan Indien
Voir p. 102-103

62 b.

PLANISPHÈRE NAUTIQUE NICOLÒ DE CAVERIO

62 f.

**62 f
Côte septentrionale
de l'Amérique latine**

**62 e
Afrique australe**

LE GRAND LARGE

LE DÉFI DES OCÉANS

Hélène Richard

L'ouverture des océans aux grandes navigations européennes, dès la fin du Moyen Âge, a entraîné un véritable tournant dans la représentation du monde. Il n'est de meilleur reflet de cette révolution que les cartes portulans dressées durant cette période et qui témoignent des progrès des techniques maritimes et du dépassement des horizons méditerranéens : les voyages se font plus nombreux et plus lointains, vers des destinations qu'on ne pouvait jusqu'alors envisager.

Les cartes montrent la découverte progressive de terres nouvelles dont les contours sont peu à peu définis, complétés par les noms des havres et des ports. Nous pouvons ainsi assister au contournement de l'Afrique, à la découverte de l'Amérique, à l'entrée dans l'océan Pacifique et à la reconnaissance de régions de plus en plus proches des pôles. Ces portulans montrent aussi les problèmes techniques auxquels ont été confrontés les voyageurs lorsqu'il est devenu impossible de se contenter, pour naviguer, de la direction indiquée par la boussole et de l'estime de la distance parcourue. L'apparition de la mesure de la latitude, les solutions élaborées pour combiner la projection nécessaire à la représentation de la rotondité de la Terre et les contraintes de conservation des angles pour suivre un cap, toutes ces innovations sont des évolutions techniques intimement liées à l'ouverture vers le grand large.

Mais les cartes sont aussi le reflet d'autres expansions, politiques, celles-ci, qui correspondent au développement des empires européens. Dès l'aube du XVIe siècle, les portulans ne se contentent plus d'évoquer les divers royaumes européens, africains ou asiatiques par des figures peu réalistes, elles montrent également, avec une ligne de partage tirée à la règle, les frontières qui s'établissent nettement entre les domaines portugais et espagnol, dans l'océan Atlantique et l'Amérique méridionale, puis, à l'opposé, dans l'océan Pacifique, où il devient primordial de savoir à quelle zone appartiennent les Moluques et leurs précieuses épices.

Les portulans les plus richement décorés font une place à des informations supplémentaires, utiles au voyageur et, plus encore, à celui qui devra décider d'une entreprise commerciale ou militaire. Si l'on y signale les dangers qui menacent le marin à son approche de la terre ou les ressources en eau et en bois qu'il pourra y trouver pour continuer son périple, on y évoque surtout la richesse des pays abordés en matière de flore, de faune ou de minerais précieux. On y envisage également les relations qui pourront s'établir avec les habitants de ces contrées, que l'on représente comme aimables ou au contraire cruels, voire anthropophages : de ces relations dépendra en effet le succès d'une implantation ou la viabilité d'un comptoir.

Mais les portulans présentent aussi les zones inconnues, les terres imaginées où sont placées des ressources supposées, inspirées pour partie de récits de voyages médiévaux – ou de conjectures aventureuses. Dans ces terres inconnues furent projetées les ambitions politiques et commerciales qui ont nourri l'imaginaire de souverains ou d'aventuriers. Car, dès le XVIe siècle, et malgré le monopole que tentèrent d'établir les empires ibériques sur les terres nouvelles, les nations européennes comme la France, les Pays-Bas et l'Angleterre se lancèrent à leur tour dans la conquête. Les cartes portulans sont ainsi les miroirs des ambitions européennes en fait de maîtrise scientifique, politique et commerciale du monde.

63
Jacopo Maggiolo,
Carte marine de la Méditerranée
(détail)

Voir carte entière p. 76

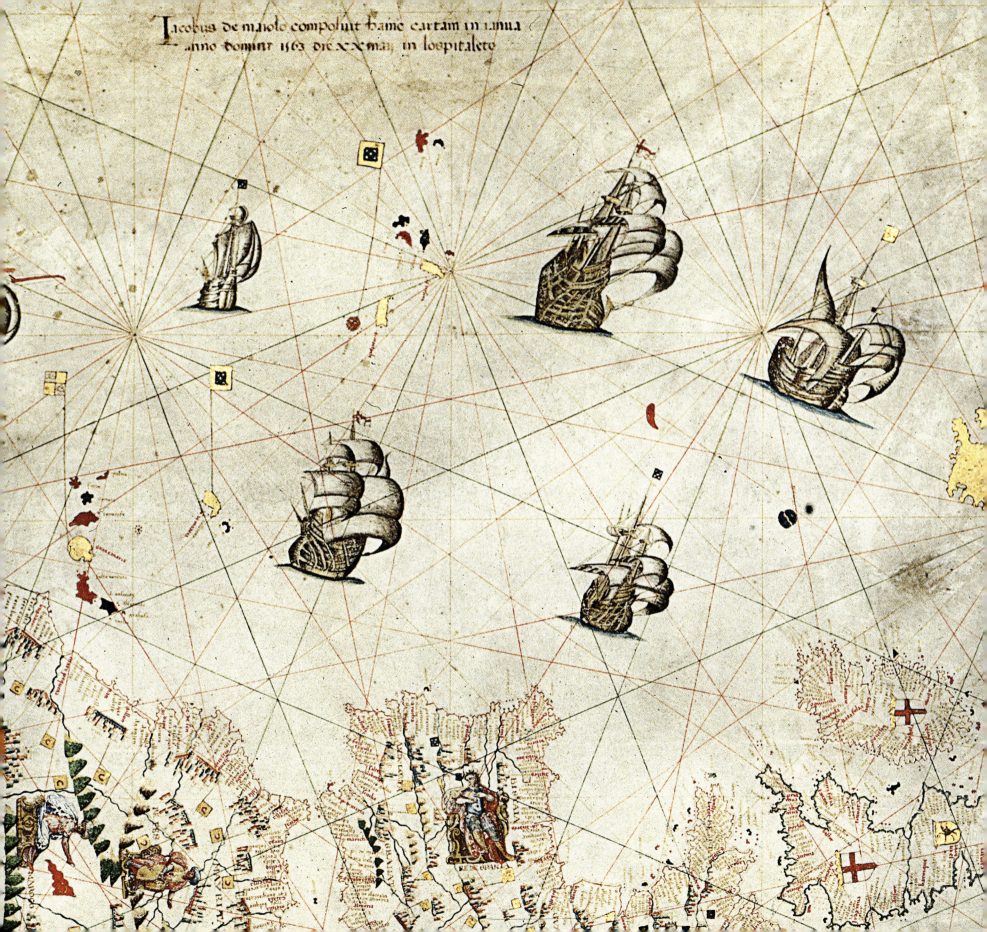

EXPLORATION ET ENJEUX GÉOPOLITIQUES DE LA CARTOGRAPHIE IBÉRIQUE XVᵉ ET XVIᵉ SIÈCLES

Luisa Martín-Merás Verdejo

ESPAGNE ET PORTUGAL : LA FRONTIÈRE ATLANTIQUE

L'entreprise des découvertes fut lancée par les Portugais, dans l'intention d'atteindre l'Asie en navigant vers l'est, afin de se procurer directement les épices et autres marchandises précieuses dont l'Europe n'était pas disposée à se passer et dont la route terrestre avait été coupée du fait de la chute de Constantinople et de la fermeture de la Méditerranée orientale par les Turcs. À cet objectif s'ajoutait toute une série de raisons qui mêlaient curiosité scientifique et desseins politiques et religieux.

Les Portugais se mirent en route en contournant l'Afrique : en effet, selon les théories de Claude Ptolémée et Pomponius Mela, qui sous-estimaient notablement les dimensions du continent africain, ils pensaient que la traversée vers les Indes serait plus simple et plus courte. Après diverses découvertes géographiques, en 1488, Bartolomeu Dias avait parcouru tout l'Atlantique sud et contourné le cap de Bonne-Espérance, devançant les Espagnols dans l'établissement des routes atlantiques, dans la mesure où, tandis que le Portugal était en paix et jouissait d'une période de stabilité sociale et économique, durant la seconde moitié du xvᵉ siècle, la Castille était plongée dans une rude guerre dynastique et n'avait pas encore achevé la dernière étape de sa guerre de reconquête : celle du royaume musulman de Grenade (1482-1492).

La guerre visant à déterminer qui succéderait à Henri IV, de sa sœur Isabelle ou de sa fille Jeanne, fut aggravée par un conflit international auquel prit part le Portugal, qui appuyait Jeanne. Cette conjoncture permit à Isabelle de s'attaquer au monopole atlantique portugais, mais ses tentatives pour démanteler le commerce avec la Guinée se heurtèrent à la résistance de la flotte portugaise. Lors du traité d'Alcoçovas-Tolède (1479-1480), qui mit fin à la guerre, des zones d'influence furent déterminées : au nord du parallèle des Canaries pour la Castille, au sud pour le Portugal.

Pour les raisons données plus haut, la Castille ne put consacrer ses efforts à l'expansion atlantique à la même époque que le Portugal, mais les projets de conquête et colonisation atlantiques ne lui étaient pas pour autant étrangers puisque, même si la conquête des Canaries avait été entreprise en 1402 à l'initiative de plusieurs nobles sévillans, ce furent les Rois catholiques qui, pour faire face à la menace d'une intervention portugaise, assumèrent en 1477, grâce à des ententes, la charge de conquérir les trois îles manquantes (Grande Canarie en 1480, La Palma en 1492 et Ténérife en 1496). L'archipel devint ainsi la première escale des navires en partance pour l'Amérique, du fait de sa position stratégique exceptionnelle.

Pour mener à bien les explorations atlantiques, les Portugais perfectionnèrent la caravelle, un type de navire qui, de par sa structure, était mieux adapté à cette nouvelle forme de navigation ; on mit en pratique et on expérimenta un nouveau système de navigation en haute mer : la navigation astronomique, différente de la navigation à l'estime utilisée en Méditerranée.

BATAILLES JURIDIQUES : LES BULLES DU PAPE

La route d'Orient étant fermée, la couronne castillane devait donc chercher une route différente de celle des Portugais. Ce fut Christophe Colomb qui proposa cette route et qui la suivit en 1492. Les principes géographiques sur lesquels s'appuyait Colomb étaient au nombre de deux :
– si la terre était ronde, on devait pouvoir rallier l'Orient en navigant vers l'ouest ;
– en peu de jours et en prenant appui sur certaines îles de l'Océan, il était possible de rejoindre la terre des épices avant les Portugais.

C'était une conception géographique alors communément admise, et fondée sur la notion de rotondité de la Terre. Elle n'avait toutefois pas induit de conséquences pratiques immédiates, tant était puissant le préjugé selon lequel il n'était pas possible de naviguer vers l'occident.

Les découvertes de Colomb provoquèrent un conflit politique avec le Portugal, Jean II estimant que cette expédition avait violé l'espace placé sous sa juridiction : s'appuyant sur le traité d'Alcoçovas, il porta plainte devant la cour espagnole et devant le pape. Néanmoins, les Rois catholiques réussirent à faire émettre par Alexandre III, en 1493, une série de bulles qui leur étaient favorables. En effet, la bulle *Inter cætera* leur concédait la possession de toute découverte située vers l'occident qui ne fût pas préalablement du ressort d'un autre souverain catholique, et établissait comme ligne de démarcation le méridien passant à cent lieues à l'ouest du cap Vert, ce qui était en contradiction avec le traité d'Alcoçovas, selon lequel revenaient au Portugal les terres placées au sud du parallèle des Canaries. La bulle émise en septembre de la même année, *Dudum siquidem*, concédait les terres et îles au sud, à l'est et à l'ouest des Indes aux Castillans, annulant la prérogative portugaise. La Castille pouvait donc découvrir par la route occidentale ce que le Portugal n'aurait pas encore découvert ni occupé en passant par la route orientale. La rivalité castillano-portugaise fut donc une nouvelle fois tranchée en faveur des Castillans. Les Portugais contre-attaquèrent en se plaignant de ce que la distance de cent lieues formait un corridor trop étroit pour leurs bateaux en provenance de Saint-Georges-de-la-Mine (golfe de Guinée), qui ne leur permettait pas de profiter des vents alizés et des courants. Cela conduisit à la signature, le 7 juin 1494, du traité de Tordesillas, qui établissait

Planisphère nautique dit *Carte de Salviati* (détail)

Voir carte entière p. 118-119

que la ligne de partage, tracée d'un pôle à l'autre, était déplacée à trois cent soixante-dix lieues à l'ouest du cap Vert. C'est dans le cadre du traité de Tordesillas, qui avait délimité les territoires à explorer et qui semblait avoir donné satisfaction aux deux royaumes, que commença l'expansion castillane vers l'Atlantique.

L'EXPANSION CASTILLANE VERS L'OUEST : COLOMB ET LES VOYAGES ANDALOUS

Après le premier voyage de Colomb eurent lieu une série de voyages vers les nouvelles terres découvertes, que nous pouvons classer en plusieurs phases, selon leurs objectifs politico-géographiques.

La première phase, qui comprend les voyages entrepris immédiatement après le premier voyage de Colomb, s'étend de 1494 à 1503, lorsque fut créée la Casa de contratación de las Indias, à Séville[1]. Sur le plan géographique, le mobile de ces voyages était de vérifier si les territoires découverts correspondaient bien à l'archipel qui précédait le continent asiatique selon Ptolémée. Sur le plan politique, leur but était de confirmer que les terres découvertes se situaient bien dans la zone d'influence établie par le traité de Tordesillas. Les voyages de cette première période se dirigèrent vers les Caraïbes et la côte nord de l'Amérique du Sud. Pour cette phase, il convient de mentionner aussi les voyages organisés par les puissances étrangères, qui avaient précédemment mésestimé les projets de Colomb. Ainsi l'Angleterre envoya-t-elle en expédition Jean Cabot, en 1497 et 1498 : poussé par le courant du Labrador, il découvrit Terre-Neuve et le cap Hatteras. Le Portugal dépêcha, dans la même direction, les frères Corte Real en 1498 et 1502 : ils arrivèrent sur les côtes du Labrador et de Terre-Neuve. Et, en 1500, la flotte d'Álvares Cabral rallia le Brésil.

La carte la plus représentative de cette période est la carte universelle de Juan de La Cosa (ill. 66), de 1500, qui instaura le prototype du *padrón real*, carte de référence, officielle et secrète, de la Casa de contratación où figuraient les nouvelles découvertes en relation avec le reste du monde[2]. Vint ensuite, vers 1502, la carte de Cantino, portant information des découvertes portugaises au Brésil[3]. La carte de Nicolò de Caverio, qui date de 1504 environ, semble aussi d'origine portugaise[4]. La carte de Pîrî Reis (ill. 65), qui clôt cette période, décrit l'état des découvertes en 1503[5], bien qu'elle soit datée de 1513.

LA RECHERCHE D'UN PASSAGE. L'EXPÉDITION DE MAGELLAN

La deuxième phase des découvertes espagnoles s'étend de 1504 à 1513, lorsque commence à s'imposer dans les esprits l'idée d'un nouveau continent, *quarta pars* ou *mundus novus*, que le voyage de Vespucci, au service des Portugais, en 1502, avait suggérée – une idée en fait largement répandue parmi les esprits éclairés en Europe. À cette époque, en cumulant les données des découvertes espagnoles et lusitaniennes, on obtenait une représentation assez claire de l'extension des côtes orientales de l'Amérique du Sud et, de ce fait, il devenait difficile de maintenir les théories de Colomb.

Sur le plan géographique, l'objectif des nouvelles expéditions était de chercher un passage qui permît de rallier les Indes. Les Antilles et l'Amérique centrale ainsi que la côte sud du continent furent le lieu de ces recherches. La carte universelle de Pesaro (vers 1506) illustre cette étape[6]. La carte universelle du comte Ottomano Freducci (ill. 67) est signée et datée à Ancone mais elle présente une date raturée. C'est une carte de la navigation atlantique sur parchemin, issue de sources espagnoles, où sont représentées les découvertes faites jusqu'en 1513, y compris celle de la Floride par Ponce de León[7].

La troisième phase des expéditions s'étendrait de 1514 à 1523. Elle commence avec la nouvelle de la découverte de la mer du Sud par Núñez de Balboa, en 1513, et de terres s'étendant vers le sud, pleines de richesses fabuleuses.

Les conceptions géographiques de l'époque, qui amenèrent Balboa à penser que la terre que l'on apercevait au sud de l'isthme de Panama était une péninsule où se situerait le passage vers les Indes, sont exprimées sur l'unique carte qui nous soit parvenue faisant état de cette découverte : le *padrón* des Antilles et de l'Amérique du Sud[8] (ill. 68), qui inclut les découvertes de Núñez de Balboa (vers 1518).

Cette découverte suppose une inflexion des projets des Castillans en ceci qu'elle invalidait, dans cette région, l'idée d'un passage vers les Moluques, où les Portugais étaient arrivés en 1511. C'est alors, en 1515, que fut organisé le voyage vers El Maluco de Juan Díaz de Solís, qui n'alla pas au-delà du fleuve de La Plata où il pensait trouver le détroit.

Face à cet échec, une nouvelle expédition, comprenant cinq navires, eut lieu en 1519 afin de rechercher le détroit plus au sud du continent. Elle était placée sous le commandement du Portugais Fernand de Magellan, lequel arriva à traverser le détroit qui porte son nom et le Pacifique, pour arriver aux Moluques dix ans après les Portugais. En dépit de nombreuses difficultés et après la mort de Magellan sur l'île de Cebu, seule des cinq embarcations de l'expédition, la *Victoria* rejoignit Séville, le 6 septembre 1522 en ayant réalisé la première circumnavigation du globe terrestre.

Le voyage de Magellan achevé par Sebastián Elcano, qui confirmait les théories sur la rotondité de la Terre, eut des répercussions dans toute l'Europe et stupéfia les intellectuels européens, qui durent mettre à jour leurs conceptions géographiques pour les concilier avec les nouvelles données. La carte des Moluques de Nuño García de Toreno de 1522 fut établie pour rendre compte à l'empereur Charles Quint du déroulement du voyage[9]. La grande carte universelle qui se trouve à Turin, et qui date de 1523 environ, résulte des rectifications qui furent apportées au *padrón real* à la suite du voyage de Magellan[10].

La quatrième et dernière étape des expéditions s'étend de 1524 à 1530. La prouesse de la *Victoria* devait raviver le problème diplomatique entre l'Espagne et le Portugal, que l'on avait cru réglé par le traité de Tordesillas. Les difficultés politiques et géographiques – causées par l'impossibilité technique de tracer l'antiméridien des Moluques, qui aurait permis d'attribuer l'archipel à l'une ou l'autre des deux nations – firent redoubler d'efforts pour trouver un passage au nord du continent. Cela conduisit à la reconnaissance de l'ensemble de la côte atlantique de l'Amérique du Nord.

Pour parvenir à un accord politique fondé sur des termes géographiques, on organisa une série de réunions de savants à Elvas et Badajoz, qui donnèrent lieu à d'âpres négociations et à une guerre ouverte dans les mers d'Asie. La carte universelle, dite de Castiglioni[11], attribuée à Diego Ribero, de 1525, la carte universelle de Salviati[12] (de Nuño García de Toreno, 1525) et les cartes de Vespucci de 1524 et 1526[13] présentent avec des résultats inégaux les conceptions espagnoles exposées lors du sommet d'Elvas-Badajoz. La carte universelle anonyme de 1527 et les deux cartes de Diego Ribero de 1529 tendaient probablement à faire valoir les intérêts espagnols auprès des cours européennes[14].

Finalement, en 1529, en vertu du traité de Saragosse, les Moluques étaient attribuées au Portugal (elles étaient bien dans leur zone d'influence) et l'Espagne recevait une compensation de trois cent cinquante mille ducats. Il fut aussi stipulé que la ligne de démarcation devait être tracée provisoirement à 17º à l'est de l'archipel.

Ainsi s'achève ce bref survol des conflits géopolitiques surgis entre les deux monarchies ibériques, que leurs explorations atlantiques mettaient en compétition.

On a vu les découvertes géographiques de l'époque et les représentations cartographiques qui en sont résultées. Deux traités encadrent ces événements : celui de Tordesillas, en 1494, et celui de Saragosse, en 1529, qui donne une conclusion pacifique à la rivalité entre les deux couronnes ibériques, unies par de forts liens familiaux. Dès lors, chacune s'implantera dans les nouvelles terres conquises, qu'elle colonisera : le Portugal en Asie et au Brésil, l'Espagne en Amérique et aux Philippines.

Luisa Martín-Merás Verdejo
Texte traduit de l'espagnol par Marie Noual

LE GRAND LARGE

1. La Casa de Contratación de Indias était une institution qui contrôlait tout ce qui avait trait au commerce et à la navigation vers le Nouveau Monde : perception d'un impôt, contrôle des équipages et des passagers, enregistrement de toute découverte de terre en vue de perfectionner les cartes.

2. Museo naval, n°270, Madrid.

3. Biblioteca Estense Universitaria, C.G.A.2, Modène.

4. BNF, Cartes et Plans, GE SH ARCH-1, Paris.

5. Musée Topkapu Saray, R 1633, Istambul.

6. Biblioteca Oliveriana, n°1940, Pesaro.

7. Archivio di Stato, n°15, Florence.

8. Herzog August Bibliothek, Aug. 103, Wolfenbüttel.

9. Biblioteca reale, OXVI-2, Turin.

10. Biblioteca reale, Turin.

11. Biblioteca Estense Universitaria, Modène.

12. Biblioteca Medicea Laurenziana, Florence.

13. Hispanic Society, New York.

14. 1527, 1529, Thüringische Landesbibliothek, Weimar ; 1529, Biblioteca Apostolica Vaticana, Rome.

65
Pirî Reis, *Carte de l'Atlantique*
1513

Dressée en 1513 par un amiral de la flotte ottomane, cette carte à la riche iconographie (souverains, animaux, boutres et caravelles, etc.) est la partie occidentale d'un planisphère aujourd'hui perdu. Elle s'appuie sur des sources ibériques du début du siècle, assez proches des conceptions de Christophe Colomb. L'auteur a pu avoir accès à une carte du célèbre navigateur saisie sur un vaisseau espagnol.

Istanbul, Topkapi Sarayi Müzesi Kütüphanesi, R. 1633 mük. Manuscrit enluminé sur parchemin, 90 x 63 cm

66
Juan de la Cosa, *Carte universelle*
Santa María (près de Cadix), 1500

Le pilote basque Juan de la Cosa accompagna Christophe Colomb lors de ses deux premiers voyages (1492-1494). Le planisphère dressé en 1500 offre la plus ancienne représentation des Indes occidentales, en arc de cercle autour des Antilles, de Terre-Neuve jusqu'au Nord du Brésil. Le cosmographe était-il conscient de dessiner un « Nouveau Monde » ?

Madrid, Museo naval, n° 270.
Manuscrit enluminé sur parchemin,
95,5 x 177 cm

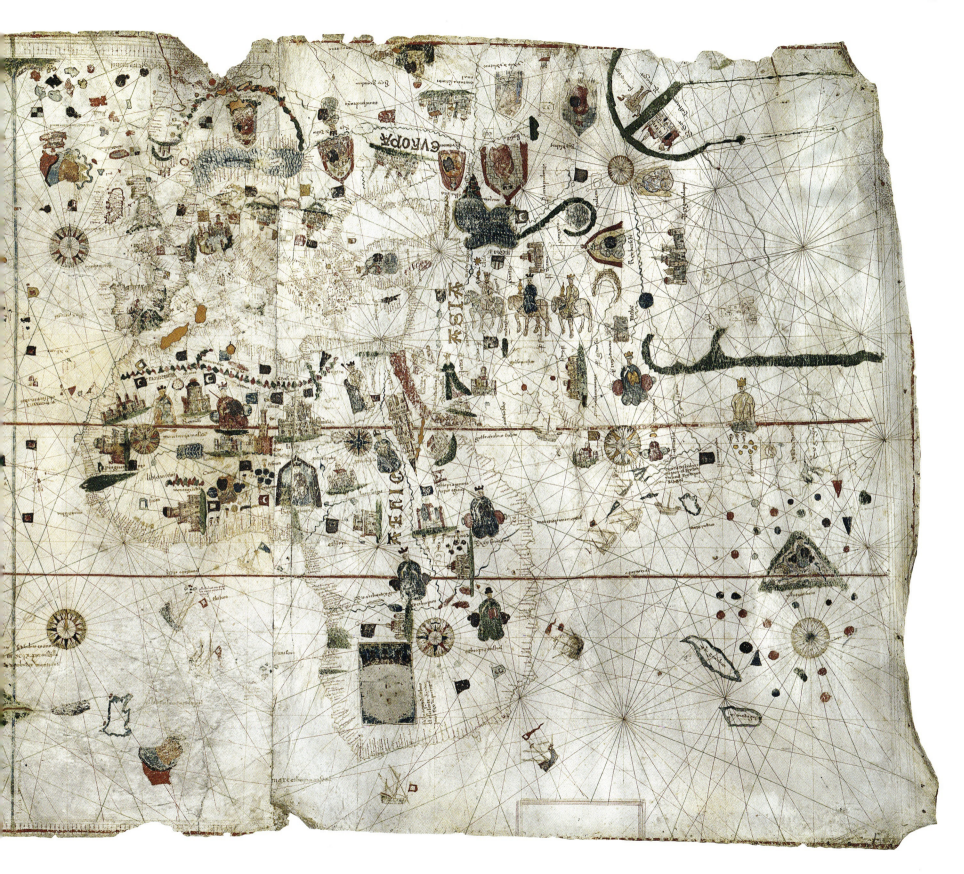

67.

67
Ottomano Freducci, Carte universelle
Ancône, [après 1513]

Ancône était un petit centre de production méditerranéen actif dans la première moitié du XVIe siècle. Cette carte, qui en provient, utilise des sources espagnoles pour représenter les découvertes faites en Amérique latine jusqu'en 1513. Si l'idée d'un continent nouveau s'est alors largement répandue, le but principal des expéditions dans cette région reste la recherche d'un passage vers l'Orient.

Florence, Archivio di Stato, Prat n° 549, carta nautiche n° 15. Manuscrit enluminé sur parchemin, 78 x 122 cm

68
Padrón des Antilles et de l'Amérique du Sud
[Espagne], vers 1518

Un réseau de rhumbs à seize roses des vents secondaires centré sur l'équateur est tracé sur cette carte anonyme des possessions espagnoles et portugaises entre les Antilles et le cap Frio. La ligne de démarcation, à droite de l'embouchure de l'Amazone, privilégie les intérêts espagnols. Une inscription en latin évoque sans le nommer Balboa et sa découverte, en 1513, de la mer du Sud, ainsi que l'hypothèse de l'insularité des terres au sud de l'isthme de Panama.

Wolfenbüttel, Herzog August Bibliothek, Aug. 103. Manuscrit enluminé sur parchemin, 68 x 90 cm

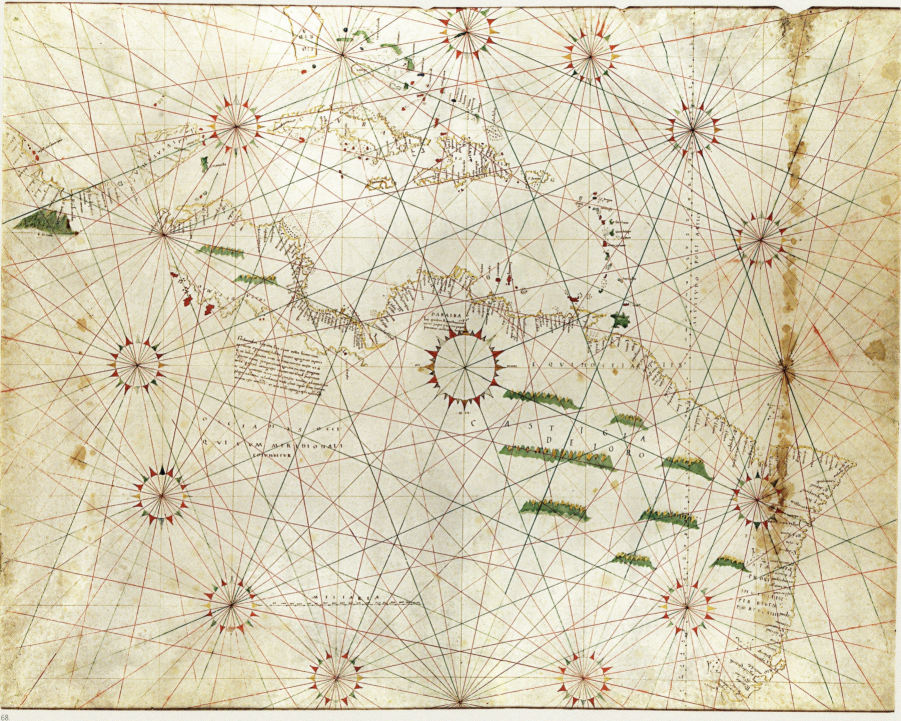
68.

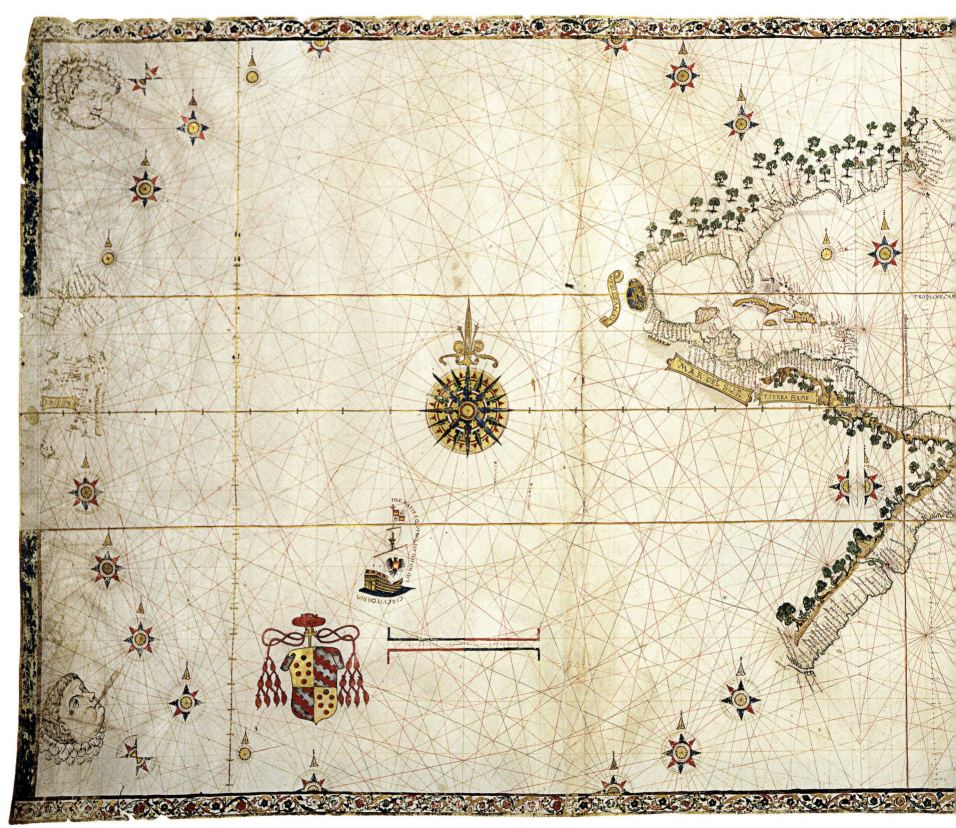

69

Planisphère nautique dit *Carte de Salviati*
[Espagne], vers 1525

Cette copie du *padrón real* espagnol, sans doute due à Nuño García de Toreno, porte les armes du cardinal Salviati, nonce apostolique en Espagne (1525-1530). Si elle place à tort les Moluques dans l'hémisphère espagnol, elle rend bien compte des connaissances sur le monde acquises grâce à Magellan, dont une légende évoque la circumnavigation. N'y figurent que les côtes effectivement reconnues d'Asie et d'Amérique, et l'océan Pacifique, occupant près de la moitié du planisphère, est révélé dans toute son ampleur.

Florence, Biblioteca Medicea Laurenziana, Med. Pal. 249. Manuscrit enluminé sur parchemin, 93 x 204,5 cm

70
Andreas Homem,
Universa ac navigabilis totius terrarum orbis descriptio
Anvers, 1559

Dix feuilles de parchemin forment ce planisphère lusitanien de 150 x 294 cm, le plus grand conservé. Il donne un aperçu saisissant des connaissances des marins portugais au milieu du XVIe siècle. Les hémisphères portugais et espagnols sont clairement identifiés par la ligne de démarcation passant au centre de la carte et par les écus des deux puissances ibériques figurés dans leur zone respective.

Paris, BNF, Cartes et Plans, GE CC 2719 (RES).
Manuscrit enluminé sur parchemin, 10 feuilles de 60 x 75 cm environ

LE GRAND LARGE

71
Masque funéraire en or
Nazca (Pérou), 200 av. J-C – 600 apr. J-C.

Provenant du Pérou, ce masque funéraire constitué d'une feuille d'or découpée et repoussée fait partie des objets précieux que les conquistadors espagnols découvrirent en Amérique du Sud et qui alimentèrent la convoitise des Européens.

Paris, musée du Quai Branly, Inv. 71.1930.49.1
Feuille d'or découpée et repoussée,
29 x 24,2 cm, 547 g

72

Salière en ivoire
[Bénin], XVIᵉ siècle

À partir de la prise de Ceuta, en 1415, les Portugais entreprirent l'exploration et la conquête des rivages de l'Afrique, à la recherche de nouvelles richesses. Grâce à sa position sur les routes commerciales portugaises, le royaume du Bénin développa des échanges commerciaux florissants avec les nouveaux venus. Cette salière en ivoire raffinée, qui représente un guerrier portugais surmonté d'un navire, témoigne de l'éclosion d'un artisanat africain destiné à la noblesse européenne.

Paris, musée du Quai Branly, Inv. 70.2008.14.1
Ivoire d'éléphant, 26 x 8 x 8,5 cm

73

73

Domingos Sanches,
Carte de l'océan Atlantique
Lisbonne, 1618

Seule œuvre connue du cartographe portugais, cette carte aux nombreuses miniatures (blasons, navires, villes, saints…) montre l'étendue de la puissance maritime et coloniale de l'Espagne et du Portugal, réunis au début du XVIIe siècle sous le sceptre de Philippe III. Les routes de l'Atlantique sud sont jalonnées de saints patrons (saint Benoît, saint Joseph, saint Étienne, etc.), en une sorte d'*ex-voto* géographique.

Paris, BNF, Cartes et Plans, GE AA 568 (RES).
Manuscrit enluminé sur parchemin, 84 x 95 cm

DE LA MÉDITERRANÉE À L'OCÉAN
NOUVEAUX PROBLÈMES, NOUVELLES SOLUTIONS

Joaquim Alves Gaspar

74

Carte de la côte atlantique
Vers 1471

Cette carte anonyme est la plus ancienne carte marine portugaise parvenue jusqu'à nous. Ne portant que des lignes de rhumbs et une échelle graphique de distances, très sobrement décorée, elle est centrée sur la côte ouest de l'Afrique, sur laquelle figure une toponymie très riche. La présence du Rio do Lago, découvert en 1471, permet de la dater.

Modène, Biblioteca Estense Universitaria C. G. A. 5c.
Manuscrit sur parchemin, 60 x 73 cm

LA MER DES TÉNÈBRES

En 1434, après plusieurs tentatives infructueuses effectuées pendant treize ans par divers navigateurs au service du prince Henri de Portugal, Gil Eanes réussit enfin à franchir le cap Bojador (actuel cap Boujdour). Bien des dangers et des obstacles étaient alors associés à ces eaux côtières faisant face aux îles Canaries : bancs de sable apparaissant à grande distance de la terre, forts courants de sud qui empêchaient les navires de revenir en arrière, sols arides où aucune forme de vie ne pouvait exister, sans parler des monstres marins qui, dans l'imagination des pilotes, peuplaient la mer des Ténèbres[1]. Selon un adage rapporté par Alvise Cadamosto, un navigateur vénitien au service du prince Henri, « celui qui franchira le cap Non en reviendra ou non[2] ». Pourtant, la plupart de ces craintes n'étaient pas fondées et il finit par devenir clair que le franchissement du cap Bojador ne présentait aucune difficulté extraordinaire. Au contraire, l'avancée des navires vers le sud était facilitée par les alizés, soufflant du nord-est et par le courant des Canaries, parallèle à la côte africaine. Le vrai problème était de revenir, en navigant contre ces mêmes éléments.

À l'époque où Gil Eanes franchit le cap Bojador, les navires utilisés pour les voyages d'exploration ne pouvaient guère avancer contre le vent. Cette contrainte rendait les retours longs et ardus, et il était parfois nécessaire de recourir à la rame pour remonter vers le nord. L'apparition des caravelles, équipées de voiles latines et capables de remonter au vent plus efficacement, marqua un progrès significatif. Par ailleurs, une meilleure connaissance du régime des vents et des courants dans cette partie du monde permit aux pilotes de comprendre qu'il valait mieux revenir en s'éloignant de la côte africaine, pour éviter le courant des Canaries et les vents de nord-est, au prix d'un long détour vers l'ouest par la mer des Sargasses jusqu'à la latitude des Açores, avant de se diriger vers la côte du Portugal. Cette voie océanique, utilisée à partir de 1450 environ et appelée « tournant de Guinée » (volta da Guiné), contribua grandement à la réussite des voyages d'exploration le long des côtes africaines. Un problème d'une autre nature devait néanmoins être encore résolu avant que cette solution puisse être adoptée de manière sûre et efficace.

Comme en Méditerranée, la navigation dans les eaux européennes se faisait en général près des côtes, en utilisant les informations disponibles sur les itinéraires et les distances entre des lieux soigneusement répertoriés dans les routiers utilisés par les pilotes. Il fallait parfois s'éloigner de la côte, par exemple pour atteindre une île lointaine, mais ces trajets océaniques duraient rarement plus de quelques jours. La position du navire était alors déterminée d'après le cap suivi depuis la dernière position connue, donné par la boussole marine, et la distance parcourue, estimée par le pilote. Les pilotes portugais appelaient cette méthode « point de fantaisie » (ponto de fantasia), expression colorée qui reflète bien l'incertitude liée à cette estimation. Les erreurs engendrées constituaient d'ailleurs rarement un problème grave pour la navigation car on pouvait aisément corriger la position dès que la côte redevenait visible. Mais ce n'était pas le cas quand les navires restaient en pleine mer plusieurs jours ou plusieurs semaines d'affilée, par exemple lorsqu'ils partaient pour les Açores ou revenaient de la côte africaine en suivant le tournant de Guinée. Plus le temps passait, en effet, plus les positions estimées perdaient en précision au point de devenir quasi inutiles, surtout quand les navires étaient forcés de modifier souvent leur cap pour tirer le meilleur parti du vent. Pour affronter ce nouveau problème, il fallut trouver une nouvelle méthode de navigation.

INNOVATIONS TECHNIQUES

La solution vint, dans la seconde moitié du XVe siècle, de la navigation astronomique, rendue possible par la simplification des instruments d'observation qu'utilisaient les astronomes sur la terre ferme, le quadrant et l'astrolabe (ill. 75), et par l'élaboration de procédures très simples auxquelles pouvaient recourir les pilotes. On ne sait ni où ni comment ces méthodes furent introduites, ni qui furent les responsables de leur développement. Les premiers temps, on se servit de l'altitude de l'étoile Polaire pour vérifier le déplacement nord-sud du navire par rapport à un point de référence. Plus tard, on commença à déterminer directement la latitude grâce à la diffusion, parmi les pilotes, de règles élémentaires permettant de corriger la mesure de la hauteur de l'étoile Polaire au-dessus de l'horizon, en mer ou sur terre, afin d'obtenir la latitude exacte. Mais cette technique n'était pas utilisable partout : à mesure que l'on progressait vers le sud, l'étoile Polaire disparaissait peu à peu sous l'horizon. Une solution plus générale, introduite une quinzaine d'années avant la fin du XVe siècle, fut l'observation du Soleil à midi. À partir de ce moment, la latitude de l'observateur put aisément être déduite de la hauteur du Soleil au-dessus de l'horizon en tenant compte de sa déclinaison. L'utilisation de tables d'éphémérides indiquant la déclinaison solaire pour chaque jour de l'année permettait aux pilotes de déterminer la latitude à n'importe quel endroit.

La plus ancienne source historique évoquant l'utilisation d'observations astronomiques en mer est un rapport de Diogo Gomes rédigé vers 1460, traduit en latin par Martin Behaim, où le pilote portugais raconte comment il a mesuré la hauteur de l'étoile Polaire près de l'archipel du Cap-Vert. D'autres sources mentionnent l'usage

d'instruments et la pratique de la navigation astronomique lors des voyages de Bartolomeu Dias (1487-1488), Vasco de Gama (1497-1498) et Pedro Álvares Cabral [3] (1500).

LA RÉVOLUTION SILENCIEUSE DE LA CARTOGRAPHIE

Quand démarra l'exploration systématique de la côte africaine, les cartes nautiques utilisées par les pilotes dans les eaux européennes étaient du même type que les cartes portulans de la Méditerranée. On les réalisait à partir des informations recueillies en mer, et les lieux étaient placés selon les distances estimées et les caps magnétiques fournis par la boussole. Dans les premières phases, pendant la première moitié du XVe siècle, toutes les cartes utilisées par les pilotes ibériques étaient importées de Majorque. Vers 1443, la cartographie portugaise de l'Atlantique aurait fait ses premiers pas quand le prince Henri de Portugal ordonna d'ajouter aux cartes les terres récemment découvertes au-delà du cap Bojador [4]. À cette époque, les navigateurs portugais venaient de franchir le cap Blanc et avançaient vers le sud dans leur exploration systématique de la côte africaine.

La plus ancienne carte d'origine portugaise que nous connaissons a été tracée vers 1471 et représente les côtes ouest de l'Europe et de l'Afrique, depuis l'île d'Ouessant jusqu'à Lagos, dans le golfe de Guinée (ill. 74). La carte, très sobre dans sa décoration, ne représente que l'Atlantique, excluant la Méditerranée et le Nord de l'Europe, ce qui suggère qu'elle a été réalisée spécifiquement pour la navigation le long des côtes africaines.

Réalisée vers 1492, la carte de Pedro Reinel, aujourd'hui conservée aux archives départementales de la Gironde, à Bordeaux, est, quant à elle, la plus ancienne carte portugaise signée ayant survécu jusqu'à nos jours (ill. 76). Elle représente également l'Atlantique, depuis les îles Britanniques jusqu'à l'embouchure du Congo, avec la Méditerranée occidentale. Comme la carte anonyme dessinée vers 1471, la carte de Reinel était sans doute destinée à être emportée à bord, si l'on en juge d'après sa décoration sobre et ses marques d'usure. Une partie du littoral africain, à l'est et au sud de la Côte-de-l'Or (l'actuel Ghana), est représentée à l'intérieur de la zone du Sahara et du Sahel. Cette solution ingénieuse tient probablement à l'absence de modèle adéquat couvrant toute cette partie du monde à l'époque de la réalisation de la carte. Avec la découverte de nouvelles terres au sud, les modèles utilisés par les cartographes pour la production ordinaire durent être repris à des échelles différentes, puisque la taille des peaux animales disponibles ne pouvait guère changer. La même solution fut adoptée dans la carte de Jorge de Aguiar de 1492 (conservée à la Beinecke Rare Book and Manuscript Library, Université de Yale, à New Haven), la carte d'origine portugaise la plus ancienne qu'on connaisse à être non seulement signée, mais datée.

Avec l'introduction de méthodes astronomiques de navigation, le point de fantaisie, fondé sur le cap magnétique et la distance estimée, céda la place au point calculé (*ponto de esquadria*, point de quadrature), où la latitude observée devenait l'élément d'information dominant. Aucune des cartes portugaises du XVe siècle ne présente la moindre trace de latitude observée par méthode astronomique : aucune échelle de latitude n'apparaît et la géométrie des représentations est identique à celle des cartes portulans traditionnelles. Cependant, et parce qu'elles appartiennent à une époque où la navigation astronomique était déjà pratiquée par les pilotes portugais, il est vraisemblable que des cartes du même genre ont été utilisées avec la méthode du point calculé. Il suffisait pour cela de superposer aux cartes une échelle de latitudes conservant le mieux possible les coordonnées connues des lieux de la côte. Mais cette astuce ne pouvait fonctionner que dans les zones où la déclinaison magnétique était faible, de sorte que les positions relatives nord-sud n'étaient pas affectées. C'était le cas pour la côte atlantique de l'Europe et de l'Afrique, depuis les îles Britanniques jusqu'au cap Vert, approximativement, mais pas pour le golfe de Guinée et l'Atlantique sud, où les distorsions de latitude étaient bien plus importantes. Pour représenter ces régions selon leurs latitudes et en accord avec les autres rivages, un nouveau modèle cartographique était nécessaire. Cette évolution dut attendre une couverture astronomique des zones que les explorateurs portugais avaient déjà visitées, mais dont les latitudes n'étaient pas connues avec la précision nécessaire. Nous savons par une note manuscrite de Christophe Colomb qu'un tel relevé fut commandé par le roi Jean II de Portugal vers 1485 pour la côte africaine [5].

La plus ancienne carte existante où, incontestablement, des latitudes observées par la méthode astronomique ont été incorporées est le planisphère de Cantino, dessiné par un cartographe portugais anonyme en 1502 (ill. 78). Bien qu'aucune échelle graphique de latitudes n'y figure explicitement, la représentation de l'équateur, des tropiques et du cercle arctique permet de conclure, malgré de menues erreurs de latitude sur les côtes occidentales et orientales de l'Afrique, que ces lieux sont représentés selon la méthode du point calculé d'après les latitudes et les caps magnétiques observés [6]. Pour d'autres zones, comme la Méditerranée, la mer Noire et l'Europe du Nord, le vieux modèle des portulans continue à s'utiliser, trait commun à tout le reste de la cartographie ibérique du XVIe siècle et au-delà. Cela s'explique par le fait que la représentation de ces zones a continué longtemps à être copiée de modèles non-astronomiques [7]. Le planisphère de Cantino est l'un des plus précieux monuments de notre héritage cartographique : il était précieux à l'époque où il fut dessiné, parce qu'il incluait les plus récentes informations géographiques, en un temps où la connaissance de la géographie du monde progressait rapidement et constituait un avantage stratégique ; il est précieux aujourd'hui parce qu'il projette un éclairage historique unique sur les missions d'exploration et sur l'évolution technique de la navigation marine et de la cartographie nautique à une période particulièrement intéressante, la fin du XVe et le début du XVIe siècle. Avec cette carte, la représentation ptolémaïque de l'océan Indien est enfin abandonnée, les terres inconnues des Européens sont représentées à leur emplacement géographique correct (Terre-Neuve, Floride, Brésil) et les contours des Amériques sont montrés d'une façon qui laisse penser qu'il s'agit d'un nouveau continent, nettement séparé des Indes. Bravant la politique officielle qui interdisait de propager hors du Portugal toute information concernant les terres récemment découvertes, un agent du duc de Ferrare, Alberto Cantino, acquit subrepticement cette carte à Lisbonne et la rapporta en Italie, où elle est encore conservée.

Avec le planisphère de Cantino, un nouveau modèle cartographique fut établi, rapidement adopté par bien d'autres cartes du monde. Le contour de l'Afrique que montrait la carte, enrichi de nouvelles informations géographiques concernant Madagascar et la mer Rouge, resterait longtemps à peu près inchangé dans la cartographie nautique. Le planisphère dessiné en 1504-1505 par le cartographe génois Nicolò de Caverio (ill. 62), appartient à un groupe assez important de cartes du monde dessinées au début du XVIe siècle, d'après des prototypes portugais, cartes parmi lesquelles figure aussi la carte de King-Hamy (vers 1504), le portulan de Vesconte Maggiolo (1504) et la carte de Pesaro (entre 1505 et 1508). Le planisphère de Caverio est considéré comme l'une des sources utilisées par Waldseemüller pour la réalisation de sa carte de 1507, avec la carte de Cantino et d'autres plus anciennes.

La carte de Pedro Reinel (vers 1504), aujourd'hui conservée à la Bayerische Staatsbibliothek de Munich, marque une autre étape significative vers l'adoption du nouveau modèle cartographique. C'est la plus ancienne carte nautique existante où figure une échelle de latitudes (ill. 77). Curieusement, on y voit deux échelles indépendantes : la principale, orientée nord-sud, et une échelle oblique, proche de Terre-Neuve, valable pour cette zone uniquement. Cette solution hybride a une explication simple : Terre-Neuve a été représentée à partir d'une route magnétique et une distance estimée par rapport aux Açores selon la méthode du point de fantaisie. Cette échelle de latitudes oblique valable pour Terre-Neuve se rencontre sur d'autres cartes ibériques du XVIe siècle : c'est le cas de la carte atlantique

75
**Astrolabe nautique construit
par Sancho Gutiérrez**
1563

**Cet astrolabe destiné à l'usage des marins
construit à Séville porte la date de 1563.
À la différence des astrolabes arabes,
utilisés pour le calcul de la position des astres,
ces instruments nautiques servaient
à mesurer la hauteur méridienne du Soleil
et à connaître ainsi la latitude du lieu
de l'observation. Ils pouvaient facilement
être utilisés en mer.**

Paris, CNAM, Inv. 3864-001

de Diego Gutiérrez, de 1550 (ill. 79), et de la carte portugaise anonyme dessinée vers 1560 (ill. 80), toutes deux conservées à la Bibliothèque nationale de France.

LE RÈGNE DE LA CARTE DE LATITUDES

Avant la publication par Mercator, en 1569, de la carte aux latitudes croissantes, toutes les cartes nautiques étaient réalisées par transfert direct, à échelle constante, des informations de navigation recueillies en mer et sur terre, comme si la Terre était plate. Le prix à payer pour ignorer la rotondité de la Terre était une incohérence géométrique : la géométrie de chaque carte devenait dépendante de l'ensemble d'itinéraires qui avaient servi à l'établir et seuls ces itinéraires étaient censés être représentés avec exactitude. L'invention de la projection de Mercator, en 1569, ne résolut pas le problème, puisque les méthodes de navigation de l'époque n'étaient pas adaptées au nouveau modèle, fondé sur les latitudes, les longitudes et les directions géographiques réelles. La carte de latitudes continua de fait à être employée et ne fut supplantée par la projection de Mercator qu'après l'élaboration de méthodes efficaces pour déterminer la longitude en mer, au milieu du XVIIIe siècle, et une fois connue la distribution spatiale de la déclinaison magnétique. Malgré ses limites et son apparente naïveté, la carte de latitude avait constitué un progrès capital dans la cartographie nautique de la Renaissance, qui lui valut pendant deux siècles et demi une brillante existence.

Joaquim Alves Gaspar
Texte traduit de l'anglais par Laurent Bury

1. Voir Gomes Eanes de Zurara, *Crónica do Descobrimento e Conquista da Guiné*, [1448], Lisbonne, Publicações Europa-América, 1989, p. 58-63.

2. Le cap Non est aujourd'hui le cap Noun, ou cap Chaunar, dans la partie sud de la côte marocaine.

3. On trouve un bon résumé des méthodes astronomiques en vigueur au XVe siècle dans « Navigation astronomique », de Luís de Albuquerque, dans Armando Cortesão et Luís de Albuquerque, *History of Portuguese Cartography*, Lisbonne, Junta de Investigações do Ultramar, 1971, vol. II, p. 221-442. Voir aussi António Barbosa, *Novos subsídios para a história da ciência náutica portuguesa, na época dos descobrimentos*, 2e éd., Porto, Instituto para a Alta Cultura, 1948.

4. Voir Charles Verlinden, *Quand commença la cartographie portugaise?*, tiré-à-part de *Revista da Universidade de Coimbra*, vol. XXVII (Centro de Estudos de Cartografia Antiga), Coimbra, Junta de Investigações Científicas do Ultramar, 1979.

5. Cette note est attribuée à Colomb, ou à son frère Bartolomeo, en marge d'un exemplaire de l'*Historia papæ Pii* (Venise, 1447).

6. L'équateur et le tropique du Cancer figurent aussi sur le planisphère de Juan de la Cosa (1500). La répartition des erreurs de latitude le long de la côte occidentale de l'Afrique, mesurée par l'échelle implicite de la carte, révèle pourtant qu'aucune observation astronomique n'y fut incorporée.

7. Pour une description détaillée de la géométrie du planisphère de Cantino, qui inclut les résultats d'une analyse cartométrique systématique, voir Joaquim Alves Gaspar, « From the Portolan Chart of the Mediterranean to the Latitude Chart of the Atlantic: Cartometric Analysis and Modeling », thèse de doctorat, Lisbonne, Universidade Nova de Lisboa, 2010.

76
Pedro Reinel, *Carte de la côte orientale de l'Atlantique, des îles Britanniques au Congo*
Vers 1492

La plus ancienne carte portugaise signée parvenue jusqu'à nous a été découverte dans des minutes notariales vers 1960. La côte africaine s'y prolonge à l'intérieur du continent jusqu'à l'embouchure du fleuve Zaïre, découverte en 1482 et où fut placé le premier *padrao* portugais, une croix de pierre qu'on voit figurée ici.

Bordeaux, Archives départementales de la Gironde, 2 Fi 1582 bis. Manuscrit sur parchemin, 71 x 95 cm

76.

77.

77

Pedro Reinel, *Carte de l'Atlantique*
Vers 1504

C'est, avec la carte de Caverio, l'une des plus anciennes cartes portant une échelle de latitude, placée au milieu de l'Atlantique. Pour la première fois figure également, dans la région de Terre-Neuve, une échelle secondaire de latitude, établie selon le nord magnétique (avec une déclinaison de 21°). Les terres, visiblement bien documentées dans cette zone, montrent l'intérêt des Portugais pour ces contrées.

Munich, Bayerische Staatsbibliothek, Cod. icon. 132.
Manuscrit enluminé sur parchemin, 60 × 73,5 cm

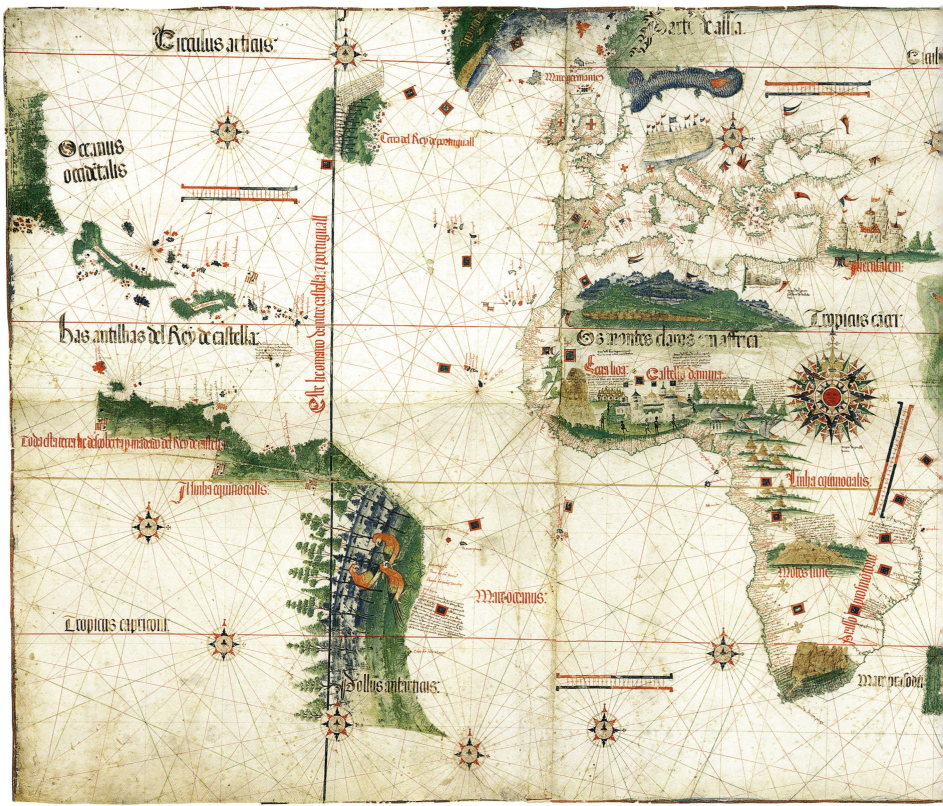

78

Planisphère dit *Planisphère de Cantino*
1502

Ce planisphère anonyme a reçu le nom de celui qui l'a acheté, Alberto Cantino, agent du duc de Ferrare à Lisbonne. Il ne porte pas d'échelle de latitude, mais la présence de l'équateur, des tropiques et du cercle arctique atteste que sa construction a été réalisée avec des mesures astronomiques de latitude. Toutes les avancées des découvertes européennes (Brésil, Terre-Neuve, etc.) y figurent, ainsi que la ligne du traité de Tordesillas, séparant les empires portugais et espagnols.

Modène, Biblioteca Estense Universitaria C. G. A. 2.
Manuscrit sur parchemin, 105 x 220 cm.

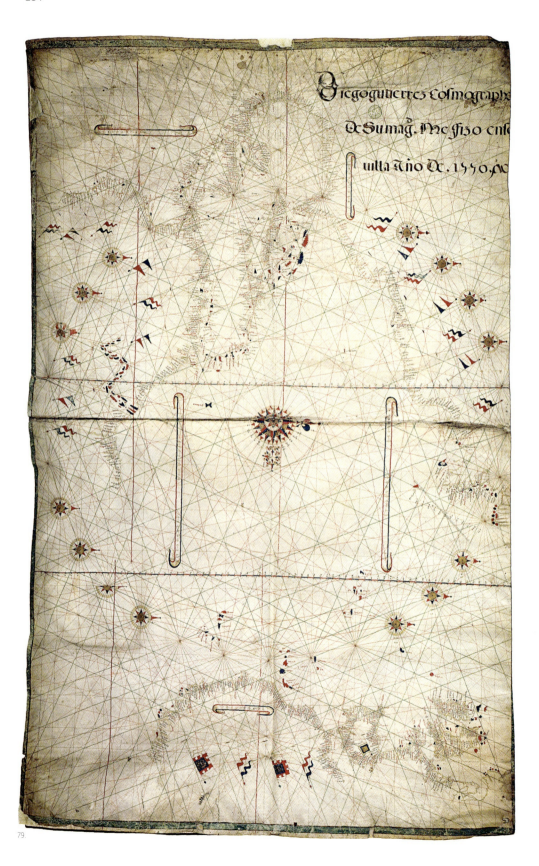

79
Diego Gutiérrez, *Carte de l'Atlantique*
1550

Cette carte, œuvre d'un cartographe officiel de la Casa de contratación de Séville, combine les différents systèmes cartographiques du milieu du XVIe siècle. Elle présente ainsi trois échelles de latitude différentes : l'une passe par les bouches de l'Amazone, l'autre par les Açores, s'établissant 2° 30′ plus au sud que la précédente, et la troisième, oblique, par l'est de Terre-Neuve, afin de tenir compte de la déclinaison magnétique.

Paris, BNF, Cartes et Plans, GE SH ARCH 2.
Manuscrit sur parchemin, 131, 8 x 85, 5 cm

80
Carte de l'Atlantique
Vers 1560

La richesse de l'ornementation de cette carte portugaise fait une grande place aux pavillons des différents pays et à la représentation des cités africaines ou américaines. Le cours de l'Amazone, descendu par Orellana en 1542, y est aussi mis en valeur. La carte présente, comme celles de Reinel et de Gutiérrez, une échelle de latitude oblique dans la région de Terre-Neuve.

Paris, BNF, Cartes et Plans, GE B 1148 (RES).
Manuscrit enluminé sur parchemin, 73 x 88 cm

80.

LES HYDROGRAPHES NORMANDS
XVIᵉ ET XVIIᵉ SIÈCLES

Sarah Toulouse

Entre 1480 et 1650, la Normandie est sans nul doute la province maritime française la plus active. Il n'est donc pas étonnant d'y voir se développer à partir des années 1530 une école d'hydrographie et de cartographie marine originale, pour laquelle on connaît une vingtaine de noms et une cinquantaine d'œuvres. Faute d'archives, les hommes sont mal connus : on cite souvent le nom de Pierre Desceliers, qualifié par ses compatriotes de « père de l'hydrographie française », et parfois celui de Jean Roze, qui a travaillé tour à tour pour Henry VIII et Henri II, mais certains cartographes ne sont plus connus que par la présence de leur signature sur quelques cartes, tel Nicolas Desliens ou Jean Cossin (ill. 82). Les cartes, atlas et autres traités de navigation qu'ils ont laissés mettent cependant en lumière l'expérience et les connaissances de leurs auteurs.

Premier trait remarquable : ils sont tout autant hommes de la pratique que scientifiques de cabinet. Pilotes ou marchands, ils produisent des outils à destination de leurs semblables : au XVIᵉ siècle, ils construisent donc essentiellement des cartes plates couvertes du traditionnel réseau de rhumbs. Mais ils suivent en parallèle, dans leurs traités, les avancées des mathématiciens qui tentent de résoudre la question de la représentation des loxodromie sur les cartes, et c'est à un hydrographe normand, Guillaume Le Vasseur (ill. 83), que l'on doit, en 1601, la première carte française construite selon la projection de Mercator. Certains cartographes sont également capables d'utiliser les projections les plus complexes, comme Guillaume Le Testu (ill. 90), qui trace en 1566 une très belle mappemonde en projection dite « de Bonne », véritable prouesse mathématique avec ses méridiens curvilignes et ses parallèles circulaires et concentriques.

On trouve dans le choix des régions représentées par les Normands un même mélange des genres : volonté de fournir aux marins des instruments de navigation et curiosité intellectuelle pour les découvertes. Ainsi représentent-ils surtout les mers que leurs compatriotes fréquentent : l'Atlantique est leur carte de prédilection (ill. 85) ; ils y représentent le Brésil au moment où des expéditions normandes se dirigent vers cette région (ill. 83) et les côtes d'Europe du Nord lorsque les marchands s'intéressent au Spitzberg (carte de Jean Dupont en 1625 et de Jean Guérard en 1628). En contrepoint, les planisphères géants de Desceliers (ill. 98 et 99) et les divers atlas ou cosmographies décrivent tout le monde connu et imaginent les terres « non encore descouvertes* ».

L'élaboration de cartes peut répondre également aux besoins de l'enseignement, voire de la politique. Plusieurs cartes normandes sont ainsi dédiées à des princes : Desceliers peint les armes du roi Henri II, du connétable Anne de Montmorency et de l'amiral de France Claude d'Annebaut sur son planisphère de 1550 ; Guillaume Le Testu dédie son atlas de 1556 à l'amiral de Coligny ; Jacques de Vaulx met son traité d'hydrographie de 1583 sous le patronage du duc de Joyeuse, amiral de France (ill. 26). Ces œuvres sont richement enluminées : les hydrographes composent de véritables tableaux, leçons de géographie mais aussi d'histoire ou de zoologie, pour faire allégeance et pour obtenir des faveurs. Parfois la cartographie peut même devenir propagande : la présence de blasons portant les armes de France dans le Nord du Brésil et en Floride sur la carte de Pierre de Vaulx de 1613 (ill. 84) s'explique peut-être par les efforts de la France, au début du XVIIᵉ siècle, pour reconquérir des terres en Amérique.

Tout comme ils savent s'approprier les travaux des mathématiciens, les cartographes normands connaissent les autres travaux européens et s'en inspirent. Ils se situent à mi-chemin entre la cartographie marine portugaise et espagnole des XVᵉ et XVIᵉ siècles – encore très proche des portulans médiévaux – et le renouveau apporté par les Hollandais à partir de la fin du XVIᵉ siècle.

Au début du XVIᵉ siècle, la science nautique européenne est dominée par les Portugais. Outre que leurs cartes circulent et servent de modèles, des cartographes portugais s'installent également en France. On observe donc sans surprise une nette influence portugaise chez les premiers cartographes normands : il n'y a qu'à constater la présence de nombreux toponymes portugais sur leurs cartes, y compris pour la Normandie ! Mais cette influence ne se limite pas à la nomenclature, elle se retrouve également dans le tracé des côtes, par exemple, sur certains atlas, dans la représentation de l'Écosse comme une île.

Vers la fin du XVIᵉ et au XVIIᵉ siècle, les Hollandais inondent l'Europe d'atlas imprimés, qui sont vite traduits et copiés un peu partout. Si les cartographes normands y empruntent des éléments pour le tracé et la nomenclature des côtes de l'Europe du Nord, ils adoptent également leurs symboles hydrographiques : ancres pour indiquer les ports, réseaux de points pour signaler hauts-fonds et écueils, indications sur la nature des fonds apparaissent alors, notamment sur les cartes de Jean Guérard à partir de 1625.

Les cartes normandes comportent cependant des traits originaux, entre autres dans la représentation des côtes de l'Amérique du Nord. Ainsi le Labrador se présente chez les Normands comme une grande avancée de terre vers l'Est, terminée en pointe et séparée du reste du continent par une échancrure assez profonde au nord du Saint-Laurent. Autres exemples, la représentation de Terre-Neuve comme un archipel et non comme

---

* Parmi les terres imaginaires représentées par les cartographes du XVIᵉ siècle, l'une d'entre elles, la « Grande Jave », est une spécificité normande et bretonne. Cette vaste terre qui s'étend au sud de l'Indonésie pour rejoindre la Terre Australe a fait couler beaucoup d'encre et fait toujours débat parmi les historiens de la cartographie.

81
Pierre de Vaulx,
Carte de l'Atlantique
(détail)

Voir carte entière p. 141

la presqu'île des autres cartes de l'époque, ou l'imaginaire baie de Norambègue, qui entame la côte au sud de la Nouvelle-Écosse.

La Normandie n'est pas la seule province française à s'intéresser à l'art de la navigation et à la cartographie. À la même époque, le port du Conquet, en Bretagne, a abrité deux familles de cartographes, les Brouscon (ill. 88) et les Troadec (ill. 89), producteurs de cartes et de petits guides nautiques, dont certains ont été imprimés et largement diffusés, entre 1540 et 1590. À la différence des Normands, les Bretons s'adressent uniquement aux marins : il s'agit de carnets pratiques, composés essentiellement de cadrans, notamment pour calculer les amplitudes des marées. Les Normands connaissent les travaux des Bretons et reproduisent certains schémas dans leurs propres traités d'hydrographie. Les Bretons, quant à eux, s'inspirent largement des Normands pour leurs quelques cartes marines.

D'une manière générale, les hydrographes normands ont été de bons vulgarisateurs de la science nautique de leur époque : ils innovent peu, mais savent se tenir au courant des dernières découvertes et les diffuser auprès des marins. Pourtant, après 1643, la Normandie ne fournit plus ni cartes, ni traités. Les guerres de religion ont durement touché la région, amorçant le déclin de ses ports, et après 1630 tout s'accélère : Rouen, Dieppe et Honfleur sont supplantées par La Rochelle ou Bordeaux. Mais la fin de l'école normande est sans doute liée également à une diffusion trop restreinte de sa production : si elle a su évoluer dans son contenu et passer du portulan médiéval à la carte marine moderne, sa production est toujours restée manuscrite et n'a pu finalement résister à la concurrence des atlas imprimés hollandais.

Sarah Toulouse

82
Jean Cossin, *Carte cosmographique ou Universelle description du monde*
Dieppe, 1570

Bâtie sur une projection savante, où les méridiens sont des sinusoïdes et les parallèles des droites équidistantes, la mappemonde de Jean Cossin témoigne des connaissances mathématiques des hydrographes normands. En bas de la carte se déploie un vaste continent austral supposé faire contrepoids aux terres de l'hémisphère nord.

Paris, BNF, Cartes et Plans, GE D 7896 (RES).
Manuscrit enluminé sur parchemin, 25,5 x 45 cm

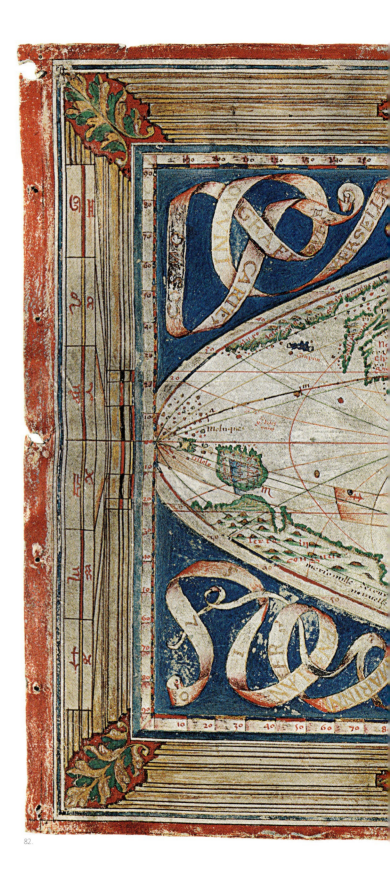

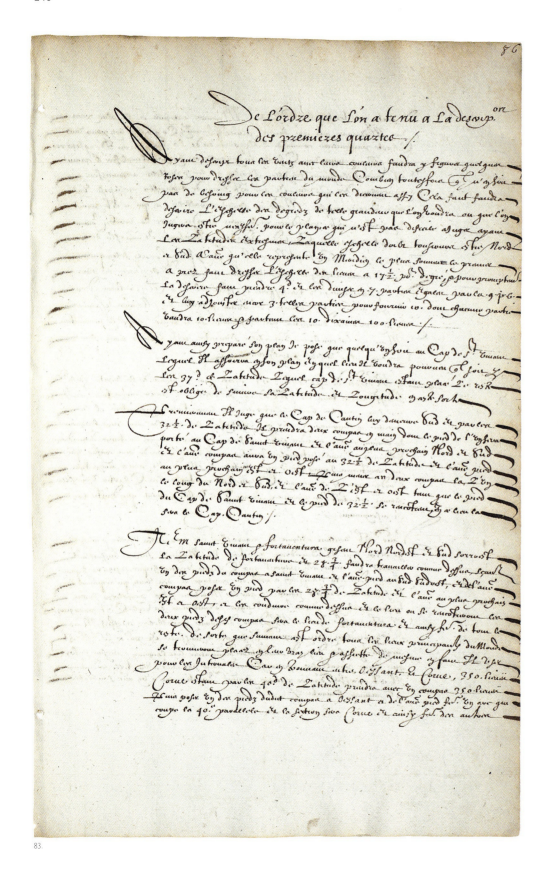

83

Guillaume Le Vasseur,
Traité de géodrographie ou Art de naviguer
[Dieppe], vers 1608

Guillaume Le Vasseur passe ici en revue tous les problèmes de la science nautique de l'époque, combinant théorie mathématique et exemples concrets pour faciliter la compréhension. C'est l'un des premiers traités de navigation à aborder en détail les questions relatives à la construction et à l'utilisation des cartes marines.

Paris, BNF, Manuscrits, français 19112, f. 86.
Manuscrit sur papier, 92 f., 35 × 16 cm

84

Pierre de Vaulx, *Carte de l'Atlantique*
[Le Havre], 1613

Éclatante d'or et de couleurs, cette carte de l'Atlantique reflète les ambitions françaises en Amérique. Les fleurs de lys apparaissent en Nouvelle-France, où les toponymes français et la précision des tracés attestent une présence ancienne et renouvelée, mais aussi au Brésil, où la carte n'est plus que le souvenir de l'expédition de Villegagnon (1555) et d'autres tentatives avortées. Près de Lima, une rose des vents d'un bleu profond rehaussé d'or pourrait bien symboliser le soleil des Incas.

Paris, BNF, Cartes et Plans, GE SH ARCH 6 (RES).
Manuscrit enluminé sur parchemin, 68,5 × 96 cm

LE GRAND LARGE

85
Jacques de Vau de Claye,
Carte du Brésil
Dieppe, 1579

Cette carte qui délimite par un demi-cercle le territoire de *10 000 saulvages pour fere la guerre aux Portugais* pourrait être le plan de campagne d'une expédition confiée en 1581 par Catherine de Médicis à son cousin Philippe Strozzi pour reconquérir une partie de la côte brésilienne, après l'échec de la colonie fondée par Villegagnon en 1555. Elle dresse l'inventaire de ses ressources naturelles, espèces animales et tribus. La défaite de Strozzi aux Açores fit avorter le plan.

Paris, BNF, Cartes et Plans, GE D 13871 (RES).
Manuscrit enluminé sur parchemin, 45 x 59 cm

86
Jacques de Vaulx,
Fabrication et usage de l'astrolabe de mer et du nocturlabe

Voir notice p. 144-145

86.

L'usaige de La Presente astralabe

Il conuyent premyerement sçauoir par lestoille du nort ou autre estoille Combien luy dict polles est esleué dessus l'horison Et autant de degrez comme Il sera esleué Il les conuyent descompter dessus la graduation de ladite astralabe depuis les 90 Et estant ainsy descomptez Il conuyent bien notter le degré autant loing des 90 comme ledict polle sera esleué dessus son horison Dessus lad astralabe. Puis le solleil estant en son midy Et ne montant plus Il vous conuyent tenir vostre a plomb par son aneau Et boutter les 2 pinulles de la lidade au droict du solleil Et allors ledict degré notte dessus ladite astralabe vous desmontrera dessus la graduation de ladite lidade les degrez que le solleil sera decliné loing de la ligne equinoctialle en ce Jour la Et pour congnoistre de quelle bande Il sera de lequinoctial Sy le degré notte dessus l'astralabe fait demonstrance aux degrez de la plus haulte graduation de la lidade depuis son equinoctial Autant le solleil sera decliné loing de la ligne en l'autre part que loy est d'icelle Et sy les degrez notte dessus Icelle astralabe fait desmonstrance aux degrez de la plus basse graduation de la lidade loing de son equinoctial l'on puist dire que le solleil est autant decliné loing de son equinoctial en la mesme partye ou l'on est Sy l'on en est au nort les solleil est au nort Et sy l'on en est au su Il est au su dud equinoctial Et est le moyen facille de trouver la declinaison du solleil chacun Jo Pour par ce mesme moyen trouver plus ayseement le Jo auquel l'on est come deuat a este declaré dequoy sensuib vne demostrace

86 et 87

Jacques de Vaulx,
Fabrication et usage de l'astrolabe de mer et du nocturlabe
Le Havre, 1583

Dans ses *Premieres Œuvres*, un traité de navigation somptueusement illustré, le pilote Jacques de Vaulx s'est largement inspiré des ouvrages savants de l'époque (Petrus Apian, Pedro de Medina, Oronce Fine, etc.). Une série de figures montre la construction et l'utilisation d'instruments nautiques tels que l'astrolabe de mer, conçu pour mesurer la hauteur des astres et en déduire la latitude du lieu, ou encore le nocturlabe qui permet de déterminer l'heure la nuit.

Paris, BNF, Manuscrits, français 150, f. 7.
Manuscrit enluminé sur vélin, 45 x 28 cm

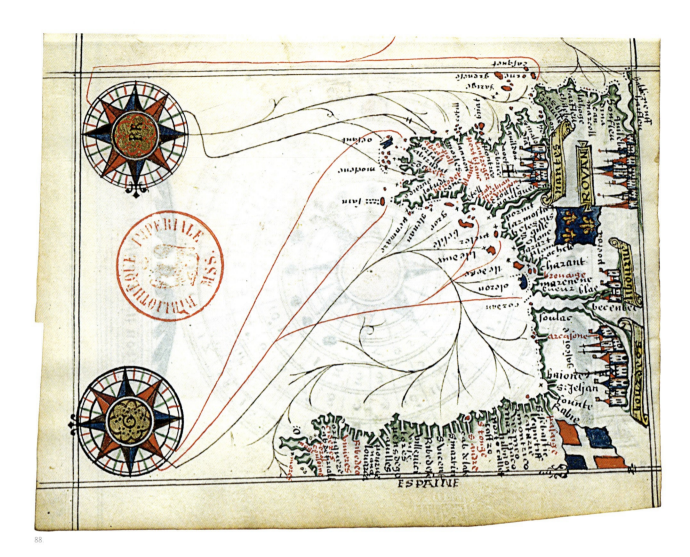

88.

88
Guillaume Brouscon,
Carte-index pour le calcul des marées
[Le Conquet], 1548

Combinant de manière figurative les informations utiles à la navigation sur le littoral atlantique, le *Manuel de pilotage* de Guillaume Brouscon a pu servir à de nombreux marins du Ponant, quelle que fût leur langue. Un système graphique simple permet de connaître, pour les principaux ports, la position de la Lune sur l'horizon le 1er et le 15e jour du mois, lorsque la mer est pleine, et d'en déduire l'heure des marées pour tout autre jour grâce au calendrier associé.

Paris, BNF, Manuscrits, français 25374, f. 25 v°-26.
Manuscrit enluminé sur parchemin, 1 carte dépl. + 25 f.,
17,5 × 14 cm

89
J. Troadec,
Carte de l'océan Atlantique nord-est
[Le Conquet], milieu du XVIe siècle

Les guides de pilotage bretons ont été largement diffusés sous forme manuscrite, mais aussi par des impressions xylographiques. Issue d'un almanach publié par J. Troadec, cette carte gravée sur bois et imprimée sur vélin est dotée d'une échelle des latitudes et présente l'espace maritime fréquenté habituellement par les marins bretons.

Paris, BNF, Cartes et Plans, GE D 7894 (RES).
Impression xylographique sur parchemin,
avec additions manuscrites, 29 × 34 cm

LE GRAND LARGE 147

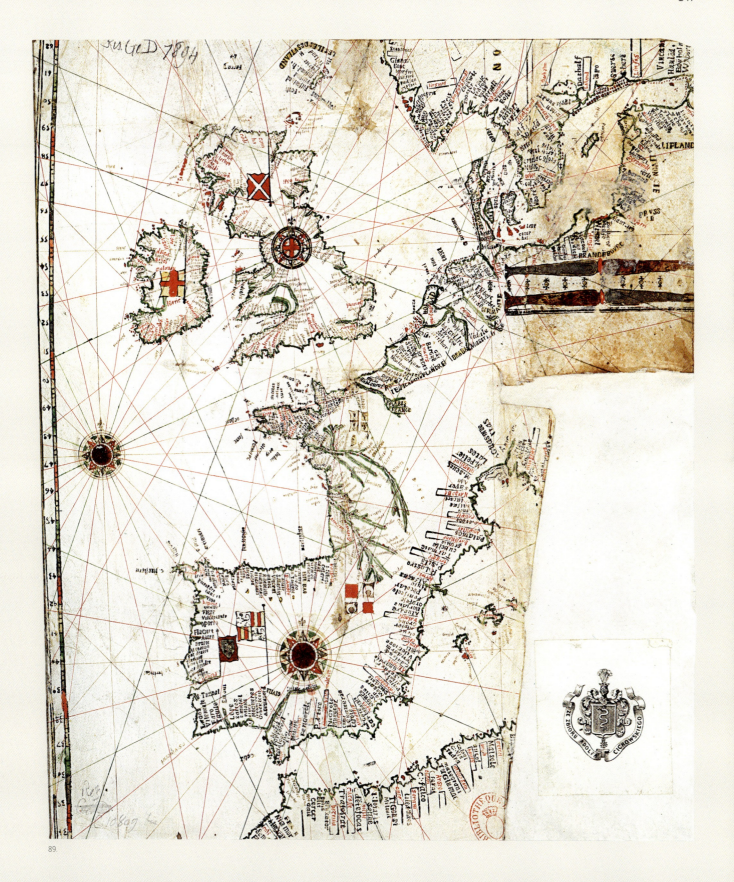

89.

COSMOGRAPHIE UNIVERSELLE GUILLAUME LE TESTU

90
Guillaume Le Testu,
Cosmographie universelle
Le Havre, 1556

La *Cosmographie universelle* de Guillaume Le Testu est un magnifique atlas du monde dessiné sur papier. Il est composé de 6 planisphères en projections savantes et de 50 cartes régionales pourvues de lignes de rhumbs et d'échelles de latitudes, chaque planche étant accompagnée, en regard, d'un commentaire portant sur la géographie, le climat, les habitants, les activités humaines, etc. Le Testu déroule sous nos yeux une image du monde fractionnée, nous faisant voyager par le détail de l'Europe septentrionale à la Méditerranée, de l'Afrique aux Indes orientales, de la mythique Terre Australe à l'Amérique tout en nous offrant la vision du monde la plus complète et la plus richement illustrée jamais conçue dans le style des cartes portulans.

Œuvre d'un pilote royal du Havre, la *Cosmographie* se rattache à l'école des hydrographes normands, héritière de la cartographie ibérique, et surtout portugaise, dont elle enregistre les progrès avec un certain décalage. L'Amérique est ainsi très bien informée pour sa façade atlantique, mais très floue du côté du Pacifique. À l'instar de nombre de ses compatriotes, Guillaume Le Testu fut un navigateur au long cours qui participa à divers voyages maritimes dans les nouveaux mondes. Il prit ainsi part à l'expédition de Villegagnon, envoyé en 1555 au Brésil pour y fonder une colonie, et, d'après son ami le cosmographe André Thevet, il périt au Mexique en 1572 dans l'attaque d'un convoi d'or espagnol.

La *Cosmographie*, dédiée à l'amiral de France Gaspard de Coligny, n'est pas dépourvue de dimension politique. Sa principale originalité est cependant de consacrer un quart de ses cartes régionales au mythique continent austral conçu par les géographes au XVIe siècle comme contrepoids aux masses terrestres de l'hémisphère septentrional. Il joint ici à la Terre de Feu, découverte par Magellan en 1519, la « Grande Jave » qu'imaginaient les cartographes normands au sud de Sumatra. Déclinée en douze planches, cette fiction cartographique, « faite par imagination » comme le reconnaît l'auteur dans son commentaire, s'appuie sur des reconnaissances partielles d'îles ou îlots bien réels, mais artificiellement raccordés entre eux. Elle se veut prospective, anticipant sur les progrès à venir des connaissances géographiques, tout en alertant le navigateur sur un potentiel danger immédiat. Sa riche iconographie est composite, le dessinateur donnant libre cours à son imagination, juxtaposant faune fabuleuse et races monstrueuses issues de traditions antiques et médiévales, peuples orientaux civilisés connus par les récits de Marco Polo et sauvages nus inspirés des Tupinamba du Brésil.

C. H.

Vincennes, Service historique de la Défense, Bibliothèque, D.1.Z.14. Manuscrit enluminé sur papier (118 p. dont 57 pl.), 53 × 36 cm

90 a
Monde

Carte du monde centrée sur l'océan Atlantique
(3e projection) [f. 4 v°]

90 b
Monde
Carte du monde en 4 fuseaux (6ᵉ projection), avec l'écu de France et un blason aux armes de l'amiral de Coligny [f. 7 v°]

90 c
Europe
Terre-Neuve, Europe occidentale et Barbarie, avec combat naval et char marin portant l'aigle d'argent des armoiries de la maison de Coligny [f. 8 v°]

90 d
Europe septentrionale et Groenland
[f. 10 v°]

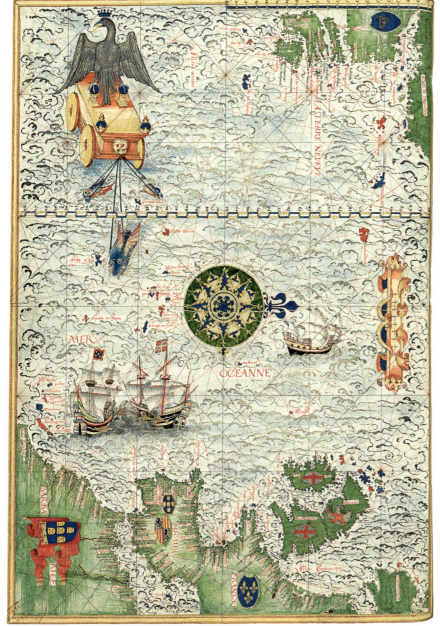

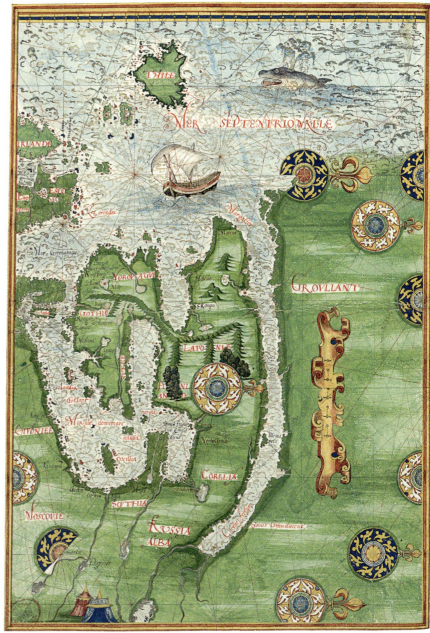

Afrique

90 e
Afrique occidentale, du détroit de Gibraltar au cap Vert, avec scène de combat entre des guerriers africains [f. 17 v°]

90 f
Afrique occidentale, du cap Vert à l'embouchure du Niger, avec scène de combat, animaux sauvages et cyclope [f. 18 v°]

90 g
Afrique australe, du golfe de Guinée à l'embouchure du Zambèze, avec comptoirs portugais, chameaux et nombreux animaux sauvages [f. 20 v°]

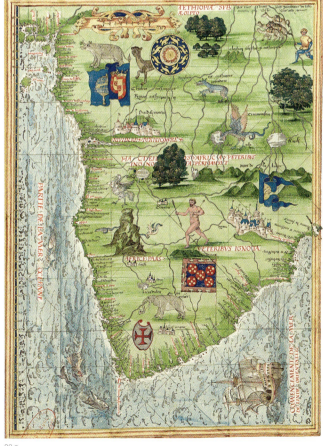

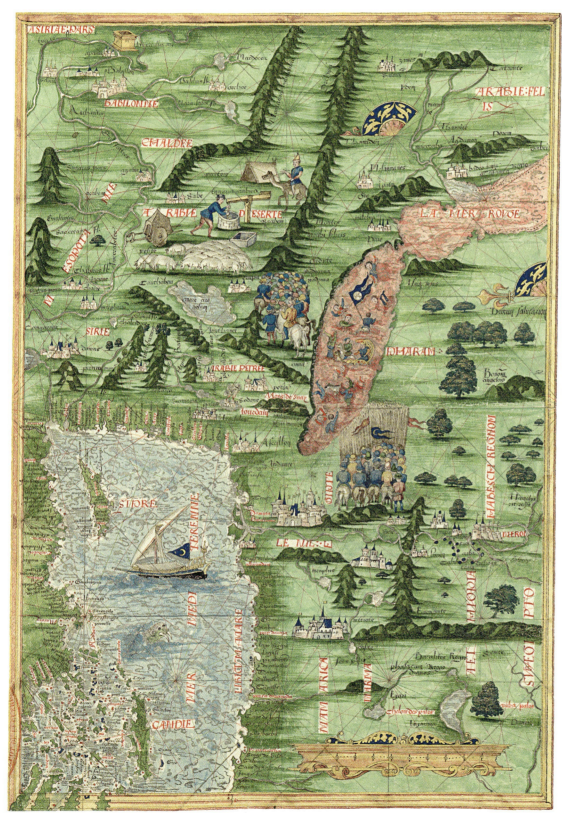

90 h.

90 i.

Asie

90 h
Méditerranée orientale et Moyen-Orient, avec traversée de la mer Rouge par les Hébreux
[f. 24 v°]

90 i
Mer de l'Inde orientale, de Ceylan à Sumatra, avec des créatures fabuleuses (Cynocéphale, Blemmye et Sciapode), deux rois assis sur un trône et le Grand Khan de Tartarie devant sa tente
[f. 28 v°]

90 j
Mer Rouge et golfe Persique, avec combat naval et roi de Perse sur son trône [f. 26 v°]

90 m.

Terre Australe

90 k
Grande et Petite Jave,
au sud des Moluques [f. 32 v°]

90 l
Terre Australe, face au cap
de Bonne-Espérance [f. 34 v°]

90 m
Terre Australe, Terre de Feu
et détroit de Magellan [f. 34 v°]

Amérique

90 n
Neuve-Espagne, golfe du Mexique et côtes occidentales de l'Amérique centrale, avec le blason espagnol à l'aigle bicéphale, une mine et une forge, et de nombreux personnages en costume [f. 53 v°]

90 o
Floride, Canada et Labrador, avec Terre-Neuve et le fleuve Saint-Laurent, plusieurs villages indiens (dont Hochelaga) et le royaume de Saguenay [f. 56 v°]

90 o.

90 n.

90 p
Royaume de Giganton, à la pointe de l'Amérique du Sud, avec une scène de liesse autour d'un chef indien porté sur un siège [f. 43 v°]

ICONOGRAPHIE DES NOUVEAUX MONDES XVᵉ-XVIIᵉ SIÈCLE

Surekha Davies

91
Khan mongol de la Horde d'Or
Atlas catalan
(détail)
[Majorque, 1375]

Nombreux sont les souverains représentés dans l'*Atlas catalan*. Si les rois chrétiens sont traditionnellement assis sur un trône, couronnés et sceptre à la main, des variations sont introduites pour les princes d'Afrique et d'Asie. Installé sur les bords de la Caspienne, ce khan mongol tient un sceptre et un globe d'or – symbole de pouvoir et de richesse –, mais il est assis par terre et coiffé d'un turban.

Paris, BNF, Manuscrits, espagnol 30, f. 3.
Manuscrit enluminé sur parchemin,
12 demi-feuilles de 64 × 25 cm

92
Les rois mages en route vers Béthléem
Atlas catalan
(détail)

Voir notice ci-dessus

91.

À partir de 1492, avec la découverte des Amériques, et 1498, qui vit Vasco de Gama atteindre l'Inde après avoir doublé le cap de Bonne-Espérance, les navigateurs commencèrent à fournir aux cartographes européens de nouvelles informations sur l'Afrique occidentale, les îles de l'Atlantique et l'océan Indien. Durant un siècle, grâce à cet apport, les cartographes qui travaillaient suivant la tradition des cartes portulans au Portugal, en Espagne et en France produisirent de nombreuses cartes très illustrées. C'est à l'iconographie la plus spécifique des cartes européennes de cette époque, celle des peuples lointains, qu'est consacré ce chapitre.

LA TRADITION ANTIQUE DES MERVEILLES ET DES MONSTRES

Avant même l'âge des découvertes, l'Extrême-Orient et l'Afrique méridionale sont associés aux peuples merveilleux. Décrivant les habitants du monde dans son *Histoire naturelle* (vers 77-79 de notre ère), Pline l'Ancien note que «l'Inde et l'Éthiopie surtout fourmillent de merveilles[1]». Ces prodiges incluent des êtres extraordinaires par leurs caractéristiques physiques ou par leurs pratiques : les Astomes (sans-bouche) se nourrissent exclusivement de l'odeur des aliments, les Troglodytes habitent dans des grottes, les Anthropophages consomment de la chair humaine et les Sciapodes n'ont qu'un pied, qui peut leur servir d'ombrelle géante. Des peuples monstrueux apparaissent encore sur les mappemondes du XIIIᵉ siècle qui nous sont parvenues. Les cartographes les placent aussi loin que possible de Jérusalem, considérée comme le centre de l'univers[2]. L'idée que les parties éloignées du monde, orientales et méridionales, abritent des peuples merveilleux – et monstrueux – est renforcée par le récit des aventures de Marco Polo en Asie, à la fin du XIIIᵉ siècle, mais aussi par le livre de Jean de Mandeville – récit d'un voyage imaginaire –, très diffusé à partir du XIVᵉ siècle. Durant les deux premiers siècles de l'imprimerie, les attentes des Européens concernant les peuples d'Asie, d'Afrique, et plus tard des Amériques, ont été modelées par ces textes et par des images de ce genre.

Sur les premières cartes portulans, en revanche, l'iconographie des peuples lointains ne contient pas de monstres, mais des souverains assis sur un trône ou un coussin. En général, ils tiennent un sceptre de la main droite et ont l'index gauche dressé, attitude que les peintres et autres artistes du Moyen Âge utilisaient traditionnellement pour caractériser un roi[3]. Ce motif iconographique figure par exemple sur l'*Atlas catalan* (vers 1375), dont l'auteur étend et adapte le motif du souverain à l'Afrique et à l'Asie, en ajoutant au costume des éléments spécifiques (ill. 91 et 92). Sur la tête des princes musulmans et tartares, il remplace la couronne européenne par un couvre-chef local, substitue au sceptre un cimeterre ou une masse, rhabille ces personnages d'une robe exotique et supprime le trône pour les asseoir à terre. Il introduit même dans le paysage des détails, des perroquets par exemple, indiquant que ces royaumes sont un peu différents de leurs homologues européens[4]. Le souverain le plus représentatif figurant sur les portulans est sans doute le Prêtre Jean, roi chrétien légendaire censé vivre en Inde ou en Éthiopie[5] (ill. 33).

Au XVIᵉ siècle apparaît un nouveau type de cartes-portulans, conçu pour représenter le monde entier sur une seule feuille – ou sur un assemblage de feuilles. Ces cartes s'appuient sur les traditions précédentes en ce qu'elles contiennent des informations détaillées sur les régions côtières, mais s'inspirent aussi de traditions iconographiques renouant avec les mappemondes médiévales, notamment la représentation de peuples monstrueux aux extrémités de la terre. Selon la carte du monde de Sancho Gutiérrez (1551) (ill. 93), sur les franges septentrionales de l'Europe vivent des hommes à tête de chien ou dotés d'un seul pied gigantesque[6]. Conforme à la tradition cartographique normande, qui veut que l'Afrique et l'Asie abritent des peuples monstrueux, la mappemonde normande connue sous le nom de «carte de Rylands» dépeint toute une gamme de créatures de ce genre en Asie (ill. 96) : des êtres aux oreilles et aux lèvres longues, des Pygmées, un Centaure et des Blemmyes (sans tête ni cou, ils ont les yeux et la bouche sur la poitrine), qui cohabitent tant bien que mal avec les rois richement vêtus des civilisations anciennes – le «grand cam de Kathay» accorde une audience dans sa tente et, non loin de là, un monarque à tête de chien et ses sujets tout aussi hirsutes répètent la scène. La carte dessinée en 1550 par le prêtre et cartographe normand Pierre Desceliers présente, elle, différents monstres en Afrique : un homme sans tête, un personnage aux nombreux bras et deux «négresses à plateau» (ill. 98). La *Cosmographie* de Le Testu place en «Terre Australe» des êtres aux oreilles extrêmement longues, au point qu'un personnage se sert d'une de ses oreilles pour se couvrir le corps tandis que l'autre lui sert de lit (ill. 94 a). Parmi les habitants de la Patagonie, zone voisine de la «Terre Australe», se trouvent deux individus munis de massues et de boucliers (ill. 94 b) qui sont peut-être les géants décrits au début du XVIᵉ siècle par les voyageurs européens dans la pointe méridionale de l'Amérique du Sud, en particulier par Antonio Pigafetta. Leur corps musclé et leurs armes renvoient aussi à la figure mythique d'Hercule – ces êtres étaient d'ailleurs mentionnés depuis l'Antiquité grecque et romaine dans les écrits consacrés aux terres lointaines.

93 a. 93 b. 93 c.
94 a. 94 b. 94 c.
94 d. 95 a. 95 b.

L'ILLUSTRATION DES EXPLORATIONS GÉOGRAPHIQUES DU XVIE SIÈCLE

C'est en Normandie, au XVIe siècle, que furent conçus les portulans les plus richement illustrés[7]. Les cartographes normands mettaient souvent l'accent sur le résultat des expéditions françaises. Par exemple, sur l'atlas réalisé par Jean Rotz en 1542, on peut voir une procession à Sumatra, près d'une maison sur pilotis (ill. 97) : celle-ci, avec son toit de chaume et ses murs tressés, est représentative des bâtiments d'une bonne partie du Sud-Est asiatique[8] ; quant à la procession, elle représente des hommes tenant de longs sabres légèrement incurvés et, au centre, un cavalier escorté d'un serviteur à pied tenant une ombrelle, signe de son statut élevé[9], tandis qu'à l'avant de la procession, un personnage tient un gong de cuivre. Rotz s'est probablement inspiré de l'expédition menée par Jean et Raoul Parmentier, qui, partie de Dieppe, gagna l'Afrique du Sud, puis Sumatra en 1529, ayant à son bord un peintre ; celui-ci avait peut-être rapporté des dessins qui ont pu être consultés par les cartographes pour illustrer leur production.

Les illustrations des cartes normandes témoignent aussi des expéditions de Cartier à Terre-Neuve et au Canada. La carte du monde dédiée au dauphin (futur Henri II de France), dite « Harleian Map », montre le chef du Saguenay assis sur un trône en forme de coffre et tenant une lance en guise de sceptre (ill. 99). Si le recours à des souverains sur leur trône pour figurer des peuples remonte à une tradition cartographique médiévale, cette représentation normande de ce qui est aujourd'hui le Canada exploite aussi des informations fournies par les voyages de Cartier, encore inédits à l'époque : dans l'imagerie du Canada, les cartographes tirent ainsi parti à la fois des traditions existantes et des informations les plus récentes.

On a également grâce à ces cartes une image des relations entre les Européens et les peuples rencontrés dans les parties les plus reculées du monde, notamment lors de la conquête de l'empire inca par les conquistadors. Dans la *Cosmographie universelle* de Guillaume Le Testu[10] (ill. 94d), un Européen – peut-être Francisco Pizarro – s'apprête à décapiter un guerrier à demi nu, à ce qu'on peut supposer d'après la victime sans tête qui gît à proximité ; des compagnons du guerrier s'enfuient, d'autres défilent devant un personnage casqué qui brandit une épée. La ville la plus importante, « Pachacalmy », y est donnée pour « plus grande que Paris – Pachacamac était le site d'un temple pré-inca qui subsista comme lieu de rituels et de sacrifices jusqu'à la conquête espagnole.

LA REPRÉSENTATION DU BRÉSIL : LE CANNIBALISME

Les cartographes installés en Normandie s'attachaient à représenter la région connue depuis peu sous le nom de Brésil : leurs cartes et atlas montrent souvent les relations entre les commerçants européens (sans doute normands) et la population indigène des Tupinamba. Les représentations les plus remarquables évoquent de paisibles échanges commerciaux entre Européens – des marins normands, sans doute – et Brésiliens. On voit des Tupinamba abattre des arbres avec des hachettes en métal et en ôter l'écorce à l'aide de sortes de coutelas. Les indigènes troquent le bois contre des objets qui ressemblent à des miroirs ou à des hachettes, ce qui laisse imaginer qu'ils tiennent leurs objets métalliques des commerçants. Ils transportent le bois jusqu'à la côte et aident les marchands à les charger à bord. Cette iconographie reflète l'expérience des commerçants normands et portugais qui partaient chercher au Brésil du bois de teinture.

Pour le Brésil, les représentations ethnographiques les plus détaillées (ill. 97) sont celles d'un Dieppois d'origine écossaise, John Rotz, capitaine et fabricant de cartes marines, qui, en 1539, s'était rendu en Guinée et au Brésil. Dans son atlas, beaucoup d'éléments relatifs à cette dernière contrée semblent dessinés d'après nature, ou au moins d'après des croquis pris sur le vif de Tupinamba occupés à toutes sortes d'activités. En bas de la carte se succèdent des scènes de bataille entre groupes indiens et de danses cérémonielles ainsi qu'une vignette montrant un homme attaché à des pieux, sur le point d'être frappé à coups de gourdin. Au centre de la carte, une palissade entoure des hamacs au-dessous desquels sont allumés des feux. Rotz inclut aussi quelques images d'une pratique peu plaisante : le cannibalisme. Au centre du bord droit de la carte, un personnage assis fait cuire une jambe humaine au barbecue et, à droite de la palissade, on aperçoit un corps démembré.

Il est vrai que les images, imprimées ou manuscrites, de cannibales cuisinant leurs victimes étaient très diffusées depuis le début du XVIe siècle : le cannibalisme sud-américain était même le sujet ethnographique le plus apprécié pour illustrer une carte. Sur l'*Atlas Miller* de 1519, un cartouche qui qualifie les Brésiliens de « sauvages et très brutaux » nous apprend qu'ils « se nourrissent de chair humaine ». Dans le coin nord-est, un petit feu semble indiquer la préparation d'un repas anthropophagique (ill. 95a). Une iconographie plus explicite apparaît dans la *Cosmographie* du cartographe normand Guillaume Le Testu (1555-1556), réalisée pour l'amiral Gaspard de Coligny, l'un des chefs de l'expédition visant à établir une colonie française au Brésil dans les années 1550. Sur l'atlas, cette partie du monde est dénommée

---

93 a, b, c
Peuples monstrueux en Europe septentrionale
Sancho Gutiérrez, *Carte du monde* (détails)
[Séville], 1551

Faite pour l'empereur Charles Quint, cette superbe copie du *padrón real* espagnol offre, sur la faune, la flore et les habitants du monde, une profusion d'images et d'informations géographiques empruntées pour une part aux mappemondes médiévales. Ainsi apparaissent, sur les marges de l'Europe du Nord, des peuples monstrueux, hommes à tête de chien ou dotés d'un seul pied gigantesque.

Vienne, Österreichische Nationalbibliothek, Kartensammlung, K I 99. 416. Manuscrit enluminé sur parchemin, 4 feuilles assemblées de 108 x 336 cm
Voir carte entière p. 162-163

94 a, b, c, d
Guillaume Le Testu,
Cosmographie universelle (détails)
Le Havre, 1556

La *Cosmographie universelle*, dédiée à l'amiral de Coligny, est l'œuvre d'un pilote royal du Havre qui participa à plusieurs expéditions maritimes, notamment celle de Villegagnon au Brésil en 1556. Il concilia le goût de l'aventure, même au péril de sa vie – il fut tué en 1572 au Mexique dans l'attaque d'un convoi d'or espagnol –, et celui des spéculations cosmographiques, dont témoignent les œuvres conservées.

94 a Créature aux longues oreilles [f. 36 v°]
94 b Géants de Patagonie [f. 40 v°]
94 c Cannibales du Brésil [f. 44 v°]
94 d Bataille de Databalipa au Pérou [f. 50 v°]

Vincennes, Service historique de la Défense, Bibliothèque, D.1.Z. 14. Manuscrit enluminé sur papier (118 p. dont 57 pl.), 53 x 36 cm

95 a et b
Indiens d'Amérique
Atlas Miller (détails)
[Portugal], 1519

Les cartes du Nouveau Monde issues de l'*Atlas Miller* proposent une riche iconographie sur la faune, la flore et les autochtones de cette région du monde inconnue encore il y a peu. Dans la feuille du Brésil, quelques Indiens presque nus s'affairent à la collecte du bois de brésil, tandis que d'autres, parés de plumes multicolores, semblent entreprendre quelque chasse ou combat. Un cartouche nous apprend que, « sauvages et très brutaux », les Brésiliens se nourrissent de chair humaine.

BNF, Cartes et Plans, GE-DD 683 (RES), f. 5 (Brésil) ; Ge AA 640 (Antilles). Manuscrit enluminé sur vélin, 41,5 x 59 cm et 61 x 118 cm

«Partie des Caniballes», et une illustration montre en effet un cannibale découpant sa victime sur une table (ill. 196 c). Le texte nous apprend que ceux qui vivent près de l'équateur «sont nus, mengeans chair humaine et sont fort mauvais». D'autres scènes de violence figurent, sur cet atlas, dans les régions inconnues de l'hémisphère sud. En «Terre Australe», on voit se battre deux guerriers.

Ces quelques exemples montrent bien que, dans la tradition des portulans, les cartes normandes, portugaises et espagnoles projettent toute une série d'éclairages sur les mœurs et l'apparence des peuples lointains ainsi que sur leurs relations avec les explorateurs européens. Beaucoup rendent compte d'observations récentes, de première main, qui n'ont pu se substituer entièrement aux traditions et sources antérieures, avec lesquelles elles coexistèrent jusqu'au XVIIe siècle.

Surekha Davies
Texte traduit de l'anglais par Laurent Bury

1. PLINE l'Ancien, *Histoire naturelle*, livre VII-2 (trad. Ajasson de Grandsagne).

2. Asa Simon MITTMAN, *Maps and Monsters in Medieval England*, New York / Londres, Routledge, 2006, p. 34-42.

3. Ramon J. PUJADES I BATALLER, *La Carta de Gabriel de Vallseca de 1439*, Barcelone, Lumenartis / Biblioteca de Catalunya, 2009, p. 346.

4. Pour ces observations sur les rois dans l'œuvre de Cresques Abraham, voir Ramon J. PUJADES I BATALLER, *op. cit.*, p. 346.

5. Francesc RELAÑO, *The Shaping of Africa: Cosmographic Discourse and Cartographic Science in Late Medieval and Early Modern Europe+*, chapitre III.

6. Vienne, Österreichische Nationalbibliothek, Kartensammlung, K I 99.416.

7. Pour une étude iconographique, voir Sarah TOULOUSE, «Trade, Empires and Propaganda: French Depictions of Brazilians on Sixteenth-Century Maps», *The Historical Journal*, à paraître en 2012. Pour une vision globale de la tradition cartographique normande, voir Sarah TOULOUSE, «Marine Cartography and Navigation in Renaissance France», dans David WOODWARD (éd.), *Cartography in the European Renaissance*, série «The history of cartography» (vol. 3), Chicago / Londres, University of Chicago Press, 2007, t. II, p. 1550-1568.

8. Jean ROTZ, *Atlantique nord, boke of idrography*, 1542, Bonsecours, Point de vues, 2010, p. 67 [fac-similé].

9. *Ibid.*, p. 68.

10. CV-ADG, D.2.z.14, f. 50 v°. Vienne, Österreichische Nationalbibliothek, Kartensammlung, K I 99.416, f. 44 v°.

96
Pierre Desceliers, *Planisphère nautique*
Arques, 1546

Aux armes du dauphin et du roi de France, cette grande mappemonde dite «carte de Rylands» est la plus ancienne signée par Pierre Desceliers, prêtre et hydrographe à Arques, près de Dieppe. Elle offre une gamme étendue de créatures fabuleuses: Centaures, Blemmyes, hommes à tête de chien, etc. cohabitant avec des personnages historiques bien réels.

Manchester, John Rylands University Library, French MS 1*. Manuscrit enluminé sur parchemin, 4 feuilles assemblées, 128 × 254 cm

96.

97
Jean Roze, *Boke of idrography*
1542

Le capitaine dieppois d'origine écossaise Jean Roze, alias John Rotz, fut de 1542 à 1546 au service du roi d'Angleterre Henri VIII, à qui il dédia son *Boke of idrography*, composé d'une mappemonde et de onze cartes régionales. Associé aux activités commerciales de son père, il fit très jeune l'expérience de lointaines navigations (Guinée, Brésil). Nombre des scènes illustrant les cartes semblent dessinées d'après des croquis pris sur le vif.

97 a
Scènes de la vie des Indiens tupinamba du Brésil [f. 27 v°-28]

97 b
Maison sur pilotis et procession dans les Indes orientales [f. 9 v°-10]

Londres, British Library, Royal MS 20 E IX.
Manuscrit enluminé sur parchemin,
16 feuilles, 59,5 x 77 cm

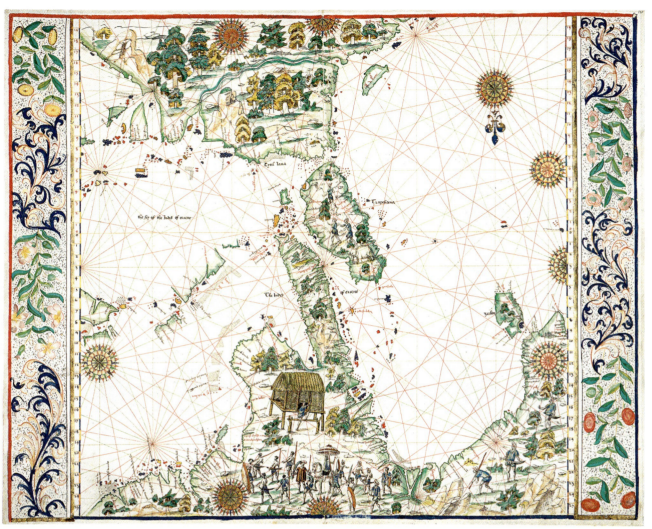

97 b.

98

Pierre Desceliers,
Planisphère nautique
Arques, 1550

Dédié à un roi (Henri II), un connétable (Montmorency) et un amiral de France (Annebaut), ce planisphère de Pierre Desceliers est de peu postérieur à la « carte de Rylands ». D'une richesse iconographique exceptionnelle, il présente de nombreux êtres plus ou moins fabuleux, tels, en Afrique, des hommes sans tête ou aux bras multiples.

Londres, British Library, Add. MS 24065.
Manuscrit enluminé sur parchemin,
4 feuilles assemblées, 135 x 215 cm

99
Planisphère nautique dit *Carte harléienne*
[Dieppe, 1542-1547]

Aux armes du dauphin et du roi de France, cette mappemonde, qui tire son nom de son premier possesseur connu, Edward Harley, comte d'Oxford, serait le plus ancien des grands planisphères nautiques normands. Elle traduit les résultats des expéditions de Jacques Cartier en Amérique du Nord et la découverte, en 1535, du fleuve Saguenay, au bout duquel devait se trouver, d'après les récits des Amérindiens, un royaume où l'or et le cuivre abondaient.

Londres, British Library, MS Add. 5413.
Manuscrit enluminé sur parchemin,
6 feuilles assemblées, 118 x 246 cm

DES HYDROGRAPHES AU BORD DE LA TAMISE
XVIᵉ ET XVIIᵉ SIÈCLES

Sarah Tyacke

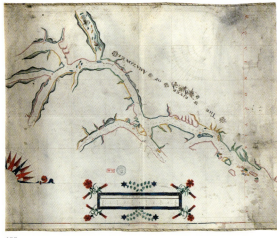

100.

100
[Nicholas Comberford], *Carte du fleuve Amazone jusqu'au confluent du Tapajos*
Vers 1626

C'est à Nicholas Comberford qu'est attribuée cette carte dotée d'une échelle de latitudes et d'une échelle graphique des distances, mais aussi d'un carroyage. Elle mêle éléments scientifiques – hauteurs d'eau ou relief des rives – et allégoriques, comme ces Amazones nageant dans l'un des bras du fleuve.

Paris, BNF, Cartes et Plans, GE SH 18 PF 166 DIV 1 P4.
Manuscrit enluminé sur parchemin, 67 x 53,5 cm

Les débuts de l'hydrographie [1] en Angleterre remontent au milieu du XVIᵉ siècle. En retard sur les Italiens, les Portugais, les Espagnols et les Français, les Anglais étaient poussés par la nécessité d'explorer les mers, à des fins commerciales, guerrières ou colonisatrices, au-delà de leurs eaux territoriales. Les cartes marines étaient produites presque exclusivement à Londres, sur les bords de la Tamise, d'abord dans le prolongement de la tradition cartographique venue de l'Europe continentale, puis du savoir-faire hollandais. Les artisans travaillaient pour les capitaines de navires, en particulier ceux de la Compagnie des Indes orientales, et pour les aristocrates et les marchands qui finançaient les voyages d'exploration et de commerce. La production débuta vers 1560 avec William Borough (1537-1598) et continua jusque vers 1740 avec John Friend (actif de 1703 à 1719) et son fils Robert Friend (actif de 1719 à 1742), les derniers hydrographes membres de la Société des drapiers.

Dessinées entre 1568 et 1587, les cartes de William Borough couvrent les eaux territoriales aussi bien que l'Atlantique, les côtes d'Amérique du Nord, celles d'Espagne, la mer du Nord, la Baltique, le littoral de Norvège et du Nord de la Russie. Borough, devenu le principal pilote de la Compagnie de Moscovie, partit en 1553 avec Richard Chancellor à la recherche du passage du nord-est vers l'Orient. Il finit par atteindre la Nouvelle-Zemble et, peut-être, le fleuve Ob, en Russie : il rendit compte de ces voyages dans une carte manuscrite probablement dessinée en 1568 (ill. 102). C'est aussi Borough qui fournit à Anthony Jenkinson des renseignements sur la côte allant du cap Nord, en Norvège, jusqu'à l'Ob, pour la carte que publia en 1570 Abraham Ortelius dans son *Theatrum orbis terrarum*.

Bien que le nombre de cartes marines anglaises restât faible – il s'agissait plus d'un moyen d'enregistrer des données géographiques que d'un outil de navigation à utiliser en mer –, elles en vinrent, dans les années 1590, à refléter une expérience océanique anglaise en pleine expansion, notamment dans les épisodes de la guerre qui opposa l'Angleterre à l'Espagne de manière discontinue entre 1585 et 1604. Elles montrent les côtes américaines, depuis la pointe de la Floride jusqu'à la baie de Chesapeake, l'Atlantique sud et le Pacifique, en relation avec les circumnavigations de Francis Drake (1577-1580) et de Thomas Cavendish (1591-1592). Elles reflètent l'intérêt intense que suscitaient chez les corsaires les Caraïbes et la partie septentrionale de l'Amérique du Sud, le trafic d'esclaves en provenance d'Afrique occidentale et les explorations, notamment en Guyane à partir des années 1590. La dernière expédition contre la flotte du trésor espagnole [2] que lança Francis Drake en tant que corsaire (1595-1596) est relatée dans le journal illustré de son voyage (ill. 101). Ce ne fut pas un succès et Drake périt en mer, de dysenterie. L'artiste anglais anonyme a représenté les principales terres ainsi que des vues côtières, avec des notes sur l'hydrographie et les abords des ports. Au folio 13, il relate la mort de Drake : « Ce matin, ayant achevé la description de cette terre, le 28 de janvier 1595 [1596, en réalité], étant un mercredi, Sir Francis Drake est mort de flux sanguin, à droite de l'île de Buena Ventura, à environ six lieues en mer, il repose à présent avec le Seigneur. »

En 1600, l'hydrographie anglaise incluait les mers entourant le cap de Bonne-Espérance, l'océan Indien et l'Extrême-Orient. C'est en 1598 que Martin Llewellyn (mort en 1634), plus tard intendant de l'hôpital Saint-Barthélemy, à Londres, réalisa la première copie anglaise connue d'un atlas maritime portugais indiquant la route des Indes orientales, avec des ajouts sans doute dus au premier voyage qu'y avait fait Cornelius de Houtman (1595-1597). Cet intérêt pour la « navigation orientale » se maintint au cours du XVIIᵉ siècle, quand Gabriel Tatton (actif à partir de 1600, mort en 1621), produisit en 1620-1621 une série de dix-sept cartes représentant un voyage vers les côtes de Malaisie, de Chine et des îles des Indes orientales.

À cette époque, quelques praticiens s'établirent comme hydrographes professionnels et se mirent à fournir sur commande aux marins des cartes élaborées à partir de relevés originaux, mais il s'agissait plus souvent de copies des cartes qu'ils possédaient dans leurs locaux des bords de la Tamise ; on peut citer Thomas Hood (1556-1620), mathématicien et physicien à l'université de Cambridge, qui enseignait également les mathématiques au Gresham College. Les cartes étaient dessinées en projection plane, à l'encre colorée sur vélin, avec un réseau de lignes de rhumbs entrecroisées et de roses des vents, dans le style des portulans, mais elles incluaient aussi une échelle de latitude. Connues alors sous le nom de *Plane* (ou *Plaine*) *charts*, elles étaient souvent montées sur des panneaux de chêne articulés pour être plus facilement consultées ou rangées en mer. Jusqu'aux années 1740, trente-sept hydrographes sont répertoriés comme maîtres ou apprentis dans les archives de la Société des drapiers de Londres ; et c'est par une relation de maître à apprenti que le contenu et le style des cartes de John Daniel (actif à partir de 1612, mort en 1642) furent transmis, par le biais de son apprenti Nicholas Comberford (actif de 1626 à 1670), à des praticiens prolifiques comme William Hack (actif à partir de 1680, mort en 1708). Ce dernier copia les atlas maritimes du Pacifique et des Amériques pris aux Espagnols ainsi que des cartes isolées. Comberford est probablement l'auteur de cette carte de l'Amazone jusqu'au confluent du Tapajos (ill. 100), sans doute dessinée vers 1626 et retraçant l'exploration du capitaine Thomas King, qui, entre 1611 et 1618, remonta le fleuve sur trois cent cinquante milles depuis l'embouchure. On y voit les légendaires Amazones nager

dans le fleuve! Comberford et son contemporain John Burston (actif de 1638 à 1675) étaient les meilleurs hydrographes de leur temps et comptaient parmi leur clientèle des personnalités comme Samuel Pepys (1633-1703), lequel suspendait aux murs de son bureau les œuvres très décorées de John Burston.

À la fin du XVIIe siècle, à mesure que le commerce et le fret se développaient, la demande et la production de cartes augmentèrent; il s'agissait souvent de cartes de pilotage des littoraux présentant un intérêt commercial particulier pour les Anglais, dans l'océan Indien, les Caraïbes et l'Amérique du Nord. De la deuxième moitié du XVIIe siècle ont survécu au moins quatre cents cartes différentes (sans compter l'énorme production de Hack) et l'on connaît huit hydrographes dont ce métier était le gagne-pain.

À la même époque, on commença à publier des cartes et atlas maritimes imprimés réalisés d'après ces cartes manuscrites, et souvent copiés sur les Hollandais: on peut citer l'*Arcano del Mare* de Robert Dudley (Florence, 1648) et l'*English Pilot* (Londres, après 1671), imprimés par le fabricant de boussoles et hydrographe du roi Charles II, John Seller (1632-1697). Cette entreprise connut son apogée en 1703 avec les cartes pour la «navigation orientale» de John Thornton (1641-1708), que ses contemporains considéraient comme l'hydrographe de la Compagnie des Indes orientales. On se procurait alors les cartes hollandaises de Joan Blaeu et de ses successeurs pour en faire des copies manuscrites ou pour servir de base à des compilations destinées aux atlas anglais imprimés. John Seller, par exemple, réalisa une carte de la côte occidentale de l'Inde, du golfe Persique jusqu'à Malabar (ill. 103) et copia également des cartes hollandaises du cap de Bonne-Espérance ou d'ailleurs pour l'*English Pilot*. La représentation des côtes avec l'Est en haut de la carte afin de faciliter le pilotage le long d'un littoral est une caractéristique des cartes marines anglaises conforme à la pratique des Hollandais. Des cartes similaires, modernisées, furent publiées par ses successeurs dans les années 1740. Les cartes marines de Thornton pour l'*English Pilot* étaient souvent de pures copies de cartes hollandaises, avec quelques améliorations: sa carte à grande échelle, en 1699, du détroit de la Sonde (ill. 104), un passage d'une importance cruciale entre Java et Sumatra, est le décalque d'une carte de Jan Hendricksz. Tim, réalisée à Batavia en 1662 et copiée à Amsterdam par les Blaeu et leurs successeurs jusqu'en 1738.

Même après la publication d'atlas imprimés, le nombre de cartes manuscrites, pour la «navigation orientale» en particulier, semble avoir considérablement augmenté, parallèlement à l'activité hollandaise, anglaise et française dans ces eaux, et ce jusqu'en 1753 au moins, date à laquelle fut publiée la sixième partie du *Zee-Fakkel* de Van Keulen, celle qui traite de la navigation orientale. En 1758, William Herbert traduisit en anglais le *Neptune oriental* de l'hydrographe français d'Après de Mannevillette sous le titre *A New Directory for the East Indies*, après quoi toutes les cartes marines importantes furent imprimées, et complétées le cas échéant par des plans manuscrits des embouchures, ports, etc.

Sarah Tyacke
Texte traduit de l'anglais par Laurent Bury

1. Science et technique qui ont pour objet principal l'établissement et la tenue à jour des cartes marines et de l'ensemble des documents nécessaires à la navigation.

2. Une fois par an, une flotte de navires armés traversait l'Atlantique pour rapporter en Espagne l'or, l'argent et les denrées précieuses des diverses colonies d'Amérique.

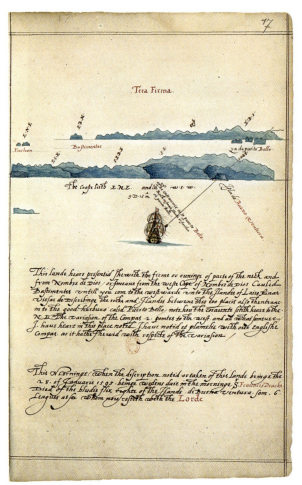

101.

101

Journal illustré du voyage de Francis Drake aux Indes occidentales
1595-1596

Ce manuscrit anonyme relate le voyage entrepris par Francis Drake en Amérique centrale pour harceler les Espagnols. Le journal est illustré de vues de côtes permettant de noter le relèvement des alignements et des points remarquables pris depuis le bateau, ainsi que de plans sommaires dressés à partir de ces mesures. La mort de Drake, le 28 janvier 1595, au large de Panama, y est notée.

Paris, BNF, Manuscrits, anglais 51, f. 17.
Manuscrit aquarellé sur papier, 32,5 × 20 cm

LE GRAND LARGE

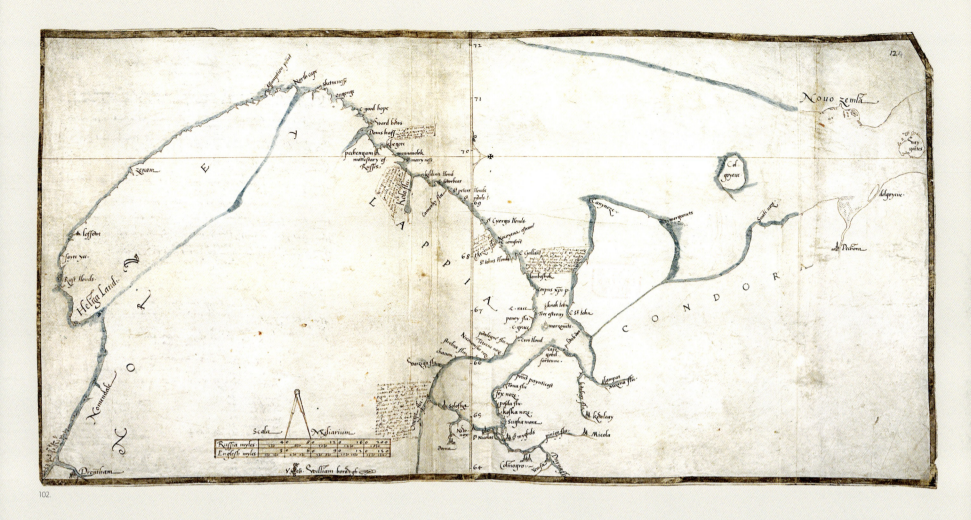

102

William Borough,
Carte de la Norvège à la Nouvelle-Zemble
Vers 1568

Ce manuscrit sur vélin est l'œuvre de William Borough, considéré comme le fondateur de la cartographie nautique anglaise. Cette carte porte les résultats du voyage que fit l'auteur avec Richard Chancellor pour la Compagnie de la Moscovie afin de trouver le passage du nord-est et contourner la Russie par le nord. Les voyageurs furent arrêtés par les glaces.

Londres, British Library, Royal MS 18.D.iii, f. 124.
Manuscrit sur vélin, 31 x 48 cm

103

103
Une partie de la côte indienne
au sud de Bombay
John Seller, *Carte de la côte occidentale
de l'Inde, du Gujarat au Malabar*
(détail)
1684

Il s'agit ici d'une partie d'une grande carte
sur parchemin de plus de trois mètres de long.
On y voit Bombay et la côte qui s'étend au sud
de la ville. Des drapeaux indiquent les comptoirs
installés sur la côte par les Européens (ici anglais
et portugais). La carte est orientée, comme
les cartes hollandaises dont elle s'inspire,
de manière à ce que toute la côte se présente
face au pilote, comme lorsqu'il aborde la terre.

Paris, BNF, Cartes et Plans, GE SH 18 PF 206 DIV 2 P 1.
Manuscrit enluminé sur parchemin, 58,8 × 368 cm
(rouleau)

104
John Thornton,
Carte du détroit de la Sonde
1699

L'utilisation de cartes hollandaises par Thornton
se manifeste particulièrement ici où il copie,
avec sa toponymie, une carte réalisée à Batavia
par la compagnie hollandaise des Indes
(voir ill. 139). L'importance du détroit de la Sonde,
entre Sumatra et Java, et son usage régulier
par les Hollandais (pour les produits venant
des Moluques) sont attestés par les chiffres
de profondeurs placés en nombre dans le détroit
lui-même.

Paris, BNF, Cartes et Plans, GE SH 18E PF 194 DIV 2 P 4
(RES). Manuscrit enluminé sur parchemin,
68,5 × 80,5 cm

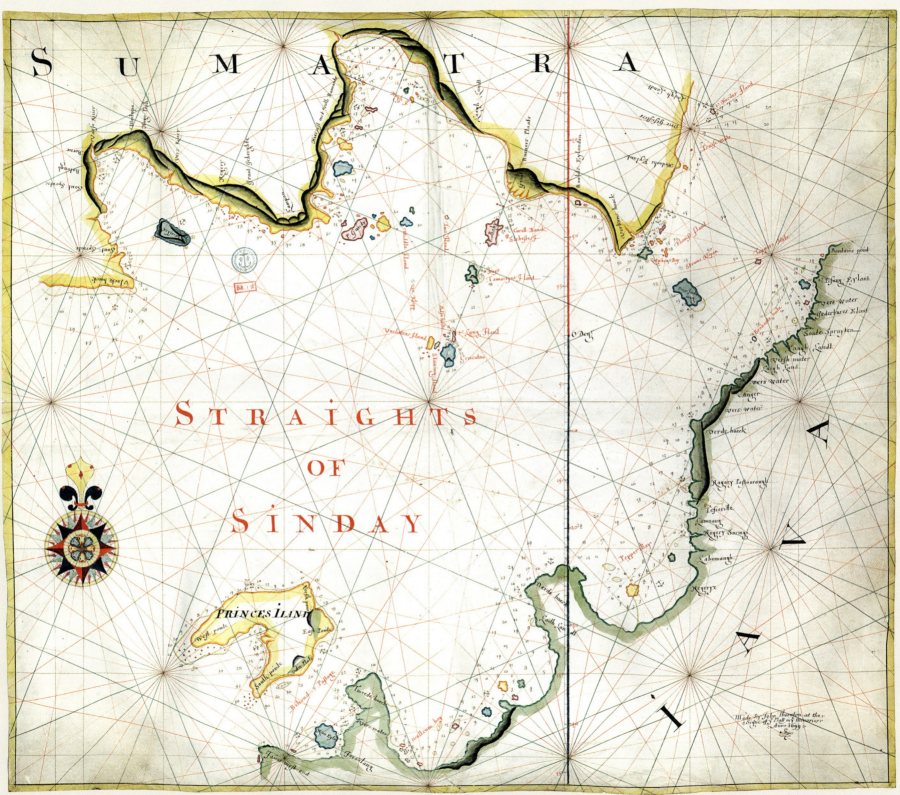

105
Atlas Miller, œuvre de Lopo Homem,
[Pedro et Jorge Reinel, António de Holanda]
[Portugal], 1519

L'*Atlas Miller* est un ensemble, autrefois relié en un volume, de six cartes marines portugaises enluminées recto verso. La Bibliothèque nationale a fait l'acquisition de cinq d'entre elles en 1897 auprès de la veuve du collectionneur Emmanuel Miller, la sixième étant acquise seulement en 1975. Celle-ci représente, sous la forme d'une mappemonde circulaire, l'hémisphère correspondant à la zone d'influence portugaise. Au verso, un cartouche porte la signature du cartographe Lopo Homem (nommé « maître des cartes » en 1517), la date du document, 1519, et la mention d'une commande destinée au roi du Portugal Manuel Ier. Au-dessous du cartouche ont été ajoutées après 1559 les armes de Catherine de Médicis. L'ensemble des cartes se trouvait encore dans la bibliothèque de la reine de France à la fin du XVIe siècle, puis elles furent dispersées et celles qui représentaient l'Afrique sont aujourd'hui perdues.

Chef-d'œuvre de la cartographie portugaise du début du XVIe siècle, l'*Atlas Miller*, qui représente le monde connu des Européens juste avant l'expédition de Magellan (1519-1522), résulte du travail de plusieurs artistes. Les spécialistes reconnaissent en effet la main de Pedro et Jorge Reinel pour les cartes, et celle de l'enlumineur António de Holanda, natif des Pays-Bas, venu au Portugal à partir de 1510 et allié par mariage à la famille Homem. Il est possible que d'autres artistes encore aient participé à la réalisation du décor.

L'atlas s'appuie sur une documentation très à jour concernant les dernières conquêtes portugaises en Asie et les découvertes espagnoles en Amérique du Sud : si l'on dénombre les pavillons aux couleurs des puissances européennes, l'influence portugaise semble prédominante. L'océan Indien est dessiné à partir des informations recueillies après les expéditions de Vasco de Gama en Inde (1498) et les actions militaires d'Afonso de Albuquerque, qui établit les fondations de l'empire portugais d'Orient, de la mer Rouge au détroit de Malacca, en Asie du Sud-Est. La carte du Brésil rend compte des explorations entreprises par Pedro Álvares Cabral en 1500. Sur la carte de l'Atlantique, les archipels de la mer des Caraïbes sont déjà très bien situés ; la Floride espagnole (découverte en 1513) et Terre-Neuve, reconnue par Jean Cabot dès 1497, sont représentées sous la forme de tableaux paysagers, peuplés d'ours et de cervidés dans des forêts et des montagnes sauvages.

Conformes à la tradition des cartes portulans pour leur construction, les cartes sont aussi tributaires de la cartographie savante inspirée de Ptolémée. En effet, on y trouve la mention des « climats » (divisions en latitude), notamment sur la carte de l'Atlantique, où les lignes des vents sont absentes. Quant aux cartes de la mer de Chine et de l'Indonésie, pour lesquelles les reconnaissances des navigateurs européens étaient encore insuffisantes, elles reflètent les formes et la toponymie de Ptolémée. L'iconographie, abondante et très variée, s'appuie tantôt sur le souci du détail réaliste (la faune et la flore, les peuples du Nouveau Monde, les navires, la forme de certaines villes comme Aden), tantôt au contraire sur l'imagination de l'artiste.

E. V.

BNF, Cartes et Plans, GE-D 26179 (RES), f.1 ;
GE-DD 683 (RES), f. 2-5 ; GE- DD 640 (RES), f. 6.
Manuscrit enluminé sur vélin, 41,5 x 59 cm,
41,5 x 59 cm et 61 x 118 cm.

Voir carte entière p. 182 (f)

105 a.

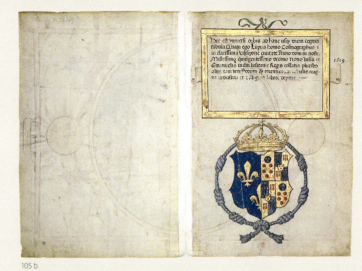

105 b.

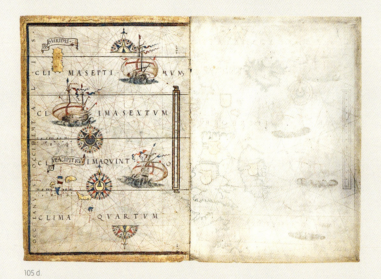

105 c.

105 d.

105 e.

105 f.

ATLAS MILLER

105 g.

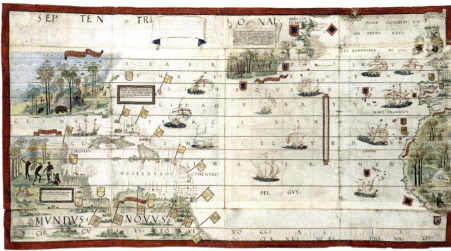

105 j.

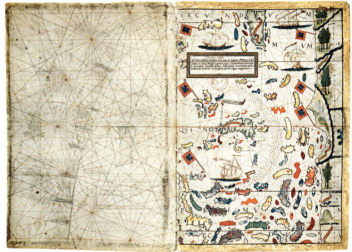

105 h.

105 k.

105 i.

105 a et b
Mappemonde circulaire représentant l'hémisphère portugais
Au verso, la page de titre et les armes de Catherine de Médicis.

105 c et d
Europe du Nord
Au verso, les Açores.
Voir détail p. 184-185

105 e et f
Océan Indien, Arabie et Inde
Au verso, Madagascar et l'Insulinde.
Voir détail p. 186-187

105 g et h
Le *Magnus Sinus* de Ptolémée (mer de Chine orientale ou mer Jaune)
Au verso, les Moluques.
Voir détail p. 192-193

105 i
Le Brésil
Verso blanc.
Voir détail p. 190-191

105 j et k
L'Atlantique et le Nouveau Monde (Floride)
Au verso, la Méditerranée et l'Ancien Monde
Voir détail p. 188-189

L'OCÉAN INDIEN

LA CIRCULATION DES SAVOIRS

Emmanuelle Vagnon

Ce n'est pas dans un « Nouveau Monde », mais dans un espace de très ancienne civilisation que firent irruption les navigateurs portugais, de manière parfois brutale, lorsqu'ils franchirent le cap de Bonne-Espérance (Bartolomeu Dias, 1488), puis longèrent la côte orientale de l'Afrique et gagnèrent Calicut, dans le Sud de l'Inde (Vasco de Gama, 1498). De 1503 à 1515, l'amiral Afonso d'Albuquerque s'attaqua aux ports stratégiques de l'empire maritime musulman, Aden sur la mer Rouge et Ormuz à l'entrée du golfe Persique, et posa les jalons de la présence européenne jusqu'à Malacca et aux îles aux épices de l'Extrême-Orient. Les Portugais intervenaient alors dans un espace économique actif, aux réseaux très étendus, un espace multiculturel où s'échangeaient depuis des siècles les épices, l'ivoire et les textiles. Les navires arabes et persans, maîtrisant les vents saisonniers de la mousson, y croisaient les marchands du Gujerat et de l'Inde du Sud et fréquentaient les cités de la côte africaine, cependant qu'au-delà de l'Inde, les influences islamiques rencontraient la civilisation chinoise et les navires de commerce malais ou javanais.

Cette activité économique déjà mondialisée était connue, de réputation, dans l'Occident médiéval, avide des trésors de l'Orient. Et c'est précisément parce que l'un de ces circuits commerciaux aboutissait en Méditerranée, en passant par la mer Rouge et les villes d'Égypte, que les marchands occidentaux cherchèrent à y pénétrer par de nouvelles routes. Un projet de blocus de la mer Rouge par une flotte chrétienne, afin d'affaiblir le sultan du Caire, était déjà envisagé au début du XIVe siècle par certains théoriciens des croisades, si bien que les expéditions maritimes portugaises, nouvelles par leur trajet contournant l'Afrique (et par la cartographie qu'elles suscitèrent), s'inscrivaient en même temps dans la continuité économique et idéologique de la géographie médiévale. « Nous sommes venus chercher des chrétiens et des épices », répondit Vasco de Gama aux marchands de Calicut.

C'est pourquoi la route maritime africaine vers l'océan Indien fut balisée de repères, et soutenue par la lecture attentive des textes anciens comme des témoignages des voyageurs médiévaux et des sources arabes alors disponibles en Europe. La cartographie de l'océan Indien, au Moyen Âge et à la Renaissance, résulte de ces multiples sources. Elle voisine avec l'iconographie foisonnante des « merveilles de l'Orient », commune, pour une grande part, au monde chrétien et au monde musulman. À partir du XVIe siècle, l'activité des marins européens permet de compléter progressivement les cartes portulans, mais celles-ci sont encore largement tributaires des sources anciennes et de la géographie humaniste, qui s'illustre surtout dans la production imprimée. Les XVIIe et XVIIIe siècles sont l'âge d'or des Compagnies occidentales en Inde et en Asie du Sud-Est. La cartographie, qui accompagne l'exploitation commerciale de l'Orient, se fait plus précise et systématique. Mieux contrôlée et mieux diffusée, elle finit par s'imposer : l'héritage antique et médiéval, encore perceptible au XVIe siècle, finit par disparaître des cartes de l'océan Indien.

Al-Harîrî, *Maqâmât*
(détail)

Voir notice p. 205

LA CARTOGRAPHIE DE L'OCÉAN INDIEN AU MOYEN ÂGE
L'OCÉAN IMAGINÉ

Emmanuelle Vagnon

Les cartes portulans du XVIe siècle sont la plupart du temps associées aux découvertes d'espaces nouveaux du point de vue des Européens. En ce qui concerne l'océan Indien, carrefour de civilisations anciennes, elles furent précédées d'une longue tradition cartographique résultant des voyages antiques et des savoirs vernaculaires, mais aussi des informations qui circulaient le long des voies de commerce et d'échanges avec la Méditerranée. Ce sont ces échanges et ces transferts de savoir que nous nous proposons ici d'évoquer.

LE TRANSFERT DES SAVOIRS ANTIQUES DURANT LE HAUT MOYEN ÂGE

Une grande partie du savoir géographique médiéval sur l'océan Indien provient d'un héritage dont les racines, communes en partie au monde latin et au monde arabe, remontaient à l'Antiquité gréco-romaine. L'épopée d'Alexandre le Grand (au IVe siècle avant l'ère chrétienne) trouva un écho durable et profond dans la littérature et les descriptions géographiques en Orient comme en Occident. Ce savoir antique sur l'Orient fut intégré aux géographies latines classiques de Pomponius Mela et de Pline, associé aux périples plus récents vers les côtes de l'Inde, comme le *Périple de la mer Érythrée*, puis résumé, filtré par les compilateurs latins de l'Antiquité tardive : Macrobe, Martianus Capella, Solin, Orose, Isidore de Séville. D'autre part, la cartographie grecque avait culminé à Alexandrie au IIe siècle après Jésus-Christ dans l'œuvre de Ptolémée. Ses traités de mathématique et d'étude des astres, l'*Almageste* et la *Tétrabible*, avaient été complétés par une *Géographie* qui discutait des mesures de la sphère terrestre et fournissait les coordonnées en latitude et en longitude d'un grand nombre de localités de l'œkoumène, ainsi que la manière de les disposer sur une mappemonde et sur des cartes régionales. Au cours des premiers siècles de l'islam (VIIe et VIIIe siècles), des savants, pour la plupart syriaques, entreprirent de traduire et d'adapter en arabe les principaux éléments de ce précieux savoir. La géographie littéraire et scientifique, florissante au IXe siècle à Bagdad, à la cour des califes abbassides, s'inspirait en partie de Ptolémée, alors qu'en Occident à la même époque, l'œuvre n'était connue de réputation que par quelques rares érudits et le texte en était introuvable.

L'héritage antique se décline ainsi différemment en Occident et en Orient. Quand en Europe on s'interroge sur l'habitabilité de la zone équatoriale et le caractère navigable de l'océan Indien, en revanche, dans le monde islamique, sous la dynastie des Abbassides, cet océan est connu et fréquenté dans sa partie occidentale, au débouché de la mer Rouge et du golfe Persique, mais aussi vers la côte africaine et même jusqu'en Chine. Sur un grand nombre de mappemondes médiévales latines (ill. 109), la partie habitable de la sphère terrestre est resserrée autour de la mer Méditerranée, qui unit et sépare les rivages des trois régions de l'œkoumène : Europe, Asie, Afrique, entourés d'un océan circulaire d'où émanent des golfes aux limites incertaines. Le paradis terrestre est souvent situé sur une île aux extrémités orientales du monde. Au contraire, dans l'empire abbasside, certaines cartes des manuscrits d'Istakhri (ill. 110) ou d'Ibn Hawqal – tout aussi schématiques, malgré leur source ptoléméenne – situent le centre de l'œkoumène dans l'isthme étroit qui sépare la mer Méditerranée de l'océan Indien. L'Arabie, mais aussi Bagdad, sont placés symboliquement au centre de la carte, au cœur du monde musulman et de ses deux versants maritimes représentés en miroir. En quelques traits, en quelques formes géométriques (à côté de formes plus élaborées), les auteurs de ces schémas offrent un raccourci de leur conception des équilibres géographiques de leur civilisation.

Au-delà de ces différences, l'horizon oriental apparaît dans les deux cultures tout aussi incertain et baigné de merveilleux. Les aventures de Sindbad, un conte populaire intégré plus tard aux *Mille et Une Nuits*, raconte les péripéties nautiques d'un marin jusqu'aux confins de l'océan Indien. Dans son évocation d'errances maritimes et d'îles peuplées d'êtres fabuleux, on retrouve des légendes issues de l'histoire d'Alexandre, mais aussi des échos de l'*Odyssée* d'Homère. L'iconographie des manuscrits arabes traduit bien cette familiarité ambiguë avec la mer indienne, espace de navigation et de commerce que nous montrent les *Mâqamât* (ill. 106 et 112), mais aussi réservoir de légendes.

L'OCÉAN INDIEN, DU XIe AU XIVe SIÈCLE

Les choses changent durant la période des croisades, favorable aux transferts de connaissance entre Orient et Occident.

Au XIIe siècle, le savant musulman Al-Idrîsî (ill. 111) compose à la cour du roi normand Roger II de Sicile le *Kitâb nuzhat al-mushtâq* (Livre du divertissement), ou *Livre de Roger*, un vaste panorama géographique de l'ensemble de l'œkoumène, accompagné de cartes détaillées et fondé à la fois sur l'œuvre de Ptolémée, la tradition géographique de Bagdad et des informations nouvelles provenant de voyageurs et de marchand. C'est aussi à cette époque qu'apparaissent, en Occident, les premiers portulans et les premières cartes construites à partir des directions de la boussole. Au XIIe siècle, toujours, un texte empruntant des renseignements à des sources arabes, le *De viis maris*, décrit un itinéraire maritime qui va du Yorkshire jusqu'au Nord-Ouest de l'Inde. En Italie, vers 1320, le cartographe génois Pietro Vesconte associe des cartes portulans à une mappemonde (ill. 113) utilisant à la fois des modèles latins

---

107
Robinet Testard,
Le Combat des Pygmées contre les grues
[France], vers 1480

Cette enluminure est extraite du *Secret de l'histoire naturelle contenant les merveilles et les choses mémorables du monde*, une description des pays et régions du monde, classés par ordre alphabétique et illustrés chacun par une miniature pittoresque. Il contient de nombreuses anecdotes traduites pour la plupart de Pline et de Solin, comme celle du combat des Pygmées et des grues, iconographiquement très proche d'un détail de l'*Atlas catalan*. Robinet Testard exerça son art à Poitiers et à Cognac, à la cour de Charles d'Angoulême.

Paris, BNF, Manuscrits, français 22971, f. 47 v°.
Manuscrit enluminé sur parchemin, 30,5 × 21 cm

et arabes. Alors qu'une partie de « l'Inde » (terme général pour désigner l'Orient) continue d'être traditionnellement située en Afrique orientale, la mer Rouge et le golfe Persique sont désormais clairement distingués et s'ouvrent sur l'océan Indien allongé vers l'est. Les cartes, associées à un projet de croisade contre le sultan d'Égypte, servent, entre autres, à expliquer visuellement le parcours des épices entre la mer Méditerranée et l'Asie.

Depuis la fin du XIIIe siècle, les voyages dans l'empire mongol, et notamment l'itinéraire terrestre et maritime de Marco Polo vers la Chine, ont ramené en Italie et dans le reste de l'Europe des informations inédites, des localisations et des toponymes plus ou moins précis. Le *Livre des merveilles* (ill. 108), extraordinaire source de connaissances authentiques sur l'Orient lointain, ajoute aussi son lot d'anecdotes fabuleuses aux légendes occidentales liées à Alexandre et aux bestiaires de Solin. Le récit de Marco Polo et son iconographie sont ensuite utilisés dans un des plus beaux monuments de la cartographie médiévale, l'*Atlas catalan* (ill. 25), daté de 1375, qui provient d'un atelier d'artistes juifs de Majorque et témoigne de cette familiarité nouvelle avec l'Orient. Objet savant et luxueux, il appartient à la bibliothèque du roi de France Charles V en 1380 et il est le seul exemplaire conservé d'atlas portulan de cette époque à représenter la totalité de l'Asie. C'est un mélange savant entre les canons des mappemondes de l'époque et la cartographie nautique. L'artiste a représenté, à l'extrémité orientale, Alexandre et les peuples mythiques de Gog et Magog, une île peuplée de sirènes et, curieusement, l'antéchrist là où on plaçait d'habitude le paradis terrestre. Les quatre planches orientales comportent aussi une toponymie bien plus complète qu'auparavant, par exemple pour l'Inde, figurée pour la première fois sous sa forme triangulaire pointant vers le sud. Des personnages accompagnés de légendes – le sultan de Delhi, le grand khan et sa capitale, mais aussi une caravane de dromadaires, un pèlerin musulman à La Mecque, un pêcheur de perles dans le golfe Persique, des jonques chinoises – évoquent les puissances régionales et les principales richesses de l'Asie.

LA SYNTHÈSE DU XVe SIÈCLE

Quelques décennies plus tard, vers 1409, la *Géographie* de Ptolémée (ill. 115) est enfin traduite en latin à partir d'un manuscrit grec rapporté de Constantinople à Florence. L'engouement des humanistes européens pour l'ouvrage du savant alexandrin est extraordinaire. Ptolémée est aussitôt comparé à d'autres autorités antiques : Pomponius Mela (connu dès le XIVe siècle), puis Strabon (qui va être traduit du grec au milieu du XVe siècle par Guarino de Vérone). Mais les savants s'interrogent aussitôt sur une contradiction manifeste entre la tradition médiévale et les cartes qui accompagnent la *Géographie* :

Ptolémée est en effet le seul auteur à représenter l'océan Indien comme une mer, fermée au sud par une Terre Australe qui relie le Sud de l'Afrique à l'Asie. La plupart des auteurs du XVe siècle réfutent sur ce point Ptolémée, à commencer par les cardinaux Pierre d'Ailly et Guillaume Fillastre dès 1410. Mais l'autorité de l'Alexandrin est telle que la cartographie, pendant une bonne partie du XVe siècle, hésite entre plusieurs hypothèses et produit des représentations du monde variées et complexes, pour essayer de concilier des informations contradictoires. En même temps, tout renseignement nouveau sur l'Orient est accueilli avec enthousiasme : une délégation d'Éthiopiens arrive-t-elle à Florence ou à Rome ? Un voyageur de retour d'Inde, Nicolò de' Conti demande-t-il audience au pape ? Ils sont aussitôt entourés et écoutés par les savants du temps et leurs récits sont rapportés et commentés dans la correspondance ou les œuvres d'humanistes, Flavio Biondo ou encore Poggio Bracciolini. Vers 1450, Fra Mauro (ill. 116), un moine camaldule de Murano, près de Venise, parvient à réaliser une mappemonde immense, à la fois œuvre d'art et synthèse savante de tous les renseignements disponibles. Il utilise aussi bien les sources grecques et latines que Marco Polo, Nicolò de' Conti et les récits des Éthiopiens, ou encore le résultat des premières navigations portugaises le long de l'Afrique de l'Ouest et, quand il le peut, des sources arabes et asiatiques. Il justifie ses choix de représentation par de courts textes insérés dans la carte elle-même. Dans une légende célèbre, qui suit du reste une opinion déjà répandue chez la plupart des savants de l'époque, il réfute Ptolémée en citant Pline et affirme que l'on peut contourner par mer le Sud de l'Afrique. En revanche, pour la forme de l'Inde, il décide de suivre Ptolémée et représente une péninsule faiblement allongée vers le sud.

De fait, cet intérêt pour la cartographie de l'océan Indien n'est pas le propre de l'Europe et se manifeste, à la même époque, dans d'autres cultures, sous des formes variées. Dans la tradition arabo-persane, le modèle de mappemondes schématiques très stylisées est toujours apprécié au-delà du XVIe siècle. En Corée, les traditions cartographiques asiatiques, associées à des informations arabes et persanes sur l'océan Indien, sont condensées dans une imposante carte du monde, connue sous le nom de Kangnido. En Chine, un livre en plusieurs volumes imprimé au début du XVIIe siècle, le Wu Bei Zhi (ill. 117), contient dans ses pages des copies de croquis, simples mais efficaces, figurant des itinéraires maritimes dans l'océan Indien ; leur contenu peut être mis en rapport avec les célèbres navigations de Zheng He (ill. 118), qui datent du XVe siècle.

En Occident, en dehors de l'*Atlas catalan*, peu de cartes portulans représentent l'océan Indien avant le XVIe siècle. Même dans l'atlas dit « Médicis » (ill. 119), conservé à Florence, où certaines cartes marines peuvent être datées de la fin du XIVe siècle, l'image de l'Afrique pointant vers le sud et entourée par l'Océan est probablement due à des retouches tardives. Quelques belles cartes monumentales, réalisées vers 1450, rendent un hommage explicite à la cartographie nautique dans leur représentation de l'océan Indien : c'est le cas de la carte génoise en forme d'amande de Florence (ill. 120), ou encore de la grande mappemonde de style catalan, conservée à Modène, proche dans son iconographie de l'atlas de Charles V de 1375. Ces témoignages sont néanmoins clairsemés, à cette époque, à côté des très nombreuses copies de la *Géographie* de Ptolémée, bien timidement mise à jour par certaines modifications de la forme des cartes ou par l'ajout de « tables nouvelles ». La cartographie européenne de l'océan Indien, encore spéculative, attend une confirmation décisive des antiques hypothèses. Celle-ci vient en 1488, lorsque Bartolomeu Dias franchit le cap de Bonne-Espérance : l'événement est intégré à la mappemonde de la *Géographie* dès 1489 par Henricus Martellus (ill. 121) à Florence.

Par les hasards de la postérité, ce ne sont donc pas des cartes nautiques, sans doute perdues depuis, mais un planisphère ptoléméen modernisé qui symbolise le mieux l'exploit des navigateurs.

Emmanuelle Vagnon

108
Marco Polo, *Débarquement à Ormuz*
Dans *Le Devisement du monde ou Livre des merveilles*
France, vers 1410-1412

Destiné au duc de Bourgogne, ce manuscrit richement décoré de 265 peintures réunit l'essentiel des connaissances sur l'Orient au début du XVe siècle. Le récit du marchand vénitien Marco Polo (1254-1324) sur l'Asie est suivi de ceux d'Odéric de Pordenone, Jean de Mandeville, Hayton et d'autres auteurs du XIIIe et du XIVe siècle.

Paris, BNF, Manuscrits, français 2810, f. 190.
Manuscrit enluminé sur parchemin, 42 x 29,8 cm

L'OCÉAN INDIEN

108.

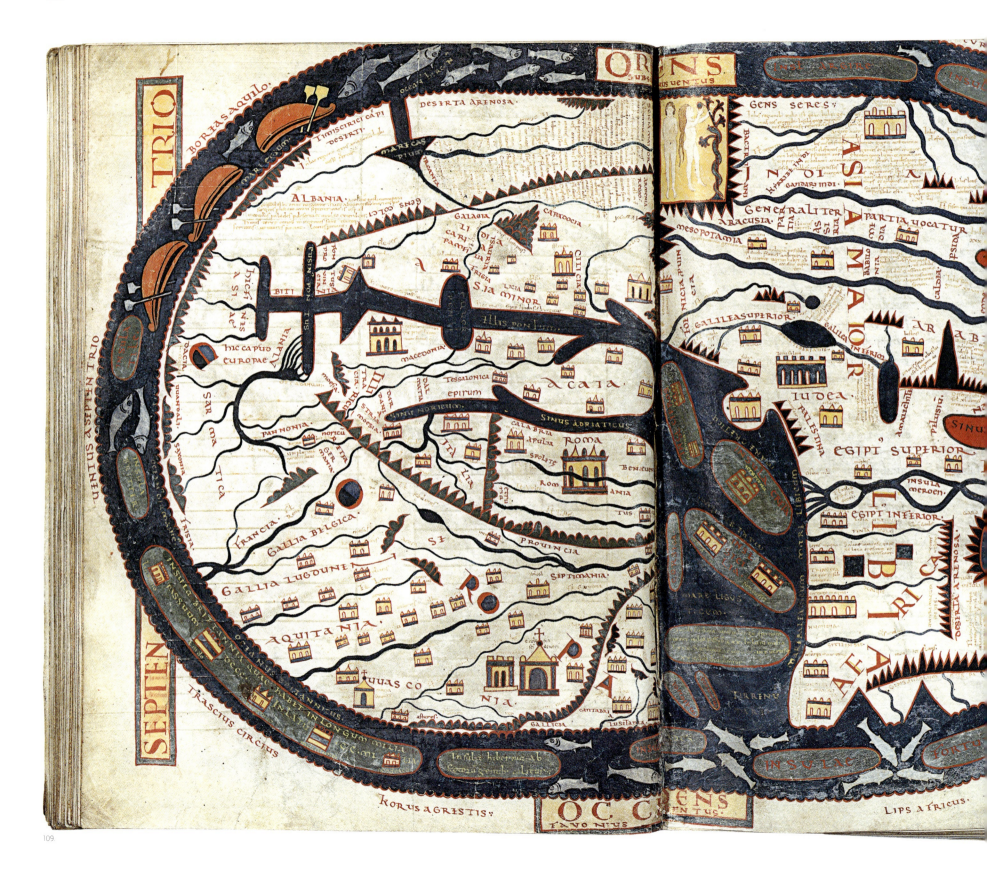

L'OCÉAN INDIEN

110.

109
Beatus de Liebana,
Commentaire sur l'Apocalypse
Vers 1060

Ce manuscrit daté du XIe siècle et provenant de l'abbaye de Saint-Sever, en Gascogne, reproduit l'œuvre de Beatus de Liebana, moine des Asturies (fin du VIIIe siècle). La mappemonde représente l'espace habité sous la forme d'un ovale dont la mer Méditerranée occupe la partie centrale. L'océan Indien, confondu avec la mer Rouge, occupe le sud de la carte.

Paris, BNF, Manuscrits, latin 8878, f. 45 v°-46.
Manuscrit enluminé sur parchemin, 36,7 x 28,6 cm

110
Al-Istakhrî, *Mappemonde*
[Iran, XIVe siècle]

L'ouvrage, une traduction persane du *Masâlik al-mamâlik* d'al-Istakhrî, écrit en arabe entre 930 et 933, traite de la géographie des sept climats de la terre. La forme de la mappemonde est issue de la tradition cartographique de Bagdad au IXe siècle : les terres et les mers sont représentées par des formes géométriques à l'intérieur d'un cercle, avec la péninsule arabique au centre.

Paris, BNF, Manuscrits, suppl. persan 355, f. 2 v°-3.
Manuscrit peint sur papier, 22 x 31 cm

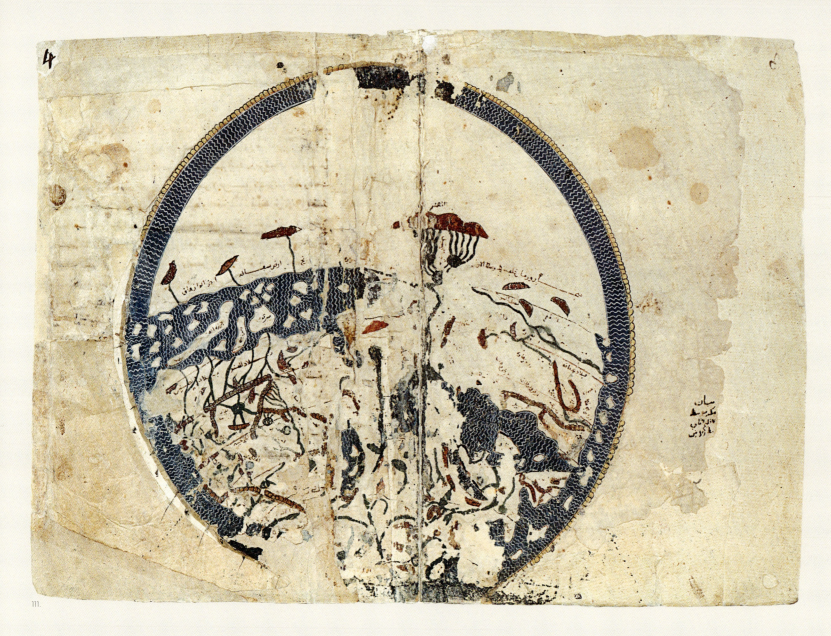

111.

111
Al-Idrîsî, *Nuzhat al-mushtâq fî ikhtirâq al-âfâq*
[Maghreb], copie vers 1300

Ce traité de géographie, un « Amusement pour qui désire parcourir les différentes parties du monde », fut composé au milieu du XIIe siècle pour le roi Roger II de Sicile. La mappemonde circulaire, orientée vers le sud, et inspirée de Ptolémée, a été très souvent imitée dans le monde arabe comme dans le monde latin. L'ouvrage comporte des cartes régionales très détaillées.

Paris, BNF, Manuscrits, arabe 2221.
Manuscrit peint sur papier, 26 × 21 cm

L'OCÉAN INDIEN

112.

112
Al-Harîrî, *Maqâmât*
ou *Livre des séances*
[Irak, xıᵉ siècle], copié vers 1237

Ce célèbre récit d'aventures de la littérature arabe a été richement illustré de scènes de la vie quotidienne par al-Wâsitî au xıııᵉ siècle. Ici, un bateau de marchands arabes vogue dans l'océan Indien.

Paris, BNF, Manuscrits, arabe 5847, f. 119 v°, 37 × 28 cm

113
Pietro Vesconte, *Mappemonde*
Venise, vers 1328-1329

Cette carte attribuée au cartographe génois Pietro Vesconte, orientée vers l'est, fut reproduite dans les manuscrits du traité de croisade du marchand vénitien Marino Sanudo et de la *Chronologia magna* de l'historien Paulin de Venise. Elle présente une grande ressemblance avec la mappemonde d'Idrîsî, notamment pour la représentation du Nil et les formes de l'océan Indien et de l'Afrique.

Paris, BNF, Manuscrits, latin 4939, f. 9.
Parchemin, 52,5 × 40,5 cm

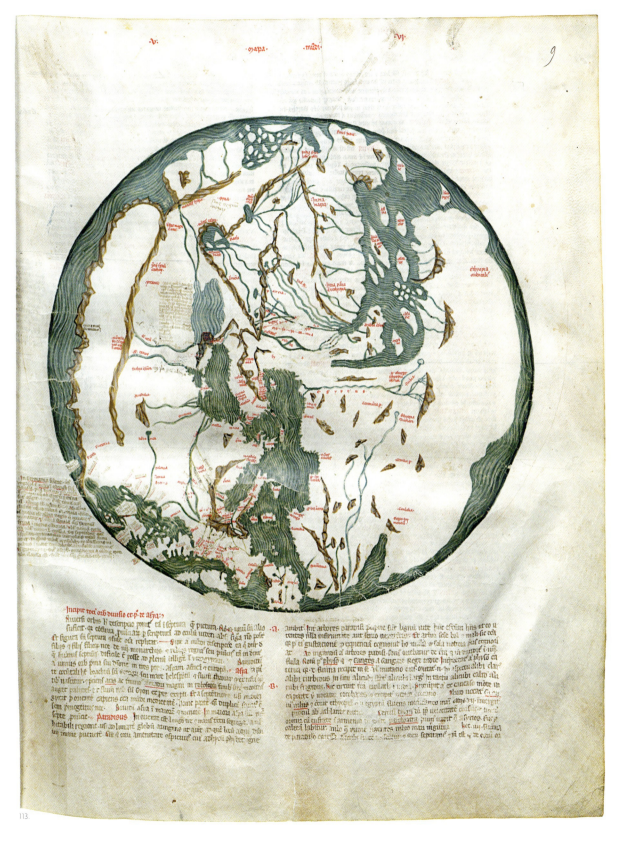

113.

114

L'OCÉAN INDIEN

114
Al-Sharfi,
Carte de la Méditerranée et de l'Asie
Sfax, 1601

Le nord est en bas dans cette carte qui juxtapose le tracé d'une carte portulan du XVIe siècle pour la mer Méditerranée et la côte Atlantique (à droite) et une carte inspirée d'al-Idrîsî (XIIe siècle), à une échelle différente et presque sans nomenclature pour l'Asie (à gauche).

Paris, BNF, Cartes et Plans, GE C 5089 (RES).
Manuscrit peint sur vélin, 47 × 136 cm

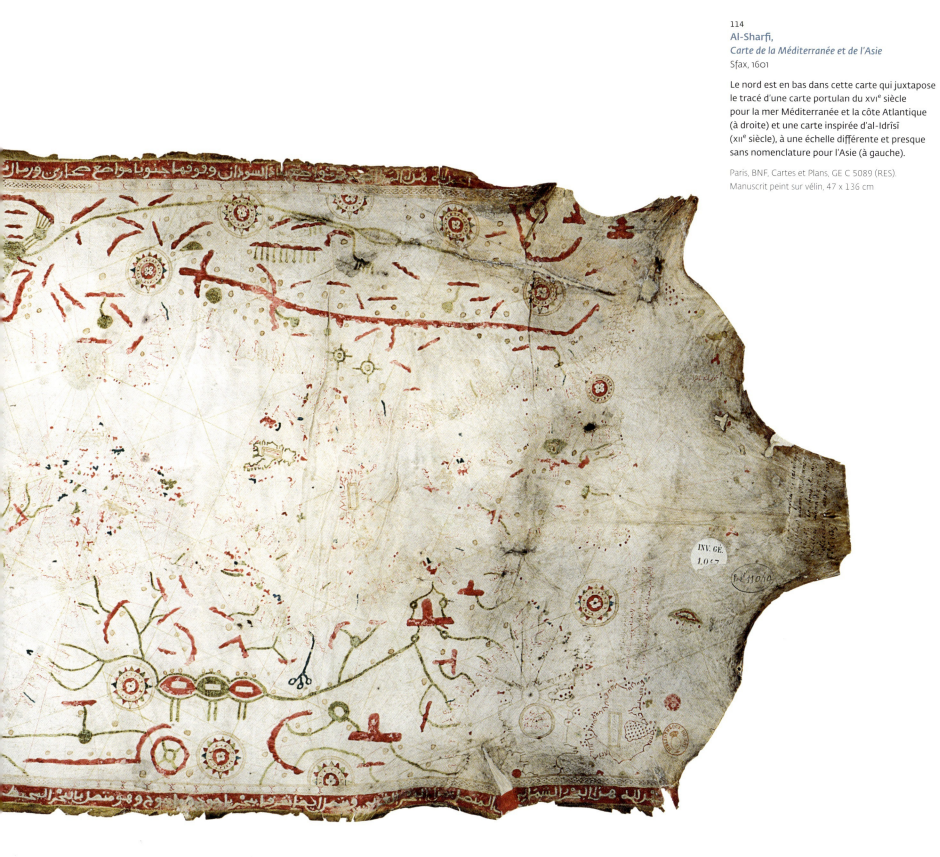

L'OCÉAN INDIEN

116.

115
Claude Ptolémée, *Géographie*
[Florence], vers 1475-1480

Cet exemplaire luxueux de l'œuvre du géographe alexandrin (IIe siècle après J.-C.), traduite au début du XVe siècle par Jacopo d'Angelo, a appartenu aux rois aragonais de Naples. Il a été copié par Hugues Commineau de Mézières et le cartographe Pietro del Massaio. Outre les cartes antiques, il contient sept cartes modernes et dix plans de villes.

Paris, BNF, Manuscrits, latin 4802, f. 74 v°-74 bis.
Manuscrit enluminé sur parchemin, 61 x 45 cm

116
Fra Mauro, *Mappemonde*
[Venise], vers 1459

Le moine vénitien Fra Mauro rassembla une immense documentation sur cette grande mappemonde circulaire, orientée le sud en haut et qui représente l'ensemble du monde connu au milieu du XVe siècle. La forme de l'océan Indien provient des Anciens mais aussi de Marco Polo et de sources arabes. La grande île près de l'Afrique pourrait être Madagascar.

Venise, Biblioteca Marciana. Manuscrit enluminé sur parchemin. Fac-similé de Londres, British Library, Add. MS 11267, 239 x 229 cm

Voir détail p. 210-211

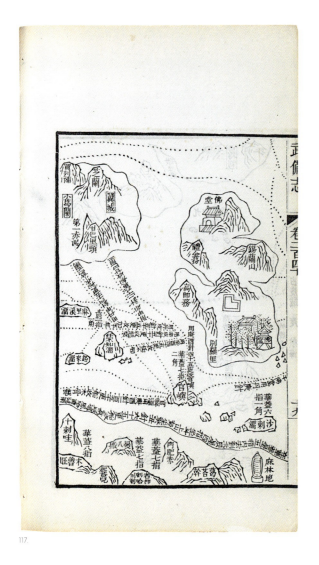

117.

118.

117
**Carte du Sri Lanka
dans le *Wu Bei Zhi***
[Chine], 1621

L'atlas maritime compilé par Mao Yuanyi (1594-1644 ?) et paru dans le volume 240 du *Wu Bei Zhi* (1621) est parallèle aux récits des membres des expéditions de l'amiral Zheng He (1371-1433) comme le *Ying-yai shenglan* (1433). Ces cartes reflètent l'état des connaissances des pilotes chinois vers 1425-1430. Les planches sur l'océan Indien portent trace d'échanges avec la cartographie arabe.

Paris, BNF, Manuscrits, Pelliot B 1400, vol. 8, chapitre 240, f. 19 v°-20. Imprimé xylographique, 30,5 x 21 cm

118
*La descente vers
les mers occidentales*
[Chine], 1597

Ce bateau pris dans la tempête appartient à un roman d'aventures chinois, l'*Histoire du voyage en Occident de l'eunuque San bao*, qui relate les expéditions dans l'océan Indien de Zheng He (mort vers 1431), surnommé San bao tai jian.

Paris, BNF, Manuscrits, chinois 4024, chapitre 4, f. 41 v°-42. Imprimé xylographique, 26,5 x 17 cm

119
**Mappemonde
dans l'*Atlas Médicis***
Vers 1370-1380

Dans cet atlas composé de huit cartes marines et d'un calendrier circulaire daté de 1351, la toponymie est identique à celle de l'*Atlas catalan*, notamment pour la côte indienne. Néanmoins, la mappemonde qui représente l'Afrique entourée par l'Océan pourrait avoir été retouchée à une date postérieure.

Florence, Biblioteca Laurenziana, Gaddi 9, tavola II. Manuscrit sur parchemin, 42 x 56 cm

L'OCÉAN INDIEN

119.

120
Mappemonde génoise en amande
Écriture génoise, vers 1450-1460

Ce planisphère de forme originale est une synthèse des connaissances géographiques de son temps. Elle s'inspire à la fois des cartes marines pour la Méditerranée et l'Europe, des mappemondes médiévales et de Ptolémée pour l'Asie. L'iconographie rappelle l'*Atlas catalan*.

Florence, Biblioteca Nazionale centrale, portolano 1.
Manuscrit sur parchemin, 41 x 82 cm

L'OCÉAN INDIEN

121.

121
Henricus Martellus Germanus,
Insularium illustratum
[Florence], vers 1489

Dans ce manuscrit de travail, l'auteur ébauche une nouvelle image du monde à partir d'informations très récentes. La mappemonde de Ptolémée est modifiée pour intégrer le contournement de l'Afrique par les navigateurs portugais en 1488.

Florence, Biblioteca Medicea Laurenziana, XXIX-25, f. 66 v°-67. Manuscrit sur parchemin, 29 x 21,5 cm

CARTOGRAPHIE NAUTIQUE ET CARTOGRAPHIE HUMANISTE DE L'OCÉAN INDIEN XVIᵉ ET XVIIᵉ SIÈCLES

Zoltán Biedermann

Un guerrier maure brandissant son sabre, une ville fortifiée au bord de l'océan Indien, des palmeraies, une paire de chameaux, et, à l'emplacement de La Mecque, un étrange bâtiment noir à la pierre sacrée suspendue sous la voûte : voici l'image d'une Arabie se présentant encore discrètement au regard des Portugais, qui convoitent son commerce depuis les toutes premières années du XVIᵉ siècle. Elle surgit d'une carte des pays riverains de l'océan Indien conservée dans l'extraordinaire *Atlas Miller* (voir p. 180 à 193), daté de 1519. Promenons encore notre regard dans ce tableau et nous rencontrerons un chevalier au chapeau rouge galopant sur la corne de l'Afrique, des éléphants en Inde du Nord, des oiseaux, des villes aux formes oniriques et, dans le Nord, le paysage bleuâtre de montagnes lointaines. Examinons les contours de cette nouvelle Asie : nous notons des différences significatives avec les cartes médiévales, d'inspiration ptoléméenne ou arabe, qui ont précédé l'arrivée dans ces eaux de Vasco de Gama, en 1498. Mais dans quelle mesure avons-nous ici affaire à une carte nautique et quels sont les rapports dans cette image entre expérience, imagination et érudition ?

Commandité par Manuel Iᵉʳ (1495-1521), roi du Portugal dit « le Fortuné » et proclamé « seigneur de la conquête, du commerce et de la navigation d'Éthiopie, Arabie, Perse et Inde » après le retour de Gama à Lisbonne, l'*Atlas Miller* témoigne de ce moment extraordinaire où l'Europe commence à observer l'Asie non plus seulement à travers ses propres livres et mappemondes, ni encore en se fondant sur les récits de quelques voyageurs isolés ou sur les échos des textes arabes, mais directement, depuis ces nouvelles plateformes d'observation que sont les navires portugais. On ne doit pas pour autant perdre de vue les hésitations d'une cartographie qui ne se modernisait que progressivement et qui restait attachée, sur plusieurs points, aux traditions d'époques plus anciennes. C'est même souvent de cette tension entre connaissances établies et observations nouvelles, entre cartographie des humanistes et cartes nautiques, mais aussi entre savoirs occidentaux et orientaux qu'émanent les aspects les plus intéressants de la cartographie du XVIᵉ siècle.

CARTES NAUTIQUES MODERNES ET SOURCES DU SAVOIR

Il est dans certains cas très impressionnant de comparer une image plus ancienne de l'Asie, aux origines classiques et islamiques, avec celle, moderne, créée par cette nouvelle cartographie nautique qui conquiert le monde depuis une Europe occidentale en pleine expansion. C'est le cas notamment pour une fameuse mappemonde de Henricus Martellus Germanus, de 1489 (voir ill. 121). Ici, une mer orientale aux contours d'apparence ptoléméenne (golfe Persique rectangulaire au nord-ouest, Inde amorphe et île de Taprobane surdimensionnée au centre, « queue de dragon » au sud-est) se voit assaillie à son entrée occidentale par une image d'une tout autre nature : le littoral de l'Afrique occidentale et méridionale suit déjà les données recueillies par les explorateurs portugais présentant en détail le passage entre l'Atlantique et l'océan Indien, exploré par Bartolomeu Dias en 1488. Mais on tend peut-être trop facilement à voir dans la relation entre image « médiévale » et « moderne » un contraste toujours aussi profond.

Prenons par exemple le planisphère portugais dit « de Cantino » (ill. 78), fabriqué à Lisbonne en 1502 – sans doute l'une des cartes les plus importantes de l'époque des « grandes découvertes ». À première vue, c'est dans cette carte que l'océan Indien gagne pour la première fois des contours qui s'approchent nettement de ceux que nous considérons à présent comme corrects. L'Afrique y est pleinement formée et, bien que le golfe Persique soit encore rectangulaire suivant la tradition ptoléméenne, le subcontinent indien émerge finalement comme un grand triangle permettant une distinction claire entre la mer d'Arabie d'une part et le golfe du Bengale de l'autre. Vers l'Est, c'est encore la marque du géographe alexandrin qui domine – comme d'ailleurs dans la carte de Nicolò de Caverio (voir p. 98 à 105). Pourtant, les Portugais furent rapides à corriger le dessin de cette zone dans d'autres cartes nautiques. Dès la conquête de Malacca, dans le détroit du même nom, en 1511, la péninsule de Malaisie prend forme. Ce n'est donc pas par ignorance que les auteurs de l'*Atlas Miller* (1519) dessinent encore cette région avec une « queue de dragon », mais par choix délibéré d'un compromis entre la nouvelle cartographie portugaise et la cartographie humaniste fondée sur la lecture des textes anciens. Dans les années 1520, la nouvelle image du Sud-Est asiatique s'impose à travers la cartographie portugaise dans la péninsule ibérique et, graduellement, dans le reste de l'Europe. Puis la forme de l'Extrême-Orient est redessinée durant les années 1520 à 1550, offrant une base solide sur laquelle les cartographes des siècles suivants vont pouvoir développer de nouvelles théories.

Plusieurs remarques s'imposent cependant en ce qui concerne ces innovations, surtout dans la carte « de Cantino ». Premièrement, une question à laquelle il est difficile de répondre : si les Portugais ont été capables de produire une image si précise de l'Afrique orientale, du golfe d'Aden, de l'Inde et de l'île de Ceylan en 1502, comment ont-ils fait pour la compléter en si peu de temps après leur première expédition, de 1498 ? Ont-ils tout fait eux-mêmes, introduisant, comme le suggère la carte de Martellus, une pensée et une technique cartographiques nouvelles là où dominaient encore des idées très anciennes ? Ont-ils tout simplement copié des cartes orientales aujourd'hui perdues, mais qui devaient circuler à l'époque,

Pedro Barreto de Resende,
Demonstraçao da ilha de Goa
(détail)

Voir carte entière p. 225

selon l'hypothèse de l'historien des sciences Fuat Sezgin ? Il est en effet plausible que les Portugais aient eu accès à des cartes ou à des textes nautiques par l'intermédiaire des pilotes africains et asiatiques qu'ils employèrent. Vasco de Gama admettait en 1498 avoir vu une carte locale couvrant le littoral indien, le cartographe Francisco Rodrigues, collaborateur d'Afonso de Albuquerque, (ill. 118), se référait en 1513 à une carte javanaise d'excellente qualité, surtout pour l'Asie du Sud-est, et les textes pionniers de Tomé Pires (1515) et Duarte Barbosa (1516) décrivant la géographie commerciale des littoraux d'Asie contiennent des éléments qui évoquent une influence islamique, notamment des références systématiques aux communautés musulmanes vivant dans les ports. Cependant on constate aussi que, dans le « Cantino », ce sont précisément les zones encore intouchées par les Portugais en 1502 qui restent sur le modèle ptoléméen : la mer Rouge, le golfe Persique, le golfe de Bengale, l'Asie du Sud-est. Devrait-on en conclure que ces zones ne figuraient pas sur ces cartes que les Portugais auraient prétendument copiées ? Ou ne serait-il pas plus plausible de concevoir des mécanismes de transmission complexes, selon lesquels les Portugais se seraient servis de cartes orientales en conjugaison avec des observations directes pour créer des cartes d'un type nouveau ?

Deuxième remarque : malgré l'apparence d'un progrès cartographique rapide en Asie maritime après 1500, ce n'est que très graduellement que l'iconographie et d'autres éléments d'inspiration ptolémeenne ou médiévale (chrétienne et islamique) disparurent du panorama de la cartographie occidentale. Il est évident que les images couvrant si densément la carte de l'*Atlas Miller* sont d'origines diverses, parfois médiévales. Dom João de Castro (ill. 124), initiateur par excellence d'expéditions nautiques dans la mer d'Arabie et la mer Rouge (1539-1542), combine dans le prologue de son routier des observations empiriques très précises avec des discussions érudites d'auteurs anciens, surtout Ptolémée, cherchant à cimenter le nouveau savoir par de nombreuses petites opérations de contradiction et de synthèse plutôt que par une destruction intégrale, peu recommandée à son époque, des autorités classiques. Il est vrai qu'au cours du XVIe siècle, l'œuvre de Ptolémée – ainsi que d'autres textes gréco-romains – se transformait peu à peu, de sources dignes de foi, en objet de curiosité et d'érudition pure, le retentissement des « découvertes » portugaises sur la culture occidentale opérant une mise à distance des autorités antiques. Mais il est important aussi d'observer en détail le processus de cette transformation progressive et souvent non-linéaire.

CARTES NAUTIQUES ET CARTES TERRESTRES

Beaucoup de portulans médiévaux – souvent italiens – se soucient essentiellement de représenter les littoraux plutôt que l'intérieur des terres. Bien entendu, le vide des portulans signale une ignorance relative et non pas absolue, toute différente de la blancheur des *terræ incognitæ*. Si certains cartographes médiévaux laissent l'intérieur de l'Italie, de la France ou de l'Espagne en blanc, ce n'est pas qu'ils ignorent l'existence ou la position approximative de Florence, Paris, Tolède. C'est que les méthodes utilisées pour élaborer le portulan sur la mer ne s'appliquent pas aux terres et que la conjugaison d'un langage cartographique maritime avec le langage, tout autre, de la cartographie terrestre introduirait dans l'image une rupture, souvent considérée comme intolérable.

Il en est ainsi pour les portulans italiens de la Méditerranée et pour certaines cartes portugaises représentant l'océan Indien. Les cartes nautiques de Francisco Rodrigues (vers 1513), de Pedro Reinel (1517) (ill. 125), ou de Gaspar Viegas (années 1530) en sont les témoins les plus rigoureux, les plus intransigeants dans la blancheur de leurs espaces terrestres. Une logique semblable est à la base des cartes néerlandaises (ill. 126) connues comme *paaskaarten*, ou encore des cartes de la *East India Company* anglaise (ill. 127). Il est d'ailleurs raisonnable de présumer que les cartes utilisées à bord des navires portugais en Orient, généralement perdues pour le XVIe siècle, devaient être de ce type sobre et économique, ne ressemblant guère aux spécimens somptueux qui ont survécu dans les bibliothèques.

Ces cartes nautiques « pures » ne constituent pourtant qu'une partie du panorama de la cartographie de l'océan Indien au XVIe siècle, où de nombreux cartographes cherchent à créer des produits qui, finalement, devaient plaire aux yeux plutôt que servir à bord de navires. On constate en effet une complexification analogue à celle de la tradition médiévale catalane combinant carte nautique et peinture des continents, une multiplication des stratégies, une recherche d'un langage et d'une technique cartographique complexes plutôt qu'une réduction à un « langage portulan » simple. N'oublions pas que l'*Atlas catalan*, si richement décoré, était décrit à son époque comme « une quarte de mer », même s'il représentait avec grand apparat les réalités terrestres.

C'est dans cet espace composite conciliant esprit empirique et érudition, cartographie nautique et terrestre, science et art, mais aussi savoirs européens et asiatiques que se situe une partie importante des cartes portugaises du XVIe siècle. En face des cartes nautiques « pures », la plupart des cartes qui nous sont parvenues montrent les terres remplies de toutes sortes d'informations visuelles et textuelles. Certes, on imagine facilement une division des travaux entre le cartographe *stricto sensu* et d'autres personnes travaillant aussi dans leurs ateliers, souvent anonymes, spécialisés en peinture. La proportion exacte entre travail cartographique et iconographique dépendrait des exigences du client et, surtout, de ses moyens monétaires. Nous savons ainsi que pour l'*Atlas Miller* les cartographes au service du roi – Pedro Reinel, Jorge Reinel et Lopo Homem – furent aidés par l'un des meilleurs enlumineurs de l'époque, António de Holanda.

Cependant, les travaux strictement cartographiques et ceux relevant du domaine artistique ou encore de l'érudition humaniste étaient souvent en rapport étroit les uns avec les autres. Mentionnons par exemple ce légendage omniprésent, qui fait référence autant à la cosmographie classique qu'aux nouvelles « découvertes ». Dans l'*Atlas Miller*, nous déchiffrons les mots latins *CLIMA TERCIUM* (le troisième climat), qui se réfèrent à la théorie gréco-romaine des zones climatiques, et *INDIA INTRA GANGEM* (Inde à l'intérieur du Gange), qui évoque une tripartition ancienne de l'espace asiatique en Asie « première » (généralement en deçà de l'Indus), « deuxième » (en deçà du Gange, aussi connue comme *India interior*) et « troisième » (au-delà du Gange, *India exterior*). Même dans les cartes beaucoup plus sobres de Diogo Ribeiro, cartographe portugais au service de la couronne de Castille, on trouve des noms classiques comme *Susiana*, *Gedrosia* ou *Persia superior* à côté de noms plus récents comme *Adem Regio*, désignation en latin moderne de la région ou du royaume d'Aden, inconnu sous ce nom dans l'Antiquité.

La situation est encore plus complexe dans les cartes produites au cours du XVIe siècle dans d'autres pays européens, notamment en Italie, en Flandre et dans le Saint Empire. Très souvent les cartographes, comme Giacomo Gastaldi (ill. 128) à Venise, s'inspirent – d'ailleurs sans grande préoccupation de rigueur – des cartes portugaises pour les littoraux, remplissant ensuite les espaces terrestres avec un mélange très intéressant de toponymes provenant de sources classiques et médiévales autant que modernes, souvent de récits de voyages aujourd'hui perdus. Ainsi la Perse de Gastaldi contient-elle des centaines de villes que l'on chercherait en vain sur les cartes portugaises, même si de nombreux diplomates et marchands lusitaniens ont traversé ce pays. À l'inverse, on note ici une absence : les paysages qui embellissaient les cartes portugaises, les villes aux tours perçant un ciel rempli d'oiseaux, les animaux et les fleurs, tout cela a cédé la place à de simples noms et à des symboles conventionnels.

Au-delà de la cartographie portugaise, chez Gastaldi et ses successeurs, l'iconographie ne se déploie plus que dans les étendues libres de toponymes, les océans, où évoluent encore, sur certaines cartes imprimées, navires voiles aux vents et créatures marines, l'iconographie la plus riche occupant, là encore, l'espace que le cartographe technicien domine le moins. Mais, du point de vue de l'histoire de la culture, les contrastes entre cartographie, iconographie et tradition textuelle ne sont pas nécessairement plus importants que les rapports complexes entre les domaines divers du savoir, les transferts, bricolages et métissages, et que le rôle joué par ces échanges dans la construction d'une image encore enchantée du monde.

Zoltán Biedermann

123

123

Francisco Rodrigues,
Profil de côte en Indonésie
[Après 1521]

Francisco Rodrigues fut l'un des pilotes de la flotte qu'Afonso de Albuquerque envoya en 1511 à la découverte des îles Moluques à partir de Malacca. Son *Journal* (1515-1517), un routier qui décrit minutieusement les étapes de la navigation, est illustré de cartes marines et de croquis des rivages. Le manuscrit contient aussi la *Suma oriental* de Tomé Pirès, ambassadeur du roi du Portugal à Pékin : une description géographique (1521) qui va de la mer Rouge à la mer de Chine.

Paris, bibliothèque de l'Assemblée nationale, f. 60.
Manuscrit sur parchemin, 38 x 26 cm

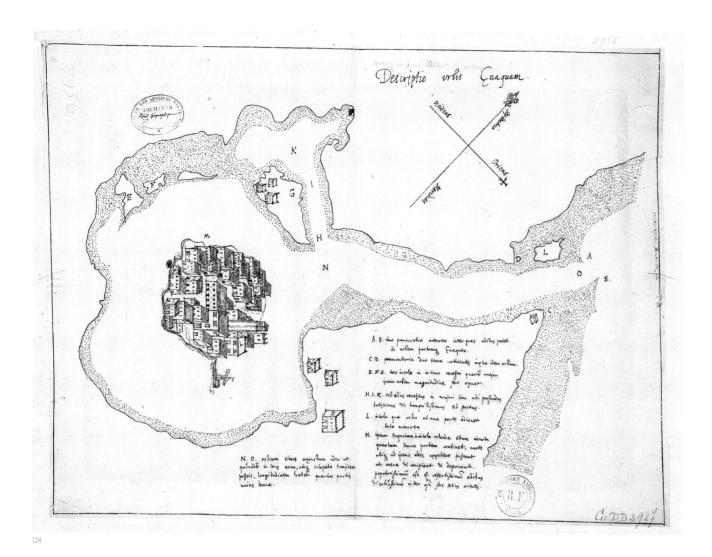

124
João de Castro, *Vue de Suakin*
(*Descriptio urbis Cuaquem*)
1541

Conservée dans la collection de Jean-Baptiste d'Anville, cette carte isolée provient d'une copie du *Roteiro do Mar Roxo*, un routier décrivant l'itinéraire maritime en mer Rouge lors de l'expédition portugaise de 1541 à laquelle a participé João de Castro. Le texte est accompagné de croquis des côtes et des ports principaux. Suakin se trouve sur la côte du Soudan actuel.

Paris, BNF, Cartes et Plans, GE DD 2987 (7956).
Manuscrit sur papier, 33,5 x 45 cm

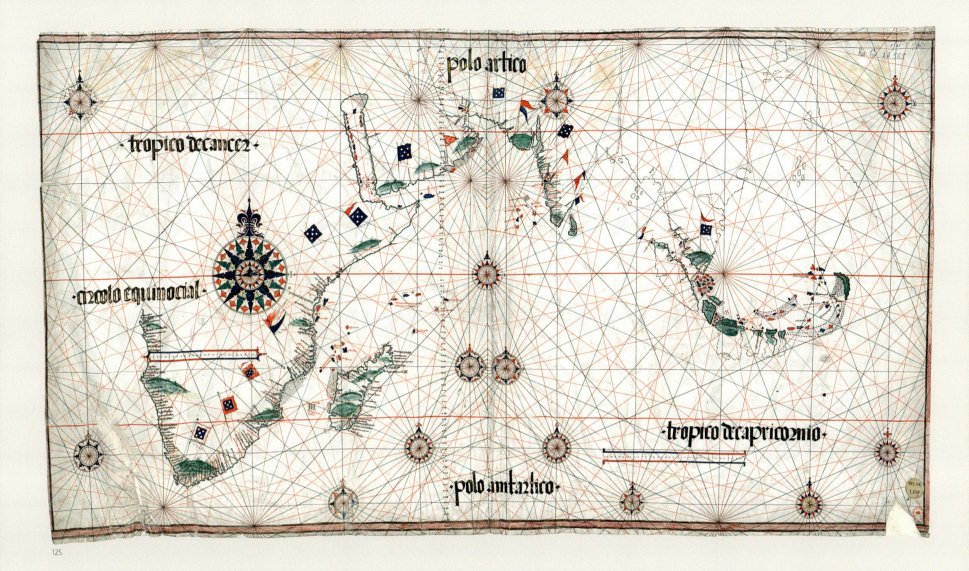

125.

125

Pedro Reinel, *Carte de l'océan Indien*
[Lisbonne], vers 1517
(fac-similé par Otto Progel, XIXe siècle)

Au début du XVIe siècle, les cartographes de la famille Reinel de Lisbonne bénéficièrent des informations les plus récentes sur les expéditions portugaises dans l'océan Indien et le golfe Persique. Pedro Reinel et son fils Jorge participèrent également à la réalisation de l'*Atlas Miller* en 1519. L'original de cette carte a été détruit pendant la Seconde Guerre mondiale.

Paris, BNF, Cartes et Plans, GE AA 565 (RES).
Fac-similé manuscrit sur vélin, 70 x 127, 5 cm

L'OCÉAN INDIEN

127.

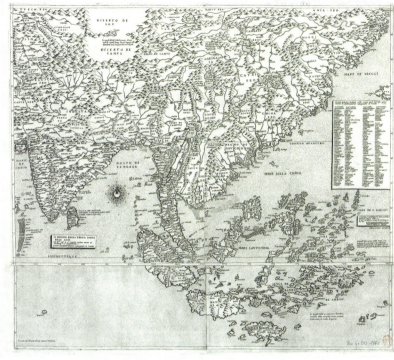

128.

126
Evert Gijsbertsz., *Carte nautique de l'océan Indien et des mers de Chine*
Edam, 1599

Première carte marine hollandaise de l'océan Indien, cette carte s'inspire directement de sources portugaises. Elle est signée en néerlandais « par moi, Evert Gysbertszoon dessinateur de carte à Edam » et elle porte les armes du Portugal au nord de l'Inde ainsi que douze autres pavillons portugais. Elle est très proche des cartes illustrant l'*Itinerario* de Jan Huygen de Linschoten (1596).

Paris, BNF, Cartes et Plans, GE-AA 569 (RES).
Manuscrit enluminé sur vélin, 74 x 100 cm

127
John Thornton, *Carte du golfe Persique*
Londres, 1699

Caractéristique du style anglais rehaussé de couleurs vives, avec une belle rose des vents, cette carte appartient à une série copiée sur des modèles hollandais bien renseignés sur la région du golfe Persique.

Paris, BNF, Cartes et Plans, GE SH 18 PF 209 DIV 2 P 5.
Manuscrit enluminé sur vélin, 63,5 x 74,5 cm

128
Giacomo Gastaldi,
Il Designo della terza parte dell'Asia
Venise, 1561

Proche de l'éditeur vénitien Giovanni Battista Ramusio, dont il illustra les œuvres, ce cartographe réalisa des cartes gravées issues d'une compilation de sources diverses. Souvent moins exactes que les cartes manuscrites contemporaines pour l'Asie et l'océan Indien, elles ont eu cependant une importante diffusion.

Paris, BNF, Cartes et Plans, GE DD- 1140 (73 RES).
Impression sur papier, 67 x 77 cm

L'OCÉAN INDIEN

129
Martin Waldseemüller, *Planisphère*
Strasbourg, 1513

Membre du « gymnase » de Saint-Dié, l'auteur entreprit pour le duc René II de Lorraine une édition de la *Géographie* de Ptolémée modernisée à partir de cartes manuscrites récentes. Le modèle de la carte du monde est le planisphère de Nicolò de Caverio, dressé entre 1502 et 1506, dont Waldseemüller reprend l'Europe, l'Afrique, le Nouveau Monde et l'Inde, tout en restant fidèle à la mappemonde d'Henricus Martellus (1490) pour le reste de l'Asie.

Paris, BNF, Cartes et Plans, GE-DD 1009 (RES), carte 29. Cartes gravées sur bois imprimées sur papier, 46 x 33 cm

130.

130
Pedro Barreto de Resende,
Demonstraçao da ilha de Goa
[Après 1635]

Ce manuscrit de la *Relacion da India* contient des portraits de navigateurs portugais et des vues de villes et de ports établis dans l'océan Indien. L'île de Goa, au nord-ouest de l'Inde, fut la capitale administrative et portuaire de l'empire portugais en Orient à partir de sa conquête, en 1510, par Afonso de Albuquerque.

Paris, BNF, Manuscrits, portugais 1, f. 267.
Manuscrit enluminé sur vélin, 43 x 33 cm

131

Louis François Grégoire Lafitte de Brassier,
Plan de l'isle de Bombay

1777

Cette planche est extraite de l'*Atlas des cartes géographiques principalement des plans des villes les plus considérables, appartenant aux différentes nations européennes ainsi qu'aux princes indiens de l'Asie*, un album de grand format qui témoigne des ambitions françaises en Inde au XVIIIe siècle. L'auteur, ingénieur géographe, y a composé des vues de villes et des plans magnifiques par leur précision et leurs couleurs.

Vincennes, Service historique de la Défense, Marine, Ms. 203, pl. 5. Dessin à la plume aquarellé sur papier, 64 x 115 cm

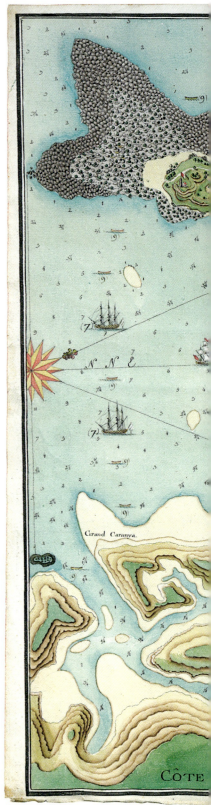

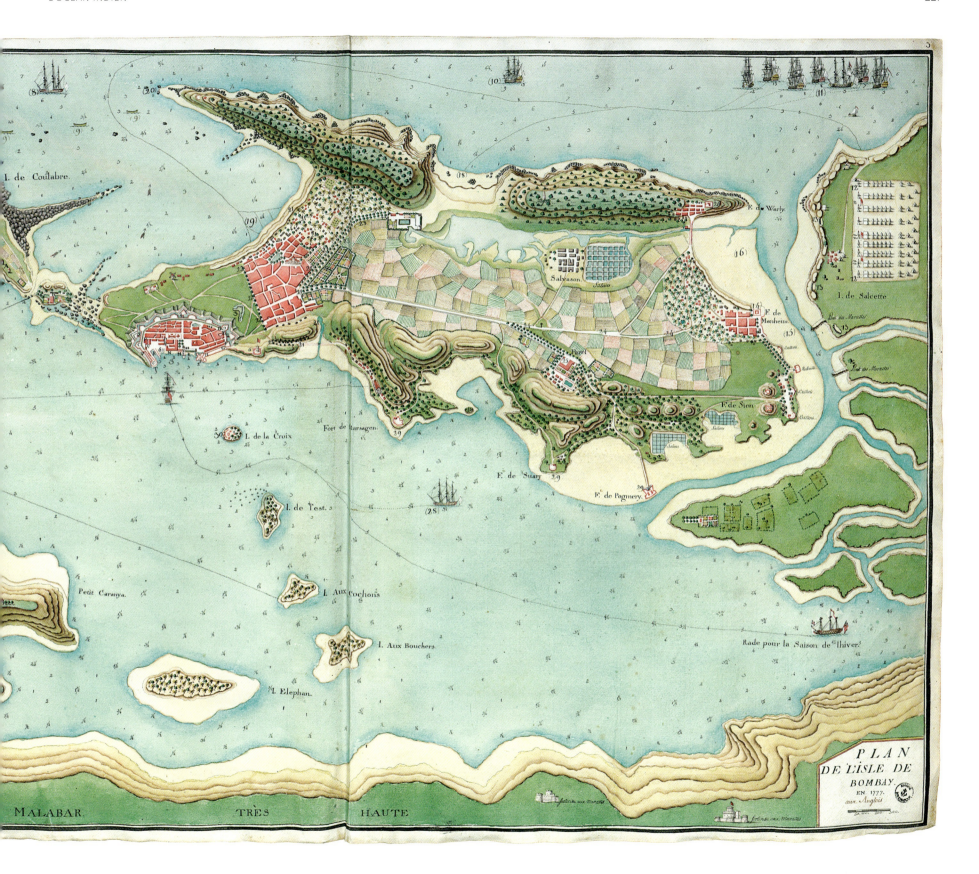

LA CARTOGRAPHIE DES ROUTES DE L'EXTRÊME-ORIENT PAR LA COMPAGNIE NÉERLANDAISE DES INDES ORIENTALES

Hans Kok

132
Willem II Van de Velde,
Marine avec vaisseau amiral
Hollande, milieu du XVIIe siècle

Cette marine de Willem II Van de Velde (1633-1707) représente une flotte hollandaise composée d'un vaisseau amiral et de bâtiments secondaires. La scène illustre la splendeur des navires hollandais voguant au XVIIe siècle sur tous les océans du monde, et particulièrement dans l'océan Indien.

Paris, musée du Louvre, Inv. 1921.
Huile sur toile, 35 x 42 cm

Aux Pays-Bas, la Compagnie des Indes orientales s'appelait Vereinigde Oostindische Compagnie, d'où l'acronyme VOC. Ce fut la première société anonyme de l'Histoire, avec des actions cotées en bourse. Fondée en 1602, elle devint une firme mondialement connue. Une concurrence accrue, une politique financière inadaptée et la politique internationale entraînèrent sa chute en 1799. La VOC était alors partie intégrante de l'économie néerlandaise et le gouvernement fut obligé de reprendre les vestiges d'un empire commercial privé pour le transformer en empire colonial.

Les dix-sept provinces des Pays-Bas appartenaient autrefois à l'empire des Habsbourg. La guerre d'indépendance, commencée en 1568, s'acheva avec le traité de Munster, en 1648 : les ports espagnols furent alors fermés aux navires néerlandais, qui ne pouvaient donc plus transporter les marchandises venant des colonies hispano-portugaises. Faute de trouver d'autres itinéraires, ils devaient nécessairement contourner le cap de Bonne-Espérance. Entre-temps, l'unité des dix-sept provinces avait éclaté, celles du Nord ayant fait sécession. Après 1595, comme des expéditions avaient été lancées par plusieurs compagnies de taille modeste, les états généraux de la république septentrionale comprirent qu'un faible pouvoir commercial et politique rendrait toute entreprise vaine et imposèrent en 1602 une fusion qui déboucha sur la création de la Compagnie des Indes orientales. Une charte en régissait les aspects commerciaux tout en lui accordant une certaine souveraineté, notamment sur le plan militaire pour défendre ses investissements. La zone concernée, telle qu'elle fut cartographiée, allait du cap de Bonne-Espérance, vers l'est, jusqu'au détroit de Magellan.

ORGANISATION DE LA VOC

La Compagnie était composée de six chambres, représentant les diverses villes, qui possédaient une influence liée à leurs parts du capital : huit directeurs étaient issus de la chambre d'Amsterdam, quatre de Middelbourg et un de chacune des autres chambres, lesquels, avec un directeur supplémentaire « tournant », formaient les fameux *Heren Zeventien*, le Conseil des dix-sept. Chaque chambre armait ses propres navires, les dépenses et les recettes étant confiées à une gestion spécifique. Comme les communications avec l'Extrême-Orient prenaient du temps, l'autorité sur place était exercée par le *Raad van Indië*, un conseil présidé par un gouverneur général à Batavia (l'actuel Jakarta), mais, pour les questions les plus importantes, l'accord des directeurs des Pays-Bas était nécessaire. La VOC avait une structure verticale, qui contrôlait toute la chaîne de production : achat des marchandises, transport et commercialisation. Cette structure globale, à la différence, par exemple, de la compagnie des Indes britanniques, impliquait la standardisation des navires, des cartes et des instruments, dont, pendant deux siècles, toutes les modifications furent répertoriées dans un document, la *Lijste van de Boeken, Kaarten en van Stuermansgereetschappen* (ill. 133).

Les principales implantations commerciales étaient les îles Moluques (épices), Ceylan (cannelle), le Cambodge, le Siam (peaux de daim) et le Japon (textiles, céramiques) ; s'y ajoutaient des fabriques en Inde (soie, textiles), au Bengale, en Chine, en Malaisie, dans la mer Rouge et dans le golfe Persique. De nombreux comptoirs, dans les îles d'Indonésie, acheminaient les marchandises jusqu'à Batavia en vue de leur transport vers les Pays-Bas. L'île de Deshima (Nagasaki) joua un rôle particulier en tant qu'unique fenêtre du Japon sur l'Occident – et réciproquement – jusqu'à ce que la flotte de l'amiral Perry ouvre le pays aux autres nations en 1853. L'implantation, en 1652, d'une escale au cap de Bonne-Espérance, sans but commercial mais pour le repos des navires et des équipages, permit aussi d'augmenter la charge utile lors des voyages de retour, puisque la cargaison de nourriture pouvait être calculée pour un voyage plus court (ill. 137).

LE SERVICE CARTOGRAPHIQUE DE LA VOC

De ses débuts jusqu'à sa faillite, la VOC eut un service cartographique et hydrographique qui travailla exclusivement pour elle. Un cartographe officiel était nommé à Amsterdam et un service complémentaire, chargé des itinéraires locaux et des voyages de retour, existait à Batavia, où le cadastre et la construction de fortifications créaient localement une forte activité. On envoyait en Hollande des copies de toutes les cartes produites à Batavia (ill. 134), où l'on compta vers 1745 plus de cinquante cartographes. D'abord supervisées par un *equipage-meester* responsable de l'armement, puis par un *baas-kaartenmaker*, un cartographe en chef, les principales opérations lancées par Batavia concernent les expéditions vers la « Terre méridionale inconnue » dans les années 1620, les voyages, en 1643, de Maarten Gerritsz. de Vries vers le Japon et au-delà et, à la même époque, le périple d'Abel Tasman vers l'Australie, la Tasmanie et la Nouvelle-Zélande, puis le nouveau périple de Willem de Vlamingh sur les côtes australiennes en 1697.

Les cartes de la VOC étaient principalement des copies manuscrites établies d'après les cartes matrices constamment réactualisées. La *Lijste* nous apprend quelles cartes étaient embarquées et quel pilote en était responsable en cas de dommage ou de perte. La copie manuscrite, préférée à l'impression mécanique, garantissait une confidentialité jugée initialement nécessaire, mais, en 1753, Jan de Marre persuada les *Heren Zeventien* d'accepter l'imprimé, qui coûtait moins cher que les cartes sur vélin. À bord,

133
**Liste des cartes et du matériel
de navigation fournis
à Evert Caspersz., capitaine du *Ternate***
Amsterdam, 1673

L'organisation très structurée de la Compagnie néerlandaise des Indes orientales entraînait la standardisation du matériel de navigation et de cartographie, réalisé dans les ateliers de la Compagnie. Matériel, livres et cartes fournis aux navires étaient consignés sur des listes, d'abord manuscrites puis imprimées.

La Haye, Nationaal Archief, N° d'inv. 5017.
Liste imprimée sur 2 pages

134
Plan et vue de Batavia
Amsterdam, Reinier et Josua Ottens, vers 1740

Batavia, fondée sur les ruines de Jayakarta en 1619 par Jan Pietersz. Coen, gouverneur général de la VOC, était la capitale de la Compagnie en Asie. Elle disposait d'un atelier cartographique. Cette planche, publiée par Reinier et Josua Ottens, montre également la rade de Batavia et la manière dont le fort, tout proche, pouvait la protéger.

Paris, BNF, Cartes et Plans, GE DD 2987 (7653).
Gravure sur cuivre, 49, 5 x 65 cm.

on utilisa désormais les volumes du *Zeefakkel* de Van Keulen, et plus d'une carte sur vélin finit comme reliure pour les livres de gestion de la compagnie.

Nous connaissons la liste des cartographes officiels de l'organisation. Avant 1608 et la fusion des premières compagnies au sein de la VOC, la fonction de cartographe fut remplie par Petrus Plancius et par les hydrographes de l'école d'Edam, en Hollande-Septentrionale. Ils furent remplacés par Augustijn Robaert (1608-1617), puis Hessel Gerritsz. (1617-1632). Il y eut ensuite la succession des Blaeu : Willem Jansz. Blaeu de 1633 à 1638, Joan Blaeu I de 1638 à 1672 et Joan Blaeu II de 1672 à 1705. Après eux, Isaac De Graaf fut cartographe officiel de 1705 à 1743 et la famille Van Keulen exerça cette charge entre 1743 et 1799.

Les très nombreuses cartes anonymes que nous connaissons proviennent soit de Batavia, soit de fournisseurs locaux sollicités par les différentes chambres ; on note d'ailleurs des plaintes concernant les prix élevés pratiqués par le cartographe de la chambre d'Amsterdam.

CHOIX DES ITINÉRAIRES

Les itinéraires n'étaient pas choisis en fonction de la distance à parcourir, mais du temps de trajet car on préférait ajouter des milles pour bénéficier de vents et de courants favorables. Parmi les dangers possibles figuraient les risques politiques, les pirates et les hasards nautiques ou météorologiques. Au départ des Pays-Bas, les navires se dirigeaient soit vers la Manche, soit vers la « porte de service » contournant l'Écosse et l'Irlande, selon les circonstances politiques et les vents dominants. L'itinéraire habituel passait ensuite à environ quatre cent cinquante kilomètres à l'ouest du cap Finistère, puis au large des Canaries et des îles du Cap-Vert. À l'approche de l'équateur, on entrait dans la zone de convergence intertropicale, où, les vents tombant parfois pendant des périodes prolongées, les navires étaient soumis aux courants marins, sans force motrice pour retrouver leur itinéraire. La VOC conseillait donc d'emprunter le *Karrespoor* (ill. 135), le « chemin des carrioles » dessiné sur les cartes entre l'équateur et le parallèle situé à 12° au nord, entre l'Afrique et le Brésil, où la force des courants était moindre, en principe. Les navires pouvaient aussi dériver le long des côtes d'Afrique occidentale ou au large de la côte septentrionale de l'Amérique du Sud, ce qui augmentait la durée du voyage. Le trajet se poursuivait le long de la côte sud-américaine, jusqu'au moment où l'on rencontrait les vents d'ouest, qui permettaient de traverser rapidement l'Océan jusqu'au comptoir installé par la VOC au cap de Bonne-Espérance. C'est ce comptoir qui est à l'origine de l'Afrique du Sud telle que nous la connaissons. Pour traverser l'océan Indien, l'itinéraire s'éloignait considérablement de l'équateur à cause des vents contraires.

Le passage par les quarantièmes rugissants assurait une traversée rapide grâce à la fois aux vents d'ouest et aux courants marins renforçant leur effet.

En sens inverse, ces vents et courants devenaient défavorables. Les voyages de retour empruntaient donc des itinéraires différents. Il était possible d'aller directement de Ceylan ou du détroit de la Sonde jusqu'au Cap, en passant au sud de Madagascar, en direction de la baie de la Table ou de la baie False. On continuait ensuite par Sainte-Hélène.

Les trajets entre Batavia et les comptoirs régionaux étaient soumis aux mêmes considérations. Un navire à destination de Ceylan, où la VOC avait des intérêts considérables, partait vers l'ouest depuis le détroit de la Sonde, puis tournait vers le nord jusqu'à la latitude de Galle, en traversant les Maldives. Ces itinéraires sont connus grâce aux cartes enregistrant la position des navires. Pour aller au Siam, on passait par la Malaisie avant de remonter le Chao Phraya jusqu'à Ayutthaya, mais au retour on longeait les côtes orientales du golfe du Siam, l'un des trajets étant *goede* (bon), l'autre *quade* (mauvais). Ces itinéraires sont représentés sur les cartes de la VOC.

CARACTÉRISTIQUES DES CARTES

Les cartes de la VOC étaient principalement manuscrites, sur papier ou sur vélin : ce dernier est plus résistant en milieu maritime, mais sa taille est limitée par celle de l'animal utilisé. Les portulans présentent en général une rose des vents principale et seize roses secondaires, dont certaines, parfois ornées, font office de signature du cartographe. Les cartes de la VOC avaient une échelle standard selon la zone concernée. Certaines, en longueur, étaient dessinées sur des demi-peaux (ill. 136), par exemple pour la côte nord de Java, « de Bantam à Batavia », et la rose centrale devenait alors une demi-rose des vents, placée en haut ou en bas de la demi-peau, entourée par huit roses secondaires.

Deux types de cartes étaient disponibles. Les cartes à échelle constante dans toutes les directions sont ce que l'on appelle des « cartes planes ». Pour des distances courtes, ces cartes ne présentent aucun inconvénient, mais pour des distances plus longues, notamment lorsqu'on s'éloigne de l'équateur, on constate des distorsions dues à la forme sphérique de notre planète. La projection de Mercator résout en partie le problème, puisqu'elle annule la convergence des méridiens tout en augmentant la distance entre les parallèles à mesure qu'on va vers le nord ou le sud. Mais l'usage de la carte de Mercator n'était guère possible pour des marins sans formation adéquate et de nombreux pilotes préféraient leurs cartes planes. On distingue aisément les deux types, car la carte plane n'inclut pas d'échelle de longitude, faute

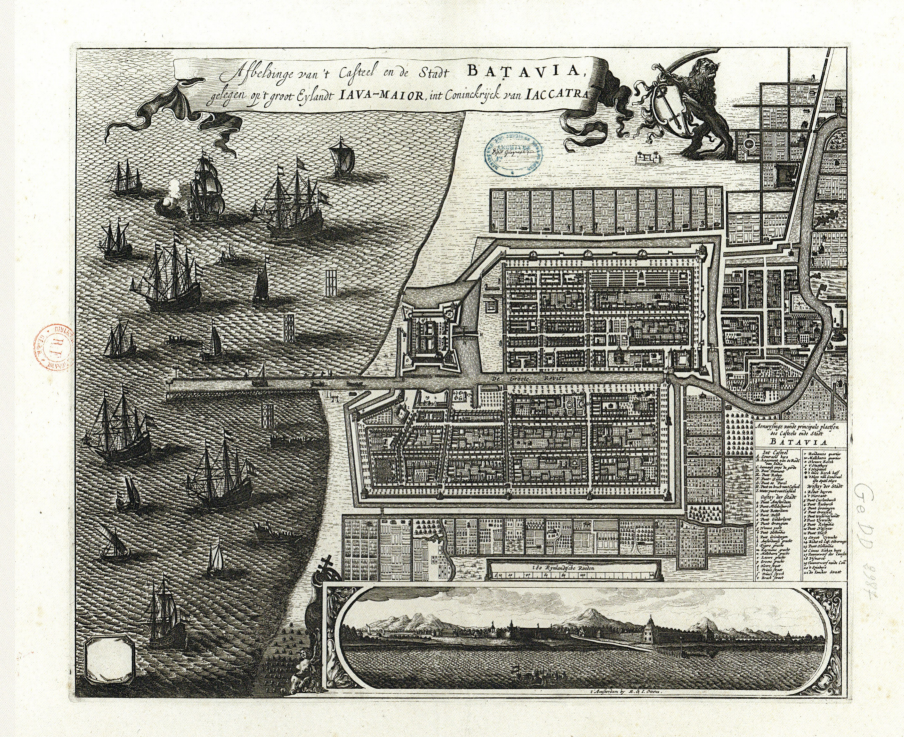

135

Joan Blaeu, *Carte de l'océan Atlantique*
[Amsterdam], vers 1655

Parmi les routes empruntées par les bâtiments de la VOC dans l'Atlantique, le « chemin des carrioles », entre l'Ouest de l'Afrique et le Nord du Brésil, est une zone aux courants faibles que l'on conseillait pour éviter les calmes du nord de l'équateur. En plaçant l'Ouest de l'Europe à l'intérieur de l'Afrique, cette carte fait tenir sur la même feuille toute la route, de la Manche au cap de Bonne-Espérance.

Paris, BNF, Cartes et Plans, GE B 1147 (RES).
Manuscrit sur parchemin, 93 x 72 cm.

de moyens fiables (horloges) pour situer les îles à la bonne longitude, mais une échelle des distances. Les cartes planes de l'océan Indien montrent une multitude de bas-fonds, d'îles, de récifs et de rochers, tandis que la version de Mercator paraît plus «vide» puisque ces éléments ne peuvent être placés sur une longitude fiable (ill. 137). Pour Madagascar, seule sa pointe sud est représentée ; même chose pour le cap Comorin, à l'extrémité sud de l'Inde, et pour la pointe de Galle, à Ceylan. Quant aux côtes africaines, elles se réduisent à un littoral discontinu, exclusivement composé de caps et de promontoires. Des cartes à plus grande échelle devinrent pourtant peu à peu accessibles (pour le détroit de la Sonde, par exemple ill. 156 c) : elles présentaient aussi des profils côtiers et des informations sur les fonds marins, comme «sans fond», «petits galets blancs» ou «corail grossier». Les cartes locales étaient parfois en longueur, avec le nord indiqué en diagonale, pour mieux inclure les côtes sur le papier ou le vélin.

Les cartes de navigation au long cours de la VOC prennent la forme d'un ensemble de deux cartes planes ou de trois cartes Mercator. Comme les cartes planes ont une échelle de distances constante, les dimensions est-ouest et nord-sud s'accordent avec leur couverture latitude/longitude en degrés à l'équateur. Or les peaux dont on fait le vélin limitent la taille des cartes et donc le nombre de degrés qu'elles peuvent accueillir en latitude/longitude. Pour une carte allant des Pays-Bas jusqu'au cap de Bonne-Espérance, on utilise la dimension maximale du vélin dans le sens nord-sud ; pour l'itinéraire allant de ce cap jusqu'au détroit de la Sonde, on pivote de 90°, et c'est l'axe est-ouest qui occupe la dimension maximale. Pour la première partie du trajet, la carte plane va seulement de l'Espagne au cap, puisqu'on manque de place, ou bien elle comprend un encadré pour la partie située entre les Pays-Bas et l'Espagne, avec une échelle de latitude spécifique. Comme on empruntait parfois la route passant au nord de l'Écosse, l'encadré pouvait aller jusqu'à 63° nord. Dans la carte à *wassende graden* (projection Mercator), l'axe nord-sud ne pouvait tenir sur un unique morceau de vélin, du fait de l'étirement des latitudes loin de l'équateur. On proposait donc deux cartes pour la première partie du trajet, jusqu'au Cap, d'où un total de trois. Quant au trajet contournant l'Écosse, on pouvait le figurer sur deux peaux et se passer d'encadré. En ce qui concerne la traversée de l'océan Indien, l'étirement était moins sensible puisqu'on restait proche de l'équateur : une unique feuille de vélin suffisait. Quand l'itinéraire passait moins au nord, il fallait étendre la surface cartographiée jusqu'à 43° sud et le cartographe devait alors représenter une plus grande partie de l'Océan au sud, omettant la côte de la baie du Bengale, au nord, et, là encore, la taille du vélin devenait critique pour l'axe nord-sud. Quand la taille du vélin le permettait, le réseau de lignes pouvait aller jusqu'aux bords de la peau, mais on y ajoutait rarement des informations complémentaires. Si nécessaire, on utilisait le «cou» de l'animal, dont les vaisseaux sanguins sont parfois encore visibles.

Les cartes planes de l'Atlantique et de l'océan Indien sont réalisées selon la même échelle : 72 millimètres pour 100 milles néerlandais, comme l'indiquent les échelles de distances. Des déformations mineures peuvent être dues au fait que les cartes gondolent ou que le vélin se contracte. Certaines cartes anonymes et celles d'Abraham Anias ont une échelle plus petite de 5%. On ne connaît aucune instruction de la VOC à ce sujet ; ce chiffre se situe à peine au-delà de la déformation qu'on estime tolérable aujourd'hui. L'échelle des cartes côtières varie beaucoup en fonction des besoins. Par principe, les cartes Mercator ont une échelle variable, liée à la latitude, et n'incluent aucune échelle des distances.

LES CARTES DE L'OCÉAN INDIEN

Les cartes reflètent les itinéraires prescrits par la VOC. En 1615, la *Brouwer route* fut explorée par le commandant Brouwer, futur gouverneur général de Batavia. Cet itinéraire méridional mena à la découverte de *Nagtegaels Eylandt* et à l'utilisation des îles Saint-Paul et Amsterdam comme amers pour le détroit de la Sonde, les vents de sud-est permettant cette route. La difficulté à repérer l'axe est-ouest rendait cruciale l'observation visuelle de ces îles mais, comme elles n'étaient pas habitées, on pouvait facilement les manquer la nuit ou dans des conditions de mauvaise visibilité. C'était une cause d'accidents, les navires allant trop à l'est et s'échouant sur la côte australienne ; ce fut le cas du *Batavia* en 1629, et du *Zeewyk* en 1727. Ces malheurs étaient dûment notés sur les cartes, où figurait aussi l'inscription *Tryall's Rudsen*, le naufrage du navire anglais *Tryall*, en 1622, étant entré dans l'histoire. Pour l'océan Indien, la découverte des îles Dina et Maarseveen, du nom des navires (aujourd'hui île Marion et île du Prince-Édouard), fut signalée en 1663. Leur emplacement exact fut contesté, vérifié et finalement validé. Pour les navires à court de vivres, les cartes offraient des informations : où trouver des cochons, des noix de coco, de l'eau de source, et non l'eau salée (*soute spruyten*) des fleuves côtiers ? Un *negorij* (village local) pouvait être une source de ravitaillement et c'était mieux encore là où la côte était *al met volck bewoont* (peuplée partout). Le dernier virage vers l'est au *Vierde Hoeck* (quatrième cap) de Java annonçait la dernière ligne droite jusqu'à Batavia, où le port était mauvais, mais où la rade était bonne puisque les navires y jouissaient de la protection du *Casteel*, la forteresse de Batavia, qui constituait le grand centre commercial et administratif de la VOC en Extrême-Orient.

Les cartes sur vélin de la VOC peuvent être considérées comme les derniers portulans ; dépassant le cadre initial de la Méditerranée, elles en sont venues à couvrir le monde

136.

136
Plat de fabrication chinoise avec motif de bateau
[Chine], 1756

La porcelaine importée du Japon ou de la Chine représentait l'un des axes du commerce de la VOC, la production se développant en Chine pour l'exportation, avec des motifs chinois ou occidentaux. Ce plat rappelle la campagne en Chine du *Vrijburg*, en 1756, sous le commandement du capitaine Jacob Ryzik.

Paris, musée Guimet, coll. Grandidier G 106.
Porcelaine, 38 cm de diamètre

entier, processus déjà entamé par les cartographes espagnols et portugais. Leur apparence aussi changea : les cartes marines artistement décorées se firent très rares, priorité étant donnée à des cartes austères, conçues exclusivement pour la navigation, adaptées au mode de vie calviniste des Néerlandais. L'organisation rigoureuse de la VOC a permis aux cartographes de conformer leur production à des normes communes qui se sont maintenues pendant deux cents ans. L'actualisation des cartes se faisait grâce aux rapports des marins, aux informations fournies par les explorations scientifiques ou recueillies auprès de sources diverses. Plusieurs dizaines de milliers de cartes furent alors réalisées, dont seules quelques centaines ont survécu. La collection de la Bibliothèque nationale de France présente à ce titre un intérêt particulier, car elle en conserve un ensemble considérable°.

Hans Kok
Texte traduit de l'anglais par Laurent Bury

° Voir, dans le présent volume,
Catherine Hofmann,
« Fascination des portulans ».

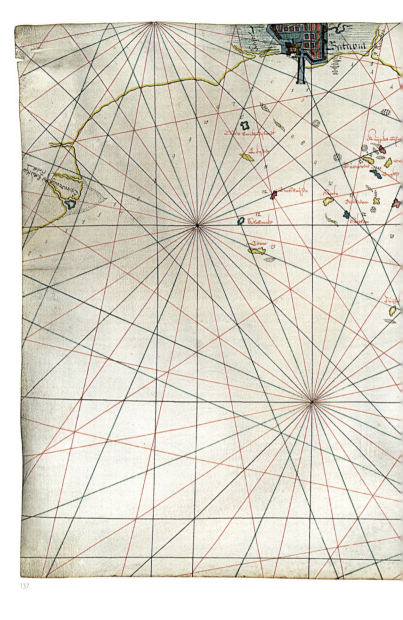

137

Joan Blaeu, *Carte de la côte nord de Java, entre Bantam et Batavia*
[Amsterdam], 1688

Joan II Blaeu, qui succéda à Joan I en 1672, a réalisé sur une demi-feuille de parchemin cette carte dont la rose principale, en bas, est elle aussi coupée en deux. Pour faciliter la tâche du pilote, la côte se présente face à lui, comme le rivage qu'il aborde, et donc le sud en haut.

Paris, BNF, Cartes et Plans, GE SH PF 192 DIV 3 P 4 (RES). Manuscrit sur parchemin, 41,5 × 103 cm

L'OCÉAN INDIEN

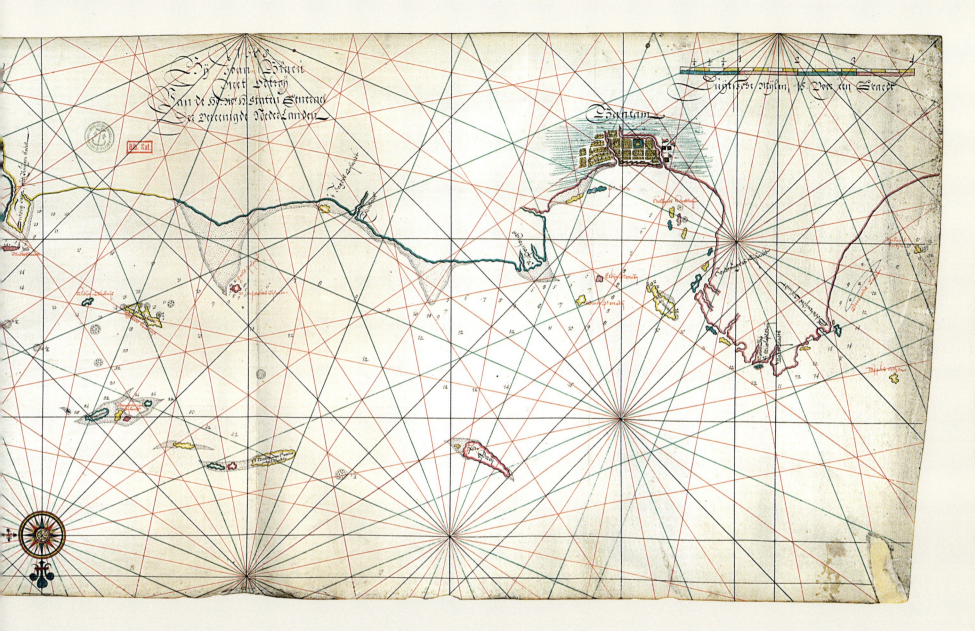

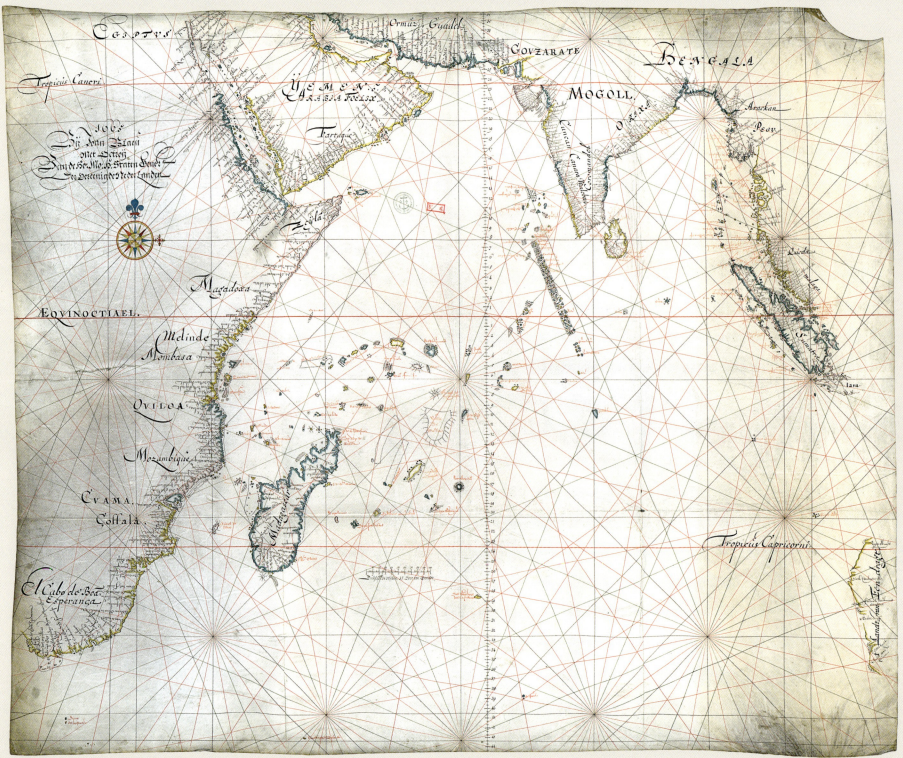

138

Joan Blaeu, *Carte de l'océan Indien*
[Amsterdam], 1665

On voit ici l'ensemble de l'océan Indien, où se trouvent les implantations commerciales de la VOC, avec l'escale technique du cap de Bonne-Espérance, fondée en 1652. Cette carte est l'œuvre du deuxième membre de la dynastie des Blaeu à occuper la fonction de cartographe officiel de la Compagnie.

Paris, BNF, Cartes et Plans, GE SH 18 PF 213 DIV 3 P ½ (RES). Manuscrit sur parchemin, 71 x 89 cm

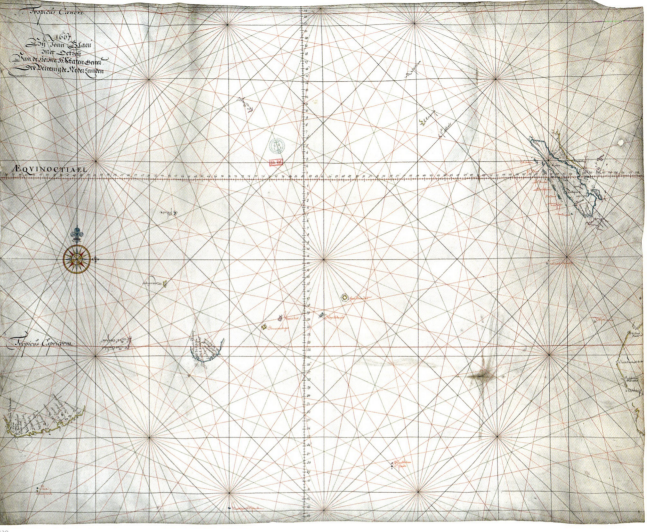

139

139

Joan Blaeu, *Carte de l'océan Indien, du Cap au détroit de la Sonde*
[Amsterdam], 1667

Construite selon la projection de Mercator, cette carte présente des échelles de longitude et de latitude. Malheureusement, cette méthode, avec l'incertitude des mesures de longitude, rendait impossible le placement de certaines terres, d'où, ici, l'absence de nombreuses îles, écueils ou côtes : seule la pointe méridionale de Madagascar y figure…

Paris, BNF, Cartes et Plans,
GE SH 18 PF 213 DIV 3 P 3/1 (RES).
Manuscrit sur parchemin, 77 x 97 cm

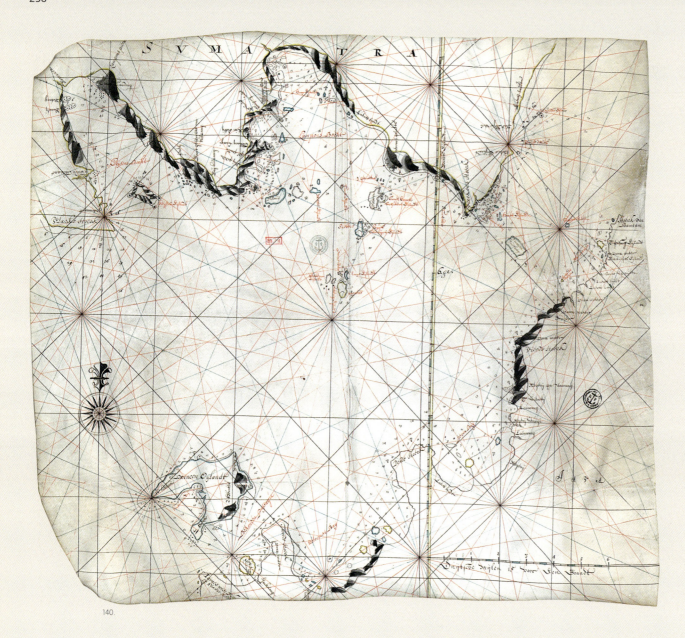

140.

140
**Carte hollandaise
du détroit de la Sonde**
Vers 1690

Sur cette carte anonyme, la toponymie hollandaise indique par des ancres les endroits où l'on peut mouiller et par une mention à l'encre noire ceux où l'on peut trouver de l'eau. On voit aisément la filiation entre cette carte et celle produite par Thornton en 1699 (voir ill. 104).

Paris, BNF, Cartes et Plans,
GE SH 18 PF 194 DIV 2 P1/8 (RES).
Manuscrit sur parchemin, 68 × 78 cm

141
**Fred Woldemar,
*Rade de Macassar***
1660

Le 12 juin 1660, les Hollandais attaquent le comptoir de Macassar, installé par les Portugais dans l'île des Célèbes en 1525. Un cartouche donne la légende de toute la scène avec le nom des navires et des vaisseaux engagés. La perte de Macassar (et celle de Bantam, en 1682) marqua l'effondrement de l'empire portugais en Asie.

Paris, BNF, Cartes et Plans - Société de Géographie,
SG BON Y 832 (RES). Manuscrit enluminé sur parchemin, 70,5 × 90 cm

L'OCÉAN INDIEN

CARTE DE L'OCÉAN PACIFIQUE
HESSEL GERRITSZ.

142
Hessel Gerritsz., *Carte de l'océan Pacifique*
[Amsterdam], 1622

Cette grande carte manuscrite sur parchemin (107 x 141 cm) est l'œuvre de Gerritsz., cartographe officiel de la Compagnie des indes néerlandaises entre 1617 et 1633. Il ne s'agit pas, à la différence de la quasi-totalité de sa production, d'un portulan destiné à la navigation et caractérisé par sa sobriété, mais d'une carte luxueuse dressée pour les directeurs de la VOC.

Pour réunir toutes les informations disponibles sur le Pacifique, elle évoque l'histoire de sa découverte, avec les portraits de Balboa, de Magellan et de Lemaire. Elle offre l'état le plus récent des découvertes dans cette partie du monde : on y voit ainsi, sous le nom de Nueva Guinea, une partie de la côte nord de l'Australie, découverte par Jansz. en 1606. La carte présente surtout, en un programme iconographique d'une grande originalité, les conditions de navigation dans le Pacifique : même si les Hollandais en paraissent pratiquement les maîtres, la VOC doit prendre en compte, pour le choix des routes et le développement de son activité, les conditions météorologiques avec les risques qu'elles entraînent : vents forts mais réguliers au nord, calmes qui immobilisent les bateaux dans la zone torride et tempêtes du Pacifique sud, où les navires, sous voiles réduites, sont secoués par une mer hostile, comme on le voit dans les récits des voyages antérieurs.

La carte a été corrigée ultérieurement, sans doute par le successeur de Gerritsz. : la date a été changée (1634) et un cartouche avec un petit planisphère à latitudes croissantes a été ajouté, faisant état de conceptions cartographiques plus récentes, comme le caractère insulaire de la Californie.

H. R.

BNF, Cartes et Plans, GE SH ARCH 30 (RES).
Manuscrit enluminé sur parchemin, 107 x 141 cm

142 a
Bateaux pris dans les « quarantièmes rugissants »

Voir p. 242-243

142 b
Bateaux hollandais dans le Nord du Pacifique

Voir p. 244-245

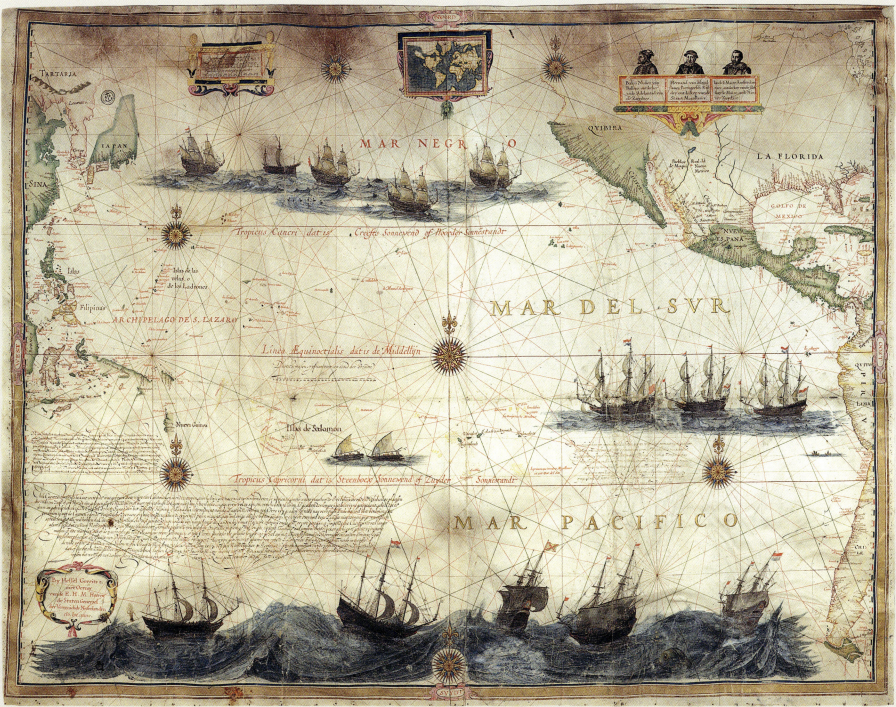

142 c
Bateaux hollandais dans le calme de la zone tropicale

Voir p. 244-245

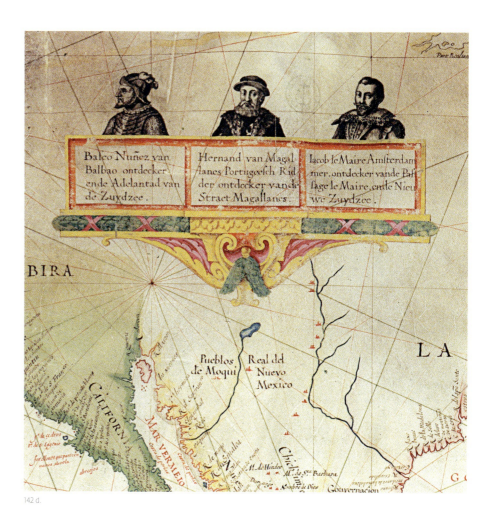

142 d.

142 d
Portraits des découvreurs du Pacifique : Balboa, Magellan et Lemaire

ORIENTATIONS BIBLIOGRAPHIQUES

Maria Fernanda Alegria, Suzanne Daveau, João Carlos Garcia, Francesc Relaño, « Portuguese Cartography in the Renaissance », dans David Woodward (éd.), *Cartography in the European Renaissance*, série « The history of cartography » (vol. 3), Chicago / Londres, University of Chicago Press, 2007.

Roberto Almagià, *I lavori cartografici di Pietro e Jacopo Russo*, Rome, Accademia Nazionale dei Lincei, 1957, p. 301-320 [tiré à part de *Rendiconti della classe di scienze morali, storiche e filologiche*, série VIII, vol. XII, fasc. 7-10, juillet-octobre 1957].

Joaquim Alves Gaspar, « From the Portolan Chart of the Mediterranean to the Latitude Chart of the Atlantic: Cartometric Analysis and Modeling », thèse de doctorat, Lisbonne, Universidade Nova de Lisboa, 2010.

Corradino Astengo, *La Cartografia nautica mediterranea dei secoli XVI e XVII*, Gênes, Erga, 2000.

Corradino Astengo, « The Renaissance Chart Tradition in the Mediterranean », dans David Woodward (éd.), *Cartography in the European Renaissance*, série « The history of cartography » (vol. 3), Chicago / Londres, University of Chicago Press, 2007, t. 1, p. 174-241.

El Atlas catalán de Cresques Abraham. El primer atlas del Mundo. Primera edición completa en el sexcentésimo aniversario de su realización, 1375-1975, Barcelone, Diafora, 1975.

António Barbosa, *Novos subsídios para a história da ciência náutica portuguesa, na época dos descobrimentos*, 2e éd., Porto, Instituto para a Alta Cultura, 1948.

Romain Bertrand, *L'Histoire à parts égales. Récits d'une rencontre Orient-Occident (XVIe-XVIIe siècles)*, Paris, Seuil, 2011.

Jean-Marc Besse, *Les Grandeurs de la Terre. Aspects du savoir géographique à la Renaissance*, Paris, ENS Éditions, 2003.

Zoltán Biedermann, Dejanirah Couto, Jean-Louis Bacqué-Grammont et Mahmoud Taleghani, *Atlas historique du golfe Persique, XVIe-XVIIIe siècle*, Turnhout, Brepols, coll. « Terrarum orbis » (6), 2006.

Patrick Boucheron (dir.), *Histoire du monde au XVe siècle*, coord. par Yann Potin, Pierre Monnet et Julien Loiseau, Paris, Fayard, 2009.

Nathalie Bouloux, *Culture et savoirs géographiques dans l'Italie du XIVe siècle*, Turnhout, Brepols, coll. « Terrarum orbis » (2), 2002.

Anna-Dorothee von den Brincken, *Kartographische Quellen Welt-, See- und Regionalkarten*, Turnhout, Brepols, coll. « Typologie des sources du Moyen Âge occidental » (51), 1988.

Tony Campbell, « The Drapers' Company of chart-makers », dans Sarah Tyacke et Helen Wallis (éd.), *My head is a map*, Londres, Francis Edwards and Carta Press, 1973.

Tony Campbell, « Portolan Charts from the Late Thirteenth Century to 1500 », dans John Brian Harley et David Woodward (éd.), *Cartography in pre-historic ancient and medieval Europe and the Mediterranean*, série « The history of cartography » (vol. 1), Chicago / Londres, University of Chicago Press, 1987, p. p. 371-463.

Giuseppe Caraci, « Il cartografo messinese Joan Martines e l'opera sua », dans *Atti della Reale Accademia Peloritana*, s. l., s. n., 1935, vol. 37, p. 619-667.

Angelo Cattaneo, *Fra Mauro's mappa mundi and Fifteenth century Venice*, Turnhout, Brepols, coll. « Terrarum orbis » (8), 2011.

Guglielmo Cavallo (éd.), *Cristoforo Colombo e l'apertura degli Spazi. Mostra storico-cartografica*, catalogue d'exposition (Gênes, Palazzo Ducale, Commitato Nazionale per le celebrazioni del V centenario della scoperta dell'America), Rome, Istituto poligrafico e Zecca dello Stato, 1992.

Henri Cordier, « L'Extrême-Orient dans l'Atlas catalan de Charles V, roi de France », *Bulletin de géographie historique et descriptive*, Paris, 1895, p. 19-64.

Armando Cortesão et Luís de Albuquerque, *History of Portuguese Cartography*, 2 vol., Lisbonne, Junta de Investigações do Ultramar, 1969-1971.

Armando Cortesão, Avelino Teixeira da Mota et Alfredo Pinheiro Marques, *Portugaliæ Monumenta Cartographica*, 6 vol., fac-similé, Lisbonne, Imprensa Nacional – Casa da Moeda, 1987.

Surekha Davies, « French Depictions of Brazilians on Sixteenth-Century Maps », *The Historical Journal*, 55-2, 2012, p. 217-238.

Surekha Davies, « The Wondrous East in the Renaissance Geographical Imagination: Marco Polo, Fra Mauro and Giovanni Battista Ramusio », *History and Anthropology*, 23-2, 2012, p. 215-234.

Marcel Destombes, « François Ollive et l'hydrographie marseillaise au XVIIe siècle », *Neptunia*, n° 37, juin 1954, p. 1-4.

Massimo Donattini, *Spazio e modernità : libri, carte, isolari nell'età delle scoperte*, Bologne, CLUEB, 2000.

Evelyn Edson, *Mapping time and space: how medieval mapmakers viewed their world*, Londres, British Library, 1997.

Piero Falchetta, *Fra Mauro's world map: with a commentary and translations of the inscriptions*, Turnhout / Venise, Brepols, /Biblioteca Nazionale Marciana, coll. « Terrarum orbis » (5), 2006.

Arturo Ferretto « I cartografi Maggiolo oriundi di Rapallo », *Atti della Società Ligure di Storia Patria*, vol. 52 (*Miscellanea geo-topografica*), 1924, p. 53-83.

Myriem Foncin, Marcel Destombes et Monique de La Roncière, *Catalogue des cartes nautiques sur vélin conservées au département des Cartes et Plans*, Paris, Bibliothèque nationale, 1963.

Patrick Gautier Dalché, *Carte marine et portulan au XIIe siècle : le Liber de existencia riveriarum et forma maris nostri Mediterranei (Pise, circa 1200)*, Rome, École française de Rome, 1995.

Patrick Gautier Dalché, *Du Yorkshire à l'Inde : une géographie urbaine et maritime de la fin du XIIe siècle, Roger de Howden ?*, Genève, Droz, 2005.

Patrick Gautier Dalché, *La Géographie de Ptolémée en Occident (IVe-XVIe siècle)*, Turnhout, Brepols, coll. « Terrarum orbis » (9), 2009.

Patrick Gautier Dalché, « Un problème d'histoire culturelle : perception et représentation de l'espace au Moyen Age », *Médiévales*, n° 18, 1990, p. 5-15.

Sebastiano Gentile, *Firenze e la scoperta dell'America. Umanesimo e geografia nel'400 Fiorentino*, Florence, L. S. Olschki, 1992.

John Brian Harley et David Woodward (éd.), *Cartography in pre-historic, ancient and medieval Europe and the Mediterranean*, série « The history of cartography » (vol. 1), Chicago / Londres, University of Chicago Press, 1987.

John Brian Harley et David Woodward (éd.), *Cartography in the traditional East and Southeast Asian societies*, série « The history of cartography » (vol. 2), Chicago / Londres, University of Chicago Press, 1994.

Margriet Hoogvliet, *Pictura et Scriptura. Textes, images et herméneutique des Mappæ Mundi (XIIIe-XVIe siècle)*, Turnhout, Brepols, coll. « Terrarum orbis » (7), 2007.

Youssouf Kamal, *Monumenta cartographica Africæ et Ægypti*, Le Caire, Société royale de géographie d'Égypte, 1926-1951, 16 vol. [réédé. 1987].

Hans Kok et Günter Schilder, *Sailing for the East: History and Catalogue of Manuscript Charts on Vellum of the Dutch East India Company VOC, 1602-1799*, Houten, Hes & De Graaf Publishers, coll. « Utrecht Studies of the History of Cartography » (10), 2010.

Monique de La Roncière et Michel Mollat du Jourdin, *Les Portulans. Cartes marines du XIIIe au XVIIe siècle*, Fribourg / Paris, Office du Livre / Nathan, 1984.

Olivier Le Carrer, *Océans de papier : histoire des cartes maritimes des périples antiques au GPS*, Grenoble, Glénat, 2006.

Frank Lestringant, *Le Livre des îles : atlas et récits insulaires de la Genèse à Jules Verne*, Genève, Droz, 2002.

Frank Lestringant, *L'Atelier du cosmographe ou l'image du monde à la Renaissance*, Paris, Albin Michel, 1991.

Gabriel Llompart Moragues, Ramon J. Pujades i Bataller et Julio Samsó, *El Mon i els dies : l'atles català, 1375*, Barcelone, Enciclopèdia Catalana, 2005.

Luisa Martín-Merás, *Cartografía marítima hispana : la imagen de América*, Madrid, Lunwerg, 1993.

Luisa Martín-Merás, « La expansión atlántica de la corona de Castilla », dans *Juan de la Cosa y la época de los descubrimientos*, Madrid, Sociedad Estatal de Conmemoraciones Culturales, 2010, p. 33-49.

Ernesto Milano, *La Carta del Cantino e la rappresentazione della Terra nei codici e nei libri a stampa della Biblioteca Estense e Universitaria*, Modène, Il Bulino, 1991.

Konrad Miller, *Mappæ Arabicæ*, Stuttgart, publié par l'auteur, 1926.

Mireille Pastoureau, *Voies océanes. Cartes marines et grandes découvertes*, Paris, Bibliothèque nationale, 1992.

Monique Pelletier (dir.), *Couleurs de la Terre. Des mappemondes médiévales aux images satellitales*, catalogue d'exposition (Bibliothèque nationale de France, 1998-1999), Paris, Seuil / BNF, 1998.

Richard Pflederer, *Census of Portolan Charts & Atlases*, Williamsburg (VA), publié par l'auteur, 2009.

Ramon J. Pujades i Bataller, *La Carta de Gabriel de Vallseca de 1439 / Gabriel de Vallseca's 1439 Chart*, Barcelone, Lumenartis, 2009.

Ramon J. Pujades i Bataller, *Les Cartes portolanes : la representació medieval d'una mar solcada*, Barcelone, Institut Cartogràfic de Catalunya / Institut d'Estudis Catalans / Institut europeu de la Mediterrània, 2007.

Henry Raup Wagner, *The manuscript Atlases of Battista Agnese*, Chicago, University Press, coll. « The Papers of the Bibliographical Society of America » (25), 1931, p. 1-110.

Francesc Relaño, *The Shaping of Africa: Cosmographic Discourse and Cartographic Science in Late Medieval and Early Modern Europe*, Aldershot, Ashgate, 2002.

Julio Rey Pastor et Ernesto García Camarero, *La Cartografía Mallorquína*, Madrid, Consejo Superior de Investigaciones Científicas, 1960.

Vicenç M. Rosselló i Verger, *Portolans procedents de colleccions espanyoles*, Barcelone, Institut Cartogràfic de Catalunia, 1995.

Alison Sandman, « Spanish Nautical Cartography in the Renaissance », dans David Woodward (éd.), *The History of Cartography*, vol. III, *Cartography in the European Renaissance*, Chicago, University of Chicago Press, 2007, partie I, p. 1095-1142.

Günter Schilder et Marco Van Egmond, « Maritime Cartography in the Low Countries during the Renaissance », dans David Woodward (éd.), *The History of Cartography*, vol. III, *Cartography in the European Renaissance*, Chicago, University of Chicago Press, 2007, partie II, p. 1384-1432.

Fuat Sezgin, *Mathematical Geography and Cartography in Islam and their continuation in the Occident*, Francfort-sur-le-Main, Institute for the History of Arabic-Islamic Science, 2005, 2 vol.

Tom Smith, « The Thames School », dans Norman J. W. Thrower (éd.), *The Compleat Plattmaker: essays on chart, map, and globe making in England in the seventeenth and eighteenth centuries*, Berkeley, University of California Press, 1978.

Sanjay Subrahmanyam, *Vasco de Gama. Légende et tribulations du vice-roi des Indes*, trad. de l'anglais par Myriam Dennehy, Paris, Alma éditeur, 2012.

Luís Filipe Thomaz et Alfredo Pinheiro Marques, *Atlas Miller*, Barcelone, Moleiro, 2006 [volume de commentaires sur le fac-similé].

George Tolias, « Isolarii, Fifteenth to Seventeenth Century », dans David Woodward (éd.), *Cartography in the European Renaissance*, série « The history of cartography » (vol. 3), Chicago / Londres, University of Chicago Press, 2007, p. 263-284.

Sarah Toulouse, « Marine Cartography and Navigation in Renaissance France », dans David Woodward (éd.), *The History of Cartography*, vol. III, *Cartography in the European Renaissance*, Chicago, University of Chicago Press, 2007, partie II, p. 1550-1568.

Sarah Tyacke, *Before Empire: The English World picture in the sixteenth and early seventeenth centuries*, Londres, Hakluyt Society, 2001.

Sarah Tyacke, « Chartmaking in England and its context, 1550-1650 », dans David Woodward (éd.), *Cartography in the European Renaissance*, série « The history of cartography » (vol. 3), Chicago / Londres, University of Chicago Press, 2007, partie II, p. 1722-1753.

GLOSSAIRE

Emmanuelle VAGNON, « Les rivages africains de l'océan Indien. Cartographies occidentales du XIVe au XVIe siècle », dans *Cartes et géomatique* (revue du Comité français de cartographie), n° 210, décembre 2011, actes du colloque « Cartographier l'Afrique » (2-3 décembre 2010), p. 63-78.

Charles VERLINDEN, *Quand commença la cartographie portugaise ?*, tiré-à-part de *Revista da Universidade de Coimbra*, vol. XXVII (Centro de Estudos de Cartografia Antiga), Coimbra, Junta de Investigações Científicas do Ultramar, 1979.

David WATERS, *The Art of navigation in England in Elizabethan and early Stuart Times*, New Haven, Yale University Press, 1958.

David WOODWARD (éd.), *The History of Cartography*, vol. III, *Cartography in the European Renaissance*, Chicago, University of Chicago Press, 2007.

Kees ZANDVLIET, *Mapping for money: maps, plans and topographic paintings and their role in Dutch overseas expansion during the 16th and 17th centuries*, Amsterdam, De Bataafsche Leeuw, 1998.

Kees ZANDVLIET, « Mapping the Dutch World Overseas in the Seenteenth Century », dans David WOODWARD (éd.), *The History of Cartography*, vol. III, *Cartography in the European Renaissance*, Chicago, University of Chicago Press, 2007, partie II, p. 1432-1433.

Gomes Eanes DE ZURARA, *Crónica do Descobrimento e Conquista da Guiné*, [1448], Lisbonne, Publicações Europa-América, 1989.

amer : point remarquable visible de la mer, qu'il soit naturel (sommet, roche, cap, îlot…) ou artificiel (clocher, phare, tour…).

arbalestrille ou **arbalète** ou **bâton de Jacob** : instrument permettant de mesurer la hauteur d'un astre (étoile ou Soleil) et donc la latitude du lieu d'observation. Utilisé entre le XIVe et le XVIIe siècle, il se présente comme une règle en bois, graduée en degrés, sur laquelle coulisse un curseur appelé « marteau ».

astrolabe nautique ou **astrolabe de mer** : astrolabe simplifié, mis au point au XVe siècle, qui sert exclusivement à prendre la hauteur du Soleil au-dessus de l'horizon et à déterminer la latitude du navire.

boussole : instrument de navigation constitué d'une aiguille magnétisée qui s'aligne sur le champ magnétique de la Terre. Voir compas de mer°.

cabotage : navigation qui se pratique le long des côtes ou pour de petites traversées, généralement sans perdre la terre de vue, par opposition à la navigation au long cours° ou navigation hauturière°.

cartouche (nom masculin) : cadre plus ou moins décoratif contenant le titre du document et les indications nécessaires à son identification.

Casa de contratación de las Indias : institution indépendante, fondée en 1503 à Séville, qui contrôlait tous les rapports commerciaux et financiers entre les personnes privées ou l'État, d'une part, et les colonies espagnoles en Amérique, d'autre part. Elle avait sa propre administration, ses services de douane, sa cour de justice, ses pilotes, qui enseignaient l'art de naviguer et de conduire les flottes ; elle faisait lever les cartes de territoires nouvellement conquis. L'un des plus célèbres *pilotos mayores* engagés par la Casa de contratación fut Amerigo Vespucci.

Cercle de réflexion de Borda : cercle permettant des mesures d'angle répétées pour les observations astronomiques (hauteur méridienne, distances lunaires, etc.). Tenu à la main et très maniable, cet instrument était utilisable en mer et a permis des observations très fiables pour les travaux hydrographiques.

compas de mer ou **boussole**° : instrument de navigation doté d'une aiguille aimantée qui se dirige toujours vers le nord magnétique, dans un cadran gradué où sont inscrits les points cardinaux.

déclinaison magnétique : différence de position entre le pôle réel de la sphère terrestre et le pôle magnétique indiqué par la boussole. Cette différence varie dans le temps et selon les lieux.

échelle d'une carte : rapport entre les distances linéaires mesurées sur la carte et les distances linéaires correspondantes mesurées sur le terrain.

échelle de latitude : échelle graphique graduée indiquant les latitudes, c'est-à-dire les distances angulaires, en degrés, sur un méridien depuis l'équateur.

échelle graphique (**de distances**) : segment gradué, divisé en parties égales, permettant d'évaluer les distances représentées sur la carte. L'échelle graphique peut se trouver dans le titre, dans la marge ou le long d'un filet du cadre.

hydrographie : partie de la géographie physique qui concerne les eaux maritimes ou douces ; cartographie des mers et des fleuves.

horloge / montre marine : horloge sous sa forme fixe, montre sous sa forme portative, il s'agit d'instruments de mesure du temps de haute précision mis au point en Angleterre et en France dans les années 1760-1770 et destinés à conserver l'heure du méridien d'origine, permettant ainsi un calcul aisé et plus rigoureux des longitudes ; au XIXe siècle, le terme « chronomètre marin » se substitue à celui de montre.

insulaire (italien *isolario*) : traduction française de l'italien, ce terme désigne un genre littéraire créé au XVe siècle en Italie. Il s'agit d'un recueil géographique composé principalement de descriptions d'îles accompagnées de cartes.

instructions nautiques : livre destiné aux marins, contenant des informations nécessaires à la navigation, description des ports et des côtes, principales routes de navigation, calendriers des phases de la Lune et des marées, etc.

latitude (par opposition à longitude°) : l'une des coordonnées d'un point à la surface terrestre, définie par la distance angulaire de ce point à l'équateur mesurée en degrés.

longitude (par opposition à latitude°) : l'une des coordonnées d'un point à la surface terrestre, définie par la distance angulaire de ce point au méridien d'origine mesurée en degrés.

long cours (**navigation au**) ou **navigation hauturière** : navigation en pleine mer, loin des côtes, qui oblige le pilote à observer les astres et à en mesurer la hauteur au-dessus de l'horizon pour en déduire sa latitude, d'où le qualificatif « hauturière ».

lignes de vents (huit vents, demi-vents, quarts de vents) : lignes indiquant les principales directions de la rose des vents° sur une carte marine (voir rhumb°).

loxodromie : courbe que l'on suit en mer pour se transporter d'un lieu à un autre et qui a la propriété de couper tous les méridiens sous un même angle ; elle est figurée par une droite sur les cartes en projection de Mercator.

mappemonde : au Moyen Âge, représentation figurée, schématique ou détaillée, de la totalité du monde habité, le plus souvent inscrit dans une forme géométrique conventionnelle (cercle ou ellipse).

navigation astronomique : technique de navigation qui consiste à déterminer sa position par l'observation des astres et la mesure de leur hauteur (c'est-à-dire l'angle entre la direction de l'astre et l'horizon).

navigation à l'estime : technique de navigation qui consiste à déduire la position du navire à partir de sa route et de la distance parcourue depuis sa dernière position connue. Cette méthode repose sur les instruments permettant de mesurer le cap du navire (compas°), sa vitesse (loch) et le temps écoulé (sablier) ; elle dépend aussi de l'estimation de l'influence de l'environnement (courants, vents) sur l'avancée du navire.

padrón real : on appelle ainsi, au début du XVIe siècle, la carte générale de référence, officielle, à partir de laquelle étaient supposées faites toutes les cartes de navigation à bord des navires espagnols. Elle était conservée à la Casa de Contratación à Séville.

pavillon : sur une carte, drapeau qui flotte sur un navire ou auprès d'un port, et en particulier au-dessus d'une vignette°.

planisphère : carte qui représente sur une surface plane les deux hémisphères terrestres.

périple : récit de circumnavigation ou, plus généralement, de voyage maritime.

point (**faire le**) : déterminer la position du navire à l'aide d'instruments de navigation.

portulan : texte décrivant les côtes, les ports et les conditions de la navigation dans un espace maritime donné. Étendu à la cartographie, le terme désigne à partir du XIXe siècle un recueil de plans de ports et, improprement, une carte marine ancienne.

projection : méthode de représentation de la surface terrestre sur un plan, et image obtenue par une telle méthode.

projection de Mercator : établie à la fin du XVIe siècle, cette projection permet au navigateur de reporter facilement sa route sur un canevas de méridiens et de parallèles orthogonaux, les parallèles étant positionnés à intervalles croissants à mesure que l'on s'éloigne de l'équateur. Elle a la propriété de figurer les routes loxodromiques par des droites qui coupent les méridiens à angles constants : un pilote n'a ainsi d'autres règles à suivre pour garder sa route que de maintenir un angle constant entre la direction du méridien, déterminée par l'aiguille aimantée (boussole°) corrigée de la déclinaison, et le cap fixé au départ.

quadrant : instrument de navigation utilisé pour mesurer la distance angulaire entre deux objets célestes. Il servait à faire le point en mer sur la position du navire en latitude°. Le nom de l'instrument vient du fait que son arc de mesure était composé d'un angle de 90 degrés, ce qui représente le quart d'un cercle.

remonter au vent : manœuvre consistant à disposer les voiles pour naviguer dans une direction aussi proche que possible de l'axe du vent (à contre-vent).

rhumb (lignes de rhumbs) : espace angulaire (de 11° 15') qui sépare deux des trente-deux directions de la rose des vents° (synonyme de « quart de vent »). Par extension, on appelle souvent « lignes de rhumbs » les lignes indiquant les directions des vents dessinées sur les anciennes cartes marines (voir lignes de vents°).

rose des vents : figure géométrique en forme d'étoile indiquant les 4 points cardinaux (nord, sud, est, ouest) et les orientations intermédiaires, jusqu'à 32 directions. Les roses des cartes marines portent traditionnellement les noms anciens des huit vents principaux (ou leur équivalent dans les autres langues) : tramontane (nord), grec (nord-est), levant (est), sirocco (sud-est), meridies (sud), libeccio (sud-ouest), ponant (ouest), mistral (nord-ouest).

route magnétique : en navigation, la route est l'angle entre la direction suivie par le navire, et la direction du nord géographique (route vraie) ou du nord magnétique (indiqué par la boussole° ou le compas de mer°). Autrefois, cet angle était exprimé par rapport aux points cardinaux, en quarts de la rose du compas (ou rose des vents°). Par exemple, une route « est quart nord-est ».

routier (portugais *roteiro*) :
1. – nom donné aux journaux de navigation des navigateurs portugais au XVIe siècle (composés de descriptions et de relevés de côtes et de cartes) ; par exemple le *Roteiro de Dom João de Castro* (1541) ;
2. – livre d'instructions nautiques ou manuel de pilotage rassemblant le savoir des marins ; par exemple *Le Grant Routier et Pilotage et enseignement pour ancrer tant es portz, havres que autres lieux de la mer*, de Pierre Garcie-Ferrande (qui fut de nombreuses fois imprimé à partir de 1483).

vignette : sur une carte, dessin en profil d'une cité.

LISTE DES PIÈCES EXPOSÉES

Les pièces qui font l'objet d'une notice dans l'ouvrage sont précédées du numéro de cette notice entre crochets droits.

Bibliothèque nationale de France

BNF, bibliothèque de l'Arsenal

ARS, 4° S 3476 et 3477 : F. Berthoud, *Traité des horloges marines*, 1773.

ARS, 8° H 1464 : Jean Paulmier de Courtonne, *Mémoires touchant l'établissement d'une mission chrestienne dans le troisième monde appelé la Terre Australe, méridionale, antarctique et inconnue*, 1663.

ARS, 8° NF 5082 bis (2e partie) : *Relation du voyage fait à la Chine sur le vaisseau l'Amphitrite*, 1700.

ARS, RESERVE Fol S 266 : Michel de Montaigne, *Les Essais*, 1595, chap. XXX : « Les Cannibales », p. 118-119.

[cat. 22] ARS, Fol S 1295 : Georges Fournier, *Hydrographie contenant la théorie et la practique de toutes les parties de la navigation*, 1643.

ARS, Ms. 3221 : *Déclaration du vóyage du Capitaine Gonneville et ses compagnons ès Indes*, 1502-1658.

[cat. 42] ARS, Ms. 8323 : Joan Martines, *Atlas nautique du monde*, 1583.

BNF, département des Cartes et Plans

CPL, GE A 275 (RES) : Arnold Floris van Langren, *Globe terrestre*, 1612-1616.

CPL, GE A 276 (RES) : Martin Behaïm, *Globe terrestre*, 1492 (fac-similé de 1847).

CPL, GE A 335 (RES) : *Globe vert*, vers 1507.

[cat. 45] CPL, GE A 850 (RES) : François Ollive, *Carte particulière de la mer Méditerranée*, 1662.

CPL, GE A 1064 (RES) : Gérard Mercator, *Mappemonde aux latitudes croissantes*, 1569.

[cat. 13] CPL, GE AA 562 (RES) : *Carte portulan dite « de Christophe Colomb »*, après 1488.

[cat. 11] CPL, GE AA 564 (RES) : Jorge Reinel (attribué à), *Planisphère*, vers 1519 (fac-similé de 1843).

[cat. 125] CPL, GE AA 565 (RES) : Pedro Reinel (attribué à), *Carte de l'océan Indien*, vers 1517 (fac-similé de 1843).

[cat. 32] CPL, GE AA 566 (RES) : Mecia de Viladestes, *Carte de la Méditerranée*, 1413.

[cat. 54] CPL, GE AA 567 (RES) : Anonyme, *Carte de la mer Égée*, XVIe siècle.

[cat. 73] CPL, GE AA 568 (RES) : Domingos Sanches, *Carte de l'océan Atlantique*, 1618.

[cat. 126] CPL, GE AA 569 (RES) : Evert Gijsbertsz, *Carte de l'océan Indien et des mers de Chine*, 1599.

[cat. 43] CPL, GE B 550 (RES) : Alvise Gramolin, *Carte de la mer Égée et de la mer de Marmara*, 1624.

[cat. 30] CPL, GE B 696 (RES) : Angelino Dulcert, *Carte de la Méditerranée*, 1339.

[cat. 7] CPL, GE B 1118 (RES) : *Carte pisane*, fin XIIIe siècle.

CPL, GE B 1132 (RES) : Gaspar Luis Viegas, *Carte de l'océan Atlantique*, 1534.

[cat. 135] CPL, GE B 1147 (RES) : Joan Blaeu (attribué à), *Carte de l'océan Atlantique sud*, vers 1655.

[cat. 50] CPL, GE B 1148 (RES) : anonyme portugais, *Carte de l'océan Atlantique*, 1549.

CPL, GE BB 246, vol. 17, f. 97 : *Bataille au large de Bantam entre les Portugais et les Hollandais*, gravure, 1603.

[cat. 114] CPL, GE C 5089 (RES) : Al-Sharfi, *Carte marine de l'océan Atlantique à la mer de Chine*, 1601.

[cat. 44] CPL, GE C 5093 (RES) : Francesco Oliva, *Carte de la Méditerranée*, 1603.

CPL, GE C 5110 (RES) : M. F. Gérard, *Carte du golfe du Mexique*, 1746.

CPL, GE CC 1128 : *Neptune français*, 1693.

CPL, GE CC 1551 (6) : *Mappemonde d'Ebstorf*, vers 1300 (fac-similé de 1898).

[cat. 70] CPL, GE CC 2719 (RES) : Andreas Homem, *Planisphère*, 1559.

[cat. 89] CPL, GE D 7894 (RES) : J. Troadec, *Carte de l'océan Atlantique xylographiée*, XVIe siècle.

CPL, GE D 7895 (RES) : Nicolas Desliens, *Planisphère*, 1566.

[cat. 82] CPL, GE D 7896 (RES) : Jean Cossin, *Mappemonde*, 1570.

[cat. 85] CPL, GE D 13871 (RES) : Jacques de Vau de Claye, *Carte de la côte du Brésil*, 1579.

CPL, GE DD 326 : Giovanni Ramusio, *Navigazioni e viaggi*, 1550, tome 1.

[cat. 129] CPL, GE DD 1009 (RES) : *Géographie de Ptolémée*, éd. par Martin Waldseemüller, 1513.

CPL, GE DD 1297 : J. Van Keulen, *De Groote Nieuwe Vermeerderde Zee-atlas*, 1695.

CPL, GE DD 1302 : Jean-Baptiste-Nicolas-Denis d'Après de Mannevillette, *Neptune oriental*, 1775.

CPL, GE DD 1398 : André Thevet, *Cosmographie universelle*, 1575.

CPL, GE DD 1605-1607 : Braun et Hogenberg, *Civitates orbis terrarum*, 1572, pl. 21 : Amsterdam.

CPL, GE DD 1605-1607 : Braun et Hogenberg, *Civitates orbis terrarum*, 1575, pl. 54 : Aden, Cefala, Monbaza, Quiloa.

CPL, GE DD 1831 : Melchisédech Thévenot, *Relations de divers voyages curieux*, 2e partie, Paris, 1664, pl. dépl. : côte orientale de l'Afrique.

CPL, GE DD 1988 (RES) : Grazioso Benincasa, *Atlas nautique*, 1467.

[cat. 60] CPL, GE DD 1989 (RES) : Bartolomeo da li Sonetti, *Isolario*, 1485.

CPL, GE DD 2013 (RES) : J. Teixeira Albernaz (attribué à), *Plantas das cidades, portos e fortalezas da conquista da India Oriental*, XVIIe siècle.

CPL, GE DD 2987 (63) (RES) : Oronce Fine, *Mappemonde cordiforme*, 1536.

CPL, GE DD 2987 (6813) : Huych Allard (éd.), *India quæ orientalis dicitur et Insulæ adiacentes*, XVIIe siècle.

[cat. 124] CPL, GE DD 2987 (6700) : João de Castro (attribué à), *Carte de la côte d'Arabie de Moka à Aden*, 1541.

CPL, GE DD 4796 (140) : Charles Beautemps-Beaupré, *Atlas du voyage de Bruny-Dentrecasteaux*, 1807, pl. 14 : carte de l'archipel de la Recherche.

CPL, GE FF 2036 : J. H. de Linschoten, *Histoire de la navigation... aux Indes orientales*, 1638.

CPL, GE FF 3500 (RES) : Henry Michelot, *Portulans de la Méditerranée ou le vray guide des pilotes costiers*, 1709.

CPL, GE FF 8183 (a3) : Théodore de Bry, *Brevis narratio eorum quæ in Florida Americæ provincia Gallis acciderunt, secunda in illam navigatione, duce Renato de Laudonnière*, 1591.

CPL, GE FF 8340 : Charles de Brosses, *Histoire des navigations aux terres australes*, 1756.

[cat. 55] CPL, GE FF 9351 (RES) : Cristoforo Buondelmonti, *Liber insularum Archipelagi*, XVe siècle.

CPL, GE FF 14409 (RES) : Joao Teixeira (attribué à), *Atlas nautique*, vers 1640.

CPL, GE FF 14410 (RES) : Battista Agnese, *Atlas nautique*, 1543.

[cat. 62] CPL, GE SH ARCH 1 (RES) : Nicolò de Caverio, *Planisphère*, vers 1505.

[cat. 79] CPL, GE SH ARCH 2 (RES) : Diego Gutiérrez, *Carte de l'océan Atlantique*, 1550.

CPL, GE SH ARCH 3 (RES) : Domingos Teixeira, *Planisphère nautique*, 1573.

[cat. 20] CPL, GE SH ARCH 6 (RES) : Pierre de Vaulx, *Carte de l'océan Atlantique*, 1613.

[cat. 10] CPL, GE SH ARCH 7 (RES) : Joris Carolus, *Carte de l'océan Arctique*, 1614.

CPL, GE SH ARCH 15 (RES) : Jean Guérard, *Carte universelle hydrographique*, 1634.

[cat. 142] CPL, GE SH ARCH 30 (RES) : Hessel Gerritsz., *Carte de l'océan Pacifique*, 1622.

CPL, GE SH 18 PF 16 P 10 (RES) : Pieter Blaeu, *Pascaart van alle de Zeecusten van Europa*, 1677.

[cat. 100] CPL, GE SH 18 PF 166 DIV 1 P 4 (RES) : Nicholas Comberford (attribué à), *Carte de l'embouchure de l'Amazone*, vers 1626.

CPL, GE SH 18 PF 177 DIV 2 P 1 (RES) : Teixeira Albernaz, *Carte de l'océan Pacifique*, 1649.

CPL, GE SH 18 PF 179 DIV 9 P 3 (RES) : *Carte de la rivière de Canton dressée pendant l'expédition d'Étienne Marchand*, 1792.

CPL, GE SH 18 PF 179 DIV 10 P 3 (2) D : *Plan de la rivière de Canton levé par le capitaine Nuddart*, 1787.

CPL, GE SH 18 PF 179 DIV 9 P 9 : *Carte plate d'une partie de la coste de la Chine*, vers 1752.

CPL, GE SH 18 PF 181 P 04 (RES) : John Thornton, *Carte de la mer de Chine*, vers 1700.

CPL, GE SH 18 PF 181 P 6 (RES) : John Thornton, *Carte du golfe de Siam, Cochinchine et Bornéo*, 1699.

CPL, GE SH 18 PF 187 DIV 3 P 1 (RES) : *Carte hollandaise d'une partie du littoral nord de la Nouvelle-Guinée*, 1705.

[cat. 137] CPL, GE SH 18 PF 192 DIV 3 P 4/1 (RES) : Joan Blaeu, *Carte de la côte nord de Java, de Batavia à Bantam*, 1688.

CPL, GE SH 18 PF 193 DIV 6 P 1 (RES) : *Vue de Bantam*, fin XVIIe siècle.

[cat. 104] CPL, GE SH 18 PF 194 DIV 2 P 4 (RES) : John Thornton, *Straights of Sinday*, 1699.

[cat. 103] CPL, GE SH 18 PF 206 DIV 2 P 1 (rouleau) (RES) : John Seller, *Coast of India from Gujarat to Malabar including Bombay*, 1684.

CPL, GE SH 18 PF 209 DIV 2 P 5 (RES) : John Thornton, *Carte du golfe Persique*, 1699.

CPL, GE SH 18 PF 213 DIV 3 P 2 (RES) : Teixeira Albernaz, *Carte de l'océan Indien*, 1649.

[cat. 139] CPL, GE SH 18 PF 213 DIV 3 P 3/1 (RES) : Joan Blaeu, *Carte de l'océan Indien*, 1667.

CPL, GE SH 18 PF 213 DIV 3 P 4 (RES) : John Burston, *Carte de l'océan Indien*, 1665.

CPL, GE SH 18 PF 213 DIV 3 P 12 (RES) : Pieter Goos, *Océan Indien*, 1660.

CPL, GE SH 18 PF 213 DIV 3 P 13 (RES) : Theunis Jacobsz., *Pascaerte van Oost-Indien*, 1630-1640.

CPL, GE D 26179 (RES) : *Atlas Miller*, 1519 – Hémisphère portugais (recto), signature et armes de Catherine de Médicis (verso).

CPL, GE AA 640 (RES) : *Atlas Miller*, 1519 – Océan Atlantique (recto).

CPL, GE DD 683 (RES) (f. 2) : *Atlas Miller*, 1519 – Europe du Nord (recto) et Açores (verso).

CPL, GE DD 683 (RES) (f. 3) : *Atlas Miller*, 1519 – Océan Indien, Arabie et Inde (recto) et Madagascar et Insulinde (verso).

CPL, GE DD 683 (RES) (f. 4) : *Atlas Miller*, 1519 – Magnus Sinus (recto) et mer de Chine et Moluques (verso).

CPL, GE DD 683 (RES) (f. 5) : *Atlas Miller*, 1519 – Brésil.

BNF, bibliothèque de la Société de géographie

SG BON 8° H 57 (RES) : André Thevet, *Les Singularitez de la France antarctique*, 1558.

[cat. 141] SG BON Y 832 (RES) : Fred Woldemar, *Rade de Macassar*, 1660.

SG GLOBE n° 17 (RES) : Didier Robert de Vaugondy, *Globe terrestre*, 1773.

[cat. 41] SG Y 1704 (RES) : Jacopo Maggiolo, *Carte de la Méditerranée*, 1563.

BNF, département des Estampes

EST, Ec7 d 2 fol. (p. 127) : cannibales, dans Théodore de Bry, *Grands voyages, terres australes*, 1590.

EST, Ec7 d 3 (f. 2) : esclaves noirs employés dans les mines d'Amérique du Sud par les Espagnols, dans Théodore de Bry, *Grands voyages*, partie 5, *Americæ pars quinta*, 1590.

EST, Ja 31 in-fol. (f. 17 v°-18) : muscade, dans *Histoire naturelle tirée du recueil du maréchal de Richelieu*, 1733.

EST, Jd 13 (6) pet. fol. (f. 585) : *Esclave noir et Cardamomum minus*, 1773.

EST, Jd 48 pet. fol. (livre 3, p. 152) : Inde et Indigo dans une fabrique dont les ouvriers sont des esclaves noirs, dans *Histoire générale des drogues*, 1695.

EST, Li 72 (6) fol. : *Vue d'optique du magasin de la Compagnie des Indes orientales à Amsterdam*, 1760.

EST, Md 43 (14) fol. : *Cosmographe dans son cabinet de travail*, gravure de Philippe Galle, 1580.

EST, Od 59 pet. fol. : *Mission française auprès du roi de Siam*, 1688, pl. 7 : éclipse du soleil en 1688.

EST, Rés. B 6 fol. : *Oiseau avec paysages, cabanes et canoë d'Amérique du Nord par Desmon*, offert au marquis de Turgot, 1763.

EST, Rés. Ca 4b fol. : Albrecht Durer, *Rhinocéros*, XVIe siècle.

EST, Rés. Ja 25 boîte fol. : fraise, espèce américaine introduite en Europe au XVIIe siècle, pl. 97 du *Florilège de Nassau*, 1662.

EST, Rés. Ja 25 boîte fol. : jasmin, espèce américaine introduite en Europe au XVIIe siècle, pl. 79 du *Florilège de Nassau*, 1662.

EST, Rés. Ja 25 boîte (4) : figuier de Barbarie (ou Berbérie) introduit en Europe au XVIe siècle, pl. 96 du *Florilège de Nassau*, 1672.

EST, Td 24 vol. 15 (M21101) : *Allégories des quatre parties du Monde*, XVIIe siècle.

EST, Td mat 1a : Collaert, *Allégorie de l'Afrique*, XVIIe siècle.

EST, Td mat 1a : Collaert, *Allégorie de l'Amérique*, XVIIe siècle.

EST, Td mat 1a : Collaert, *Allégorie de l'Asie*, XVIIe siècle.

EST, Td mat 1a : Collaert, *Allégorie de l'Europe*, XVIIe siècle.

EST, Vd 25 4 fol. : Braun et Hogenberg, *Calicut Calechut celeberrimum Indiæ emporium*, XVIIe siècle.

EST, Vd 25 6 fol. : *Baie de Goa, siège par les Hollandais*, 1638.

BNF, département des Manuscrits

[cat. 101] MSS, anglais 51 : *Journal de F. Drake aux Indes occidentales*, 1595-1596.

MSS, arabe 2188 : Ibn al-Wardî, *Perle des merveilles et joyau des raretés*, traité de cosmographie, XVe siècle.

MSS, arabe 2214 : Ibn Hawqal, *Traité de géographie*, accompagné de cartes, copie XVe siècle.

[cat. 111] MSS, arabe 2221 : Al-Idrîsî, *Amusement pour qui désire parcourir les différentes parties du monde*, XIIIe siècle.

MSS, arabe 2278 : Al-Sharafi, *Portulan de la mer Méditerranée*, 1551.

MSS, chinois 4024 : *Histoire du voyage en Occident de l'eunuque San bao*, 1597.

[cat. 25] MSS, espagnol 30 (RES) : Abraham Cresques (attribué à), *Atlas catalan*, vers 1375.

MSS, français 1378 : *Secrets de l'histoire naturelle*, vers 1428 ; f. 11 v° : veuve indienne sur un bûcher.

[cat. 86 et 87] MSS, français 150 : Jacques de Vaulx, *Premières Œuvres*, 1583.

MSS, français 12201 : Hayton, *Fleur des histoires d'Orient*, XVe siècle ; f. 17 v° : « De la nation des Tartares ».

MSS, français 12223 : *Traitté des animaux à quatre pieds terrestres et amphibies, qui se trouvent dans les Indes occidentales, ou Amérique septentrionale*, XVIIIe siècle.

[cat. 83] MSS, français 19112 : Guillaume Le Vasseur, *Traité de Géodrographie*, 1608.

[cat. 9] MSS, français 20122 : Augustin Roussin, *Atlas nautique*, 1633.

[cat. 107] MSS, français 22971 : *Livre des merveilles du monde ou le Secret de l'histoire naturelle*, vers 1480 (enluminures par Robinet Testard).

[cat. 61] MSS, français 24224 : Antonio Pigafetta, *navigation et discovrement de la Indie supérieure*, XVIe siècle.

MSS, français 24225 : M.L.N.P., *Histoire naturelle ou la fidelle recherche de tout ce qu'il y a de rare dans les Indes Occidantalles*, vers 1675.

MSS, français 24269 (f. 53-54) : *Glossaire franco-indien (tupi) du Brésil*, 1540.

[cat. 88] MSS, français 25374 : Guillaume Brouscon, *Manuel de pilotage à l'usage des marins bretons*, 1548.

MSS, français 2700 (f. 11 v°, n° 201) : *Inventaire de la bibliothèque royale où est mentionné l'Atlas catalan*, XIVe siècle.

[cat. 108] MSS, français 2810 (RES) : *Livre des Merveilles, contenant entre autres les voyages de Marco Polo et Jean de Mandeville*, XVe siècle.

MSS, français 5589 : Jacques Cartier, *Seconde navigation faicte par le commandement et vouloir du très chrestien roy Françoys Premier de ce nom*, après 1536.

[cat. 37] MSS, français 9669 : Angelus, *Atlas nautique*, 1575.

[cat. 39] MSS, latin 18249 : Battista Agnese, *Atlas nautique*, vers 1550.

[cat. 28] MSS, latin 3123 (f. 134 v°) : Roger de Howden (attribué à), *De viis maris*, 2e quart du XVe siècle.

MSS, latin 4798 : Strabon, *Géographie*, vers 1470 (manuscrit enluminé par Francesco di Antonio del Chierico).

[cat. 115] MSS, latin 4802 : Ptolémée, *Géographie*, XVe siècle.

MSS, latin 5565 A, f. 101 : diverses représentations de bateaux (ici caravelles et galère), 1465-1474, enluminure.

MSS, latin 6142, f. B v° : nave ou caravelle, XVe siècle, enluminure

[cat. 109] MSS, latin 8878, f. 45 v°-46 : *Mappemonde de Beatus de Liebana* (manuscrit de Saint-Sever), XIe siècle.

MSS, Moreau 770, f. 60-62 : contrat pour l'affrètement de trois navires destinés au voyage des Indes, 1526.

MSS, NAF 9256 : *Relation de voyage de Samuel de Champlain*, 1599.

MSS, NAL 1180 : Pomponius Mela, *Cosmographiæ liber*, milieu du XVe siècle.

[cat. 40] MSS, NAF 1465 : Roussin, *Atlas nautique de la Méditerranée*, 1672.

[cat. 117] MSS, Pelliot B 1400, vol. 8, fasc. 73 : *Wu bei Zhi*, XVIIe siècle.

[cat. 130] MSS, portugais 1 : Pedro Barreto de Resende, *Livro do estado da India oriental*, après 1635.

MSS, portugais 41 : Gomes Eanes de Zurara, *Cronica da Guiné*, 1453.

MSS, Rothschild 1954 : Martin Waldseemüller, *Cosmographiæ introductio... Insuper quattuor Americi Vespucii navigationes*, 1507.

[cat. 58] MSS, suppl. turc 956 : Pirî Reis, *Kitâb-i bahriyye*, 1525-1526.

BNF, département des Monnaies, Médailles et Antiques

MMA, bab 593 : camée représentant un souverain africain, XVIe siècle.

MMA, bab 595 : camée représentant un roi africain avec un carquois, XVIe siècle.

MMA, bab 604 : allégories des continents Afrique et Europe, XVIe siècle.

BNF, Réserve des livres rares

RLR, ZZ-3769 : *Lettre du sieur de Lozier-Bouvet... à Messieurs de la Compagnie des Indes. À Lorient, le 26 juin 1739*, 1758.

RLR, Rés. G 345 : Pierre d'Ailly, *Tractatus de imagine mundi*, 1483.

RLR, Rés. G 46 (1) : Lucas Jansz. Waghenaer, *Speculum nauticum super navigatione maris occidentalis*, 1586.

RLR, Rés. O² k 5 : Francisco Alvares, *Ho Preste Joam das Indias*, 1540.

RLR, Rés. P V 128 : Pierre Garcie, *Grand routier et pilotage*, 1531.

Autres institutions françaises

Écouen, musée national de la Renaissance

Inv. E. CL. 22254 a et 22254 b : fourchette et cuiller en argent, XVIe siècle.

Dieppe, Musée-château

[cat. 34] Inv. 964.4.1 : coffre de marin, Nuremberg, XVIIe siècle.

Dijon, bibliothèque municipale

Ms. 550 : Anonyme portugais, *Carte de la Méditerranée*, vers 1510

La Rochelle, musée du Nouveau Monde

Gregor Brandmuller, *Allégorie des quatre continents*, 1682

Lyon, bibliothèque municipale

Ms. 172, f. 5 : Jean de Sacrobosco, *Tractatus de spera*, XVe siècle.

[cat. 17] Ms. 175 : Pietro Vesconte, *Atlas nautique*, 1319.

[cat. 8] Ms. 179 : *Atlas Cornaro*, 2e quart du XIVe siècle.

Marseille, bibliothèque municipale

[cat. 24] Ms. 2104 : *Atlas de la Méditerranée*, fin XVIIe siècle.

Nice, archives départementales des Alpes Maritimes

[cat. 23] 01 Fi 1534 : Baldasaro da Maïolo Visconte, *Carte de la Méditerranée*, 1589.

Paris, bibliothèque de l'Assemblée nationale

[cat. 123] N° 1248 (catalogue de 1907) : Journal de Francisco Rodrigues, *Summa oriental de Tomé Pires*, [après 1521].

Paris, bibliothèque de l'Institut de France

Ms. 1288, n° 21 : *Carte de l'océan Atlantique dressée pour la VOC*, vers 1650.

Paris, bibliothèque Sainte-Geneviève

S fol sup 43 rés : coq d'Inde dans Pierre Belon, *Histoire de la nature des oiseaux*, 1555.

Paris, Fondation Gulbenkian

Traité de Tordesillas en portugais (fac-similé).

Paris, Mobilier national

GMTT 185/1 : *Nouvelles Indes*, 1740.

Paris, musée national des Arts et Métiers – CNAM

Inv. 22590 : compas à pointes sèches pour reporter les distances, XVIIIe siècle.

[cat. 75] Inv. 3864-001 : Sancho Gutiérrez, astrolabe nautique, 1563.

Inv. 8952-0017 : nocturlabe, XVIe siècle.

Paris, musée national de la Marine

[cat. 18] Inv 1 NA 10 : compas de mer fabriqué par Manoel Ferreira, 1744.

Arbalestrille ou bâton de Jacob, 1732.

Padrao de Saint-Augustin, moulage d'un original conservé à Lisbonne, XXe siècle.

Paris, musée du Louvre

[cat. 132] Inv. 1921 : Willem II van de Velde, *Marine avec vaisseau amiral*, huile sur toile, Hollande, XVIIe siècle.

Paris, musée du Quai Branly

[cat. 71] Inv. 71.1930.49.1 : masque funéraire en or, Pérou, 200 av. J.-C. – 600 apr. J.-C.

Inv. 71.1936.48.64.2 : diadème en plumes du Mato Grosso, Brésil, XXe siècle.

[cat. 33] Inv. 74.1994.9.1 : croix de procession d'Éthiopie, XVe siècle.

Inv. 78.32.265 : mocassins iroquoiens du Saint-Laurent fabriqués dans la tradition indienne, Canada, XXe siècle.

Paris, musée Guimet

[cat. 136] Coll. Grandidier G 106 : plat à décor de navire, porcelaine, période Qianlong, 1756.

MA 2042 : Chinois lettré d'une fresque murale reportée sur une terre cuite, XIIIe ou XIVe siècle.

MA 3055 : deux statuettes de lettrés chinois, terre cuite vernissée, glaçure plombifère, XIIIe ou XIVe siècle.

MA 3341, MA 3210, Ma 4229, Ma 3368, Ma 3273 : 6 pots à épices, petits et moyens, bleu et blanc, fond bleu uni, XIVe siècle.

MA 5513 : jarre Guan, à décor peint, XVIe siècle.

MA 6519 : jarre Guan, poterie à la surface altérée par le séjour en mer, XVIe siècle.

Cote non fournie : grande jarre portant les initiales du propriétaire, XVIe siècle.

Paris, collection particulière

Oiseau du Brésil, XXIe siècle.

Rouen, Club des maquettistes

Maquette du bateau la *Dauphine*, conforme au type courant vers 1525. Réalisation 2003.

Vincennes, service historique de la Défense

Bibliothèque D1. Z 14 : Guillaume Le Testu, *Cosmographie universelle*, 1556.

Marine, Ms. 203 : *Atlas de Lafitte de Brassier*, vers 1778.

Institutions étrangères

Londres, British Library

[cat. 116] Add. Ms. 11267 : Fra Mauro, *Mappemonde*, vers 1459 (fac-similé du XIXe siècle).

[cat. 99] Add. Ms. 5413 : *Planisphère nautique dit « Carte harléienne »*, 1542-1547.

Add. 27376 : Marino Sanudo, *Liber secretorum fidelium crucis*, XIVe siècle.

[cat. 102] Royal Ms. 18. D iii (f. 124) : William Borough, *Chart from Norway to Novaya Zemlia*, vers 1568.

[cat. 4] Royal ms 20 E IX : Jean Roze, *Boke of idrography*, 1542.

Florence, Biblioteca Medicea Laurenziana

[cat. 119] Gaddi 9 : *Atlas Medicis*, vers 1380.

[cat. 69] Med. Palat. 249 : *Planisphère nautique dit « Carte de Salviati »*, vers 1525.

[cat. 56] Plut. latinus XXIX-25 : Henricus Martellus, *Insularium illustratum*, vers 1489.

Venise, Biblioteca Marciana

[cat. 14] Cod. Marc. Ital. IV. 170 (5379) : Pietro di Versi, *Raxion de marineri*, portulan texte, XVe siècle.

INDEX DES NOMS DE PERSONNES

A
Abreha, saint : 69
Agnese, Battista : 74, 78, 81, 90, 93, 248
Aguiar, Jorge de : 128
Ailly, Pierre d' : 62, 200
Albuquerque, Afonso de : 180, 196, 218, 219, 225, 248
Albuquerque, Luis de : 130, 248
Alexandre le Grand : 198, 200
Alexandre III, pape : 110
Al-Harîrî : 205
Al-Idrîsî : 198, 204, 205, 207
Al-Istakhrî : 198, 203
Al-Wâsitî : 205
Andreu, Nicolau : 60
Angelo, Jacopo d' : 209
Anias, Abraham : 233
Annebaut, amiral Claude d' : 136, 171
Anthiaume, abbé Albert : 26
Antoine, saint : 62
Anville, Jean-Baptiste d' : 220
Apian, Petrus : 145
Après de Mannevillette, Jean Baptiste Nicolas Denis d' : 176
Aristote : 13
Asbeha, saint : 69
Avezac, Marie Armand Pascal d' : 18

B
Baldacci, Osvaldo : 78, 81
Barbosa, António : 130, 248
Barbosa, Duarte : 218
Barceló, Maria : 65
Barreto de Resende, Pedro : 216, 225
Beatus de Liebana : 203
Behaim, Martin : 126
Benincasa, Andrea : 81
Benincasa, Grazioso : 30, 32, 70, 81
Benoît, saint : 125
Bertelli, famille : 93
Blaeu, famille : 176, 230, 237
Blaeu, Joan I : 176, 230, 232, 234, 237
Blaeu, Joan II : 230
Blaeu, Willem Jansz. : 230
Blondo, Flavio : 200
Bordone, Benedetto : 93
Borough, William : 174, 177
Boschini, Marco : 93
Brémond, Estienne : 81
Brémond, Jean-André : 81
Brouscon, famille : 138
Brouscon, Guillaume : 146
Brouwer, Hendrick : 233
Buondelmonti, Cristoforo : 90, 93, 95, 97
Burston, John : 176

C
Cabot, Jean : 112, 180
Cabot, Sébastien : 93
Cabral, Pedro Álvares : 32, 98, 112, 128, 180
Cadamosto, Alvise : 126
Caloiro et Oliva, Placidus : 81
Camocio, Giovanni Francesco : 93
Campbell, Tony : 24, 26, 62, 65, 248
Cantino (planisphère de) : 34, 98, 112, 128, 130, 133, 216, 218, 248
Cantino, Alberto : 128, 133
Capella, Martianus : 198
Carolus, Joris : 22
Cartier, Jacques : 165, 172
Caspersz., Evert : 230
Castiglioni (carte de) : 112
Castro, João de : 218, 220, 249
Catherine de Médicis : 143, 180, 183
Cavallini, Giovanni Battista : 78, 81
Cavallini, Pietro : 78, 81
Caverio, Nicolò de : 7, 34, 98, 112, 128, 131, 216, 225
Cavendish, Thomas : 174
Chancellor, Richard : 174, 177
Charles d'Orléans : 198
Charles Quint : 112, 165
Charles II, roi d'Angleterre : 176
Charles V, roi de France : 18, 42, 200, 248
Charles VI, roi de France : 42
Ciribert, Jaume : 60
Coen, Jan Pietersz. : 230
Coligny, Gaspard de : 13, 16, 136, 148, 150, 151, 165
Collbató, Lluis de : 60
Collomb, Jasques : 74
Colomb, Bartolomeo : 130
Colomb, Christophe : 24, 26, 28, 110, 112, 113, 114, 128, 130, 248
Comberford, Nicholas : 174, 176
Commineau de Mézières, Hugues : 209
Conti, Nicolò de : 90, 200
Corcós, Samuel, alias Macià de Viladesters : 62
Cornaro, famille : 18, 22
Coronelli, Vincenzo Maria : 93
Corte Real, les frères : 112
Cortés, Martín : 40
Cortesão, Armando : 130, 248
Cosa, Juan de la : 112, 114, 130, 248
Cossin, Jean : 136, 138
Cotrugli, Benedetto : 65, 72, 81, 86
Crescenzio, Bartolomeo : 81
Cresques, Abraham : 42, 86, 166, 248
Cresques, Jafudà, alias Jaume Ribes : 62

D
Da li Sonetti, Bartolomeo : 93, 97
Daniel, John : 174
Datini (compagnie) : 62, 65
De Graaf, Isaac : 230, 240
De Houtman, Cornelius : 174
Del Massaio, Pietro : 209
Desceliers, Pierre : 136, 160, 166, 171
Desliens, Nicolas : 136
Di Versi, Pietro : 30
Dias, Bartolomeu : 28, 110, 128, 196, 200, 216
Diaz de Solis, Juan : 112
Drake, Francis : 174, 176
Dudley, Robert : 176
Dulcert, Angelino : 65, 86, 89
Dupont, Jean : 136
Duval, Pierre : 18, 26

E
Eanes, Gil : 126
Elcano, Sebastián : 112
Énée : 90
Étienne, saint : 125

F
Fassoi, Marco : 78
Fernandes, Valentim : 90
Ferreira, Manoel : 34
Ferrer, Jaime : 52
Fillastre, Guillaume : 200
Fine, Oronce : 145
Fournier, Georges : 36, 38
Freducci, Angelo : 81
Freducci, Conte : 81
Freducci, Ottomano : 112, 116
Friend, John : 174
Friend, Robert : 174

G
Gabriel, archange : 69
Gama, Vasco de : 128, 160, 180, 196, 216, 218, 248
Garbí, Rafel : 65
García de Toreno, Nuño : 112, 119
Garcie-Ferrande, Pierre : 249
Gastaldi, Giacomo : 218, 223
Gerritsz., Hessel : 230, 240, 247
Gijsbertsz., Evert : 223
Gomes, Diogo : 126
Gramolin, Alvise : 58, 80
Guarino de Vérone : 200
Guérard, Jean : 136
Guidalotti, Nicolò : 81
Gutiérrez, Diego : 130, 134
Gutiérrez, Sancho : 129, 160, 165

H
Habsbourg, famille de : 228
Hack, William : 174, 176
Hamy, Ernest Théodore : 26, 248
Harley, Edward, comte d'Oxford : 172
Harley, John Brian : 26, 65, 248
Hayton : 200
Henri le Navigateur, prince du Portugal : 126, 128
Henri II, roi de France : 16, 136, 165, 171
Henri IV, roi de Castille et de Léon : 110
Henri VIII, roi d'Angleterre : 16, 134, 169
Herbert, William : 176
Hercule : 160
Hervé, Roger : 16
Holanda, António de : 14, 180, 218
Homem, Andreas : 120
Homem, Diogo : 24, 90, 95
Homem, famille : 180
Homem, Lopo : 14, 180, 218
Homère : 198
Honorius Augustodunensis : 42
Hood, Thomas : 174
Hoogvliet, Margriet : 16, 248
Huchon, Mireille : 16

I
Ibn Hawqal : 198
Isabelle de Castille : 110
Isidore de Séville, saint : 198

J
Jansz., Willem : 240
Jean Baptiste, saint : 62
Jean II, roi du Portugal : 110, 128
Jean, duc de Bourgogne : 200
Jean, le prêtre (mythique souverain d'Éthiopie) : 69, 160
Jeanne de Castille : 110
Jenkinson, Anthony : 174
Jomard, Edme-François : 18, 21, 24, 26
Joseph, saint : 125
Joyeuse, duc Anne de : 136
Julien, saint : 62

K
King, Thomas : 174
King-Hamy (carte de) : 128
Kunstmann, Friedrich : 18, 26

L
La Meilleraye, Charles de : 13
La Roncière, Charles de : 24, 28
Lafitte de Brassier, Louis François Grégoire : 226
Le Testu, Guillaume : 13, 16, 36, 136, 148, 160, 165
Le Vasseur, Guillaume : 38, 136, 140
Lelewel, Joachim : 18, 26
Lemaire, Jacob : 240, 247
Leu, Thomas de : 93
Linschoten, Jan Huyghen van : 223
Llewellyn, Martin : 174
Louis XIII, roi de France : 22
Louis XIV, roi de France : 87

M
Macià de Viladesters : voir Corcós, Samuel
Macrobe : 198
Magellan, Fernand de : 14, 25, 97, 112, 119, 148, 180, 240, 247
Maggiolo, Cornelio : 78
Maggiolo, Cornelio II : 78
Maggiolo, famille : 39, 78, 81, 248
Maggiolo, Jacopo : 76, 78, 108
Maggiolo, Nicolò : 78
Maggiolo, Vesconte : 78, 128
Malanima, Paolo : 65
Mandeville, Jean de : 160, 200
Manuel Ier, roi du Portugal : 180, 216
Maria Levanto, Francesco : 81
Marot, Clément : 10, 16
Marre, Jan de : 228
Martellus Germanus, henricus : 90, 95, 200, 216, 225
Martin Ier, roi de Sicile : 62, 66
Martines, Joan : 78, 79, 81, 248
Mauro, Fra : 200, 209, 248
Mecia de Viladestes : 24, 60, 69, 86, 89
Médine, Pierre de (Pedro de Medina) : 10, 16, 145
Mercator, Gérard : 26, 34, 36, 38, 130, 136, 230, 233, 237, 249
Micali, Giuseppe : 21
Michel de Rhodes : 30
Michel, archange : 69
Michelot, Henry : 81
Miller (atlas) : 7, 14, 16, 24, 86, 89, 165, 180, 216, 218, 221, 248
Miller, Emmanuel : 24, 180
Millo, Antonio : 78, 81, 90
Miquel Juan, Matilde : 65
Mittman, Asa Simon : 166
Mollat du Jourdin, Michel : 16, 248
Monno, Giovanni Francesco : 78, 81
Montmorency, connétable Anne de : 136, 171

N
Napoléon Ier (Napoléon Bonaparte) : 24
Nordenskiöld, Adolf Erik : 26, 58
Núñez de Balboa, Vasco : 112, 116, 240, 247

O
Odéric de Pordenone : 200
Oliva, Bernat : 60
Oliva, famille : voir Olives-Oliva et Caloiro
Oliva, Francesco : voir Ollive, François
Oliva, Giovanni : 78, 81
Oliva, Salvatore : 81
Olives-Oliva, Domingo : 81
Olives-Oliva, famille : 81, 83
Olives-Oliva, Jaume : 81
Olives-Oliva, Juan Riczo : 81
Ollandois, Jaques Anthoine : 74
Ollive : voir Oliva et Olives-Oliva
Ollive, François : 40, 72, 78, 81, 83, 85, 87, 89, 248
Orange-Nassau, maison d' : 22
Orellana, Francisco de : 134
Orlandi, Angela : 65
Orose, Paul : 198
Ortelius, Abraham : 26, 174
Ottens, Josua : 230
Ottens, Reiner : 230

P

Palsky, Gilles : 26
Parmentier, Jean : 10, 16, 165
Parmentier, Raoul : 16, 165
Pastoureau, Mireille : 26, 248
Paulin de Venise : 205
Paulmy, Antoine-René d'Argenson, marquis de : 79
Pelletier, Monique : 26, 248
Pepys, Samuel : 176
Perry, amiral Matthew C. : 228
Pesaro (carte de) : 112, 113, 128
Petti Balbi, Giovanna : 65
Peutinger, Konrad : 90
Pflederer, Richard : 24, 26, 234, 248
Philippe II, roi d'Espagne : 93
Philippe III, roi d'Espagne : 125
Philippe IV, roi d'Espagne : 22
Pigafetta, Antonio : 97, 160
Pinargenti, Simon : 93
Pires, Tomé : 218, 219, 253
Pizarro, Francisco (Pizarre, François) : 89, 165
Plancius, Petrus : 230
Pline l'Ancien : 13, 160, 166, 198, 200
Poggio Bracciolini, Gian Francesco : 200
Polo, Marco : 13, 42, 52, 90, 148, 160, 200, 209, 248
Pomponius Mela : 110, 198, 200
Ponce de León, Juan : 112
Porcacchi, Thomaso : 93
Porro, Girolamo : 93
Progel, Otto : 24, 25, 221
Ptolémée, Claude : 13, 78, 90, 95, 98, 110, 112, 180, 183, 198, 200, 204, 209, 214, 218, 225, 248
Pujol, Domingo : 60

R

Rabelais, François : 13, 16
Ramusio, Giovanni Battista : 223, 248
Reinel, famille : 36, 221
Reinel, Jorge : 14, 24, 25, 180, 218, 221
Reinel, Pedro : 14, 24, 128, 130, 131, 134, 180, 218, 221
Reis, Pîrî : 90, 96, 112, 113
Relaño, Francesc : 166, 248
René II, duc de Lorraine : 225
Ribeiro, Diogo, alias Diego Ribero : 112, 218
Ribero, Diego : voir Ribeiro, Diogo
Ribes, Jaume : voir Cresques, Jafudà
Richard Ier, roi d'Angleterre : 62
Richelieu, Armand Jean du Plessis, cardinal duc de : 18, 22
Robaert, Augustijn : 230
Rodrigues, Francisco : 218, 219
Roger de Howden : 62, 200
Roger II, roi de Sicile : 198, 204
Rogerio di Camera, : 62, 66
Roselli, Francesco : 93
Rosselló, Guillem : 65
Roțis, Denis de : 36
Rotz, John : voir Jean Roze
Roussin : 74
Roussin, Augustin : 18, 22, 81
Roussin, Jean-François : 81
Roze, Jean, alias John Rotz : 16, 136, 165, 166, 169
Russo Jacopo : 78, 81, 248
Russo, Pietro : 78, 81, 248
Rylands (carte de) : 160, 166, 171
Ryzik, Jacob : 233

S

Salama, saint : 69
Salviati (carte de) : 110, 112, 119
Salviati, cardinal Giovanni : 119
Sanches, Domingos : 125
Santa Cruz, Alonso de : 93
Santarém, vicomte de : 18, 24, 26
Sanudo, Marino : 205
Schilder, Günter : 248
Seller, John : 176, 178
Serra, Joan : 60
Sezgin, Fuat : 218, 248
Sideri, Giorgio : 81, 90
Silvestri, Domenico : 93
Solanes, Francesc : 60
Soler, Guillem : 62
Soler, Joan : 62
Soleri, Guillermus : 86
Solin : 13, 198, 200
Strabon : 200
Strozzi, Philippe : 143

T

Tasman, Abel : 228
Tatton, Gabriel : 174
Testa Rossa, Battista : 81
Testard, Robinet : 198
Thevet, André : 93, 97, 148
Thornton, John : 176, 178, 223, 238
Tim, Jan Hendricksz. : 176
Tissot, Mlle : 24
Tornil, Bartomeu : 60
Troadec, famille : 138
Troadec, J. : 146

V

Vallseca, Gabriel de : 62, 65, 89, 166, 248
Van de Velde, Willem : 228
Van Keulen, famille : 230
Van Keulen, Johannes I : 176, 230
Vau de Claye, Jacques de : 143
Vaulx, Jacques de : 10, 136, 145
Vaulx, Pierre de : 38, 136, 140
Verlinden, Charles : 130, 248
Vesconte, Pietro ou Petrus : 10, 33, 62, 198, 205
Vespucci, Amerigo : 112, 249
Viegas, Gaspar Luis : 218
Vigliarolo, Domenico, alias Domingo de Villaroel : 81
Viguié, Cristol : 72
Villaroel, Domingo de : voir Vigliarolo, Domenico
Villegagnon, Nicolas Durand de : 140, 143, 148, 165
Virgile : 90
Vivien de Saint-Martin, Louis : 18
Vlamingh, Willem de : 228
Volcic, Vicko : voir Volcio, Vicenzo
Volcio, Vicenzo, alias Vicko Volcic : 81
Vries, Maarten Gerritsz. de : 228

W

Waldseemüller, Martin : 98, 128, 225
Waters, David : 249
Woldemar, Fred : 238
Woodward, David : 24, 26, 65, 166, 248, 249

X, Y, Z

Xenodocos, Johannes : 81
Yuanyi, Mao : 212
Zandvliet, Kees : 26, 249
Zheng He : 200, 212
Zurara, Gomes Eanes de : 130, 248

LES AUTEURS

Sous la direction de Catherine Hofmann, Hélène Richard et Emmanuelle Vagnon, commissaires de l'exposition.

Joaquim Filipe Figueiredo Alves Gaspar, ancien officier de la marine portugaise, est spécialiste d'histoire de la cartographie et de la navigation. Chercheur post-doctorant au CIUHCT – faculté des Sciences de l'université de Lisbonne, il est l'auteur de *From the Portolan Chart of the Mediterranean to the Latitude Chart of the Atlantic: Cartometric Analysis and Modeling* (thèse, ISEGI – Universidade Nova de Lisboa, 2010), « The myth of the square chart » (*e-Perimetron*, vol. 2, n° 2, 2007, p. 66-79) et « Dead reckoning and magnetic declination: unveiling the mistery of portolan charts » (*e-Perimetron*, vol. 3, n° 4, 2008, p. 191-203).

Corradino Astengo est diplômé de droit, de géographie et de sciences politiques. Il a été *visiting professor* à l'université de Californie à Los Angeles (UCLA) et il enseigne actuellement à l'université de Gênes l'histoire de la géographie et des explorations, de la cartographie, du voyage et du tourisme. Parmi ses nombreux ouvrages, signalons *Il Libro della Conoscenza* (Gênes, Erga, 2000), *La Cartografia nautica mediterranea dei secoli XVI e XVII* (Gênes, Erga, 2000).

Zoltán Biedermann est professeur au Department of Iberian and Latin American Studies à l'université de Londres (Birkbeck College). Il travaille sur l'histoire de l'empire portugais et des représentations de l'espace. Il a coordonné l'*Atlas historique du golfe Persique (XVIe-XVIIIe siècle)* (éd. par Dejanirah Couto, Mahmoud Taleghani et Jean-Louis Bacqué-Grammont, Turnhout, Brepols, 2006) et a écrit « Quelques remarques sur les sources de la cartographie portugaise de l'océan Indien », contribution à *Transferts de savoir dans les cartographies de l'océan Indien* (Emmanuelle Vagnon et Éric Vallet éd., en préparation).

Surekha Davies est spécialiste de l'histoire de la culture et de la science en Europe. Elle s'intéresse en particulier à l'exploration du monde et à la cartographie du XVIe au XVIIIe siècle. Elle a été boursière jeune chercheur Leverhulme, directrice du programme de master d'histoire (débuts de l'époque moderne) à l'université de Londres (Birkbeck College); elle est depuis peu professeur assistant en histoire européenne à la Western Connecticut State University. Elle a publié notamment « French Depictions of Brazilians on Sixteenth-Century Maps » (*The Historical Journal*, 55-2, 2012), et « The Wondrous East in the Renaissance Geographical Imagination: Marco Polo, Fra Mauro and Giovanni Battista Ramusio » (*History and Anthropology*, 23-2, 2012) et *Mapping the Peoples of the New World: Ethnography, Imagery and Knowledge in Early Modern Europe* (Cambridge University Press, à paraître en 2014).

Catherine Hofmann, archiviste-paléographe, est conservateur en chef au département des Cartes et Plans de la BNF. Membre du bureau de la revue *Imago Mundi*, elle assure aussi le secrétariat de la commission « histoire » du Comité français de cartographie. Elle a publié une quinzaine d'articles sur l'histoire de la cartographie à l'époque moderne et a contribué notamment à l'ouvrage dirigé par David Woordward, *The History of cartography*, vol. III, *Cartography in the European Renaissance* (University of Chicago Press, 2007). Elle a également ditigé *Artistes de la carte, de la Renaissance au XXIe siècle* (Autrement, 2012).

Hans D. Kok, pilote de ligne et navigateur de vol à la retraite, est collectionneur de cartes des XVIIe et XVIIIe siècles et préside actuellement l'International Map Collectors' Society (Londres). Il coédite *Caert-Thresoor magazine* (Utrecht) et a publié avec Günter Schilder *Sailing for the East* (Utrecht, Hes & De Graaf Publishers, 2010), vol. 10 des « Utrecht Studies of the History of Cartography ».

Frank Lestringant est professeur de littérature de la Renaissance à l'université de Paris-Sorbonne (Paris IV). Il est l'auteur de nombreux ouvrages, parmi lesquels *L'Atelier du cosmographe ou l'Image du monde à la Renaissance* (Albin Michel, 1991), *Le Livre des îles : atlas et récits insulaires, de la Genèse à Jules Verne* (Genève, Droz, 2002) et, en collaboration, *Les Méditations cosmographiques à la Renaissance* (Presses de l'université de Paris-Sorbonne, 2009).

Luisa Martín-Merás Verdejo a dirigé le département de cartographie du Museo Naval de Madrid. Spécialiste de l'histoire de la cartographie maritime, elle a publié *Cartografía marítima hispana. La imagen de América* (Madrid, Lunwerg, 1993), « Las cartas portulanas. Origen y desarrollo » (dans *Investigación, conservación y restauración de materiales y objetos cartográficos*, Madrid, Ministerio de Cultura, 2011) et « La Casa de la Contratación: escuela sevillana de cartografía » (dans *Andalucía. La imagen cartográfica hasta fines del siglo XIX*, Séville, Instituto de Cartografía de Andalucía, 2010).

Ramon Pujades i Bataller est actuellement archiviste à l'Archivo de la Corona de Aragón, à Barcelone. Docteur en histoire médiévale, il s'intéresse à la culture écrite au Moyen Âge, plus particulièrement à la cartographie et à l'édition de textes et de cartes à l'époque médiévale. Il est l'auteur de *Les Cartes portolanes : la representació medieval d'una mar solcada* (éd. bilingue, catalan/anglais, Barcelone, Institut Cartogràfic de Catalunya / Institut d'Estudis Catalans / Institut europeu de la Mediterrània, 2007) et de *La Carta de Gabriel de Vallseca de 1439* (éd. trilingue, catalan/espagnol/anglais, avec un fac-similé, Barcelone, Lumenartis, 2009).

Hélène Richard, archiviste-paléographe, directeur du département des Cartes et Plans de la Bibliothèque nationale de France entre 1999 et 2009, est actuellement inspecteur général des bibliothèques. Outre des recherches sur l'histoire du livre et des bibliothèques, elle a publié des travaux sur l'histoire de l'exploration maritime des XVIIIe et XIXe siècles (d'Entrecasteaux, Dumont d'Urville) et des sciences nautiques associées. Elle a été commissaire de l'exposition « La Mer, terreur et fascination », dont elle a dirigé avec Alain Corbin le catalogue d'exposition (BNF/Seuil, 2004).

Jean-Yves Sarazin, archiviste-paléographe, conservateur général des bibliothèques, dirige depuis 2010 le département des Cartes et Plans de la Bibliothèque nationale de France. D'abord spécialiste de la diplomatique des actes privés et de l'histoire des notaires d'Ancien Régime, il a ensuite mené des travaux d'histoire de la cartographie urbaine. Associé à la publication du livre de Jean Boutier *Les Plans de Paris : des origines (1493) à la fin du XVIIIe siècle. Étude, carto-bibliographie et catalogue collectif* (BNF, 2002), il est aussi l'auteur de *Rêves de capitale* (BNF, 2002), *Le Paris des Lumières* (avec Alfred Fierro, RMN, 2005) et *Villes de France* (Assouline, 2007). Depuis 2007, il collabore régulièrement à l'enrichissement des notices de l'encyclopédie libre Wikipédia.

Georges Tolias est directeur de recherche à la Fondation nationale pour la recherche scientifique (Institut des recherches néohelléniques), docteur de l'université de Paris IV et HDR à l'université de Nice – Sophia Antipolis. Il a publié récemment *Mapping Greece, 1420-1800: A History. Maps in the Margarita Samourkas Collection* (New Castle, DE/Athens, Oak Knoll Press for the INR/NHRF, 2011), « The Isolarii, Fifteenth to Seventeenth Centuries » (dans David Woodward éd., *The History of Cartography*, vol. III, *Cartography in the European Renaissance*, Chicago/Londres, University of Chicago Press, 2007) et *The Greek Portolan Charts: A Contribution to the Mediterranean Cartography of the Modern Period* (Athènes, NHRF/Olkos Publications, 1999).

Sarah Toulouse est directrice adjointe de la bibliothèque de Rennes Métropole. Spécialiste de la cartographie marine au XVIe siècle, elle a publié notamment « L'hydrographie normande », dans *Couleurs de la terre : des mappemondes médiévales aux images satellitales*, catalogue d'exposition (Paris, Seuil/BNF, 1998), et « Marine Cartography and Navigation in Renaissance France » (dans David Woodward éd., *The History of Cartography*, vol. III, *Cartography in the European Renaissance*, Chicago/Londres, University of Chicago Press, 2007).

Sarah Tyacke a été directrice des Archives nationales d'Angleterre et du pays de Galles. Ancien professeur de l'université de Londres, elle anime un séminaire annuel sur l'histoire des cartes à la London Rare Book School, en collaboration avec Catherine Delano Smith. Elle est directrice de la revue *Imago Mundi* et membre fondateur de l'International Society for the History of Map (ISHM), elle est spécialiste de la cartographie marine anglaise (1550-1750).

Emmanuelle Vagnon, ancienne élève de l'ENS, agrégée et docteur en histoire, est spécialiste de la cartographie médiévale occidentale. Elle a la charge de recherches au CNRS dans le cadre du programme MeDIan (2009-2013), de l'Agence nationale de la recherche, et à l'université de Paris 1 pour la chaire de dialogue des cultures. Parmi ses publications, signalons « Les rivages africains de l'océan Indien. Cartographie occidentale du XIIIe au XVIe siècle » (dans *Cartographier l'Afrique*, n° 210, décembre 2011) et, à paraître, *Cartographie et représentations occidentales de l'Orient méditerranéen, du milieu du XIIIe à la fin du XVe siècle* (Turnhout, Brepols, coll. « Terrarum Orbis »).

Les notices des documents-phares sont signées des initiales suivantes :
C. H. : Catherine Hofmann
H. R. : Hélène Richard
J.-Y. S. : Jean-Yves Sarazin
E. V. : Emmanuelle Vagnon

Crédits photographiques

Sauf mention contraire, les œuvres reproduites dans cet ouvrage sont conservées à la Bibliothèque nationale de France et et les clichés en ont été réalisés par son département de la Reproduction.

Toute l'iconographie provenant des collections de la BNF est disponible à la consultation sur ses banques d'images, <http://images.bnf.fr> et <http://gallica.bnf.fr>, et à la vente auprès du département de la reproduction, <reproduction@bnf.fr>.

Les chiffres renvoient aux numéros des illustrations.

Avec l'aimable autorisation de la Société de géographie : 41, 141.
© Album / Oronoz / Akg : 66.
© akg-images : 65.
© British Library / Robana / Leemage : 97 b, 98, 99, 102, 116.
© The British Library Board : 4.
© RMN-GP (Musée Guimet, Paris) / Richard Lambert : 136.
© RMN-GP (Musée du Louvre) / René-Gabriel Ojéda : 132.

Avec l'autorisation du Ministero per i Beni e le Attività Culturali :
Archivio di Stato, Florence : 67 ; Biblioteca Medicea Laurenziana, Florence : 56, 69, 119, 121 ; Biblioteca Nazionale Centrale, Florence : 120 ;
Biblioteca Estense Universitaria, Modène : 74, 78 ;
Biblioteca Nazionale Marciana, Venise : 14.
Bordeaux, archives départementales de la Gironde : 76.
Dieppe, Château-musée / cl. Jean Louis Leibovitch : 34.
Espagne, Ministerio de Cultura, Archivio de la Corona de Aragón : 31.
La Haye, Nationaal Archief : 133.
Lyon, bibliothèque municipale, cl. Didier Nicole : 8, 17, 29.
Manchester, The John Rylands University Library
(avec l'autorisation de : The University Librarian and Director) : 96.
Marseille, bibliothèque municipale de l'Alcazar : 24 a et 24 b.
Munich, Bayerische Staatsbibliothek : 77.
Nice, Archives départementales des Alpes-Maritimes : 23.
Paris, bibliothèque de l'Assemblée nationale : 123.
Paris, musée des Arts et Métiers / cl. P. Faligot : 75.
Paris, musée national de la Marine / cl. P. Dantec : 18.
Paris, musée du Quai Branly, photo Thierry Ollivier /
Michel Urtado / Scala, Florence : 72 ;
photo Patrick Gries / Valérie Torre / Scala, Florence : 71 ;
photo Scala, Florence, 2012 : 33.
Vienne, Österreichische Nationalbibliothek : 93.
Vincennes, Service historique de la Défense : Bibliothèque : 90 a-p, 94 a-d ;
Archives centrales du département de la marine : 131.
Wolfenbüttel, Herzog August Bibliothek : 68.

Typographie : Plantin et Fedra
Photogravure : Planète Couleurs, Paris
Achevé d'imprimer en août 2014
sur les presses de Graphuis à Gand
sur papier Artic Volume 150 g
issu de forêts gérées durablement

Dépôt légal : octobre 2014
Imprimé en Belgique